# 逆襲之王 劉邦

## 輸在起點 贏在結局

李金海 著

第一個從街頭混到皇位的人，他用膽識改寫帝國歷史

| 大風起兮，從微末草莽到擁兵自立，
草根皇帝怎麼改寫天下格局？ |

**割據與征伐並行，謀略與膽識交鋒，
一介草民在亂世中殺出重圍，成就千秋漢代！**

# 目錄

第一章　中年啟程，逆襲之始 …………………………005

第二章　青春未央，帝國傾頹 …………………………027

第三章　生死抉擇的戰場 ………………………………043

第四章　明辨敵友，方能立足 …………………………063

第五章　成敗繫於一線機遇 ……………………………085

第六章　歷經挫折，再啟征程 …………………………107

第七章　勝負難測的亂世局 ……………………………133

第八章　楚漢爭鋒定乾坤 ………………………………157

第九章　反敗為勝成帝業 ………………………………181

第十章　皇帝的新煩惱 …………………………………209

第十一章　生前身後事 …………………………………235

後記 ………………………………………………………263

# 目錄

# 第一章

## 中年啟程，逆襲之始

## 第一章　中年啟程，逆襲之始

### 1. 龍種、俠客、流氓和亭長

西元前256年，秦人出兵滅了周室，東周末代天子周赧王憂憤而死。

從秦襄公立國算起，秦人歷三十餘代國君，終於取代周室。戰國紛爭五百年，齊、楚、燕、韓、趙、魏、秦七雄並立，然而經過秦人多年攻戰，東方六國，早已奄奄一息，且六國各懷鬼胎，非但不能齊心協力對付秦人，反而爭相向秦人割地求和，只圖一時的苟延殘喘，毫無長久打算。

因此，秦滅六國，一統天下只是早晚之事。

天下爭戰不休，黎民百姓處在水深火熱之中。就在秦滅周這一年冬月二十四日（西元前256年12月28日），楚國沛縣豐邑中陽里一戶劉姓人家，新添一名男嬰，排行為季，取名為劉季，他就是後來歷史上赫赫有名的漢高祖劉邦。

劉邦的父母沒有留下詳細名字，後世只能按照當時習慣稱他們為劉太公、劉媼，也就是劉大爺、劉老太太的意思。

劉太公長子劉伯已早逝，老二劉仲（名喜），為人忠厚老實，善於勤儉持家，老倆口對他很滿意，劉家之所以能在亂世年間艱難維持生計，與劉仲的勤勞吃苦分不開。

中國歷史上有個傳統，大凡每個王朝的開國帝王，都免不了在史書中大肆神話一番，使他們頭上籠罩上一層神祕光環，顯得與普通凡夫俗子不同，以此表明，帝王們是奉天命降臨凡間，他們的帝位是上蒼授予的，任何人都不得違背和質疑，否則就是違抗天命，會遭到天譴。

劉邦亦未能免俗，在史書中就記載不少關於他的神奇事蹟，最離奇的，還要屬他是龍之子的傳說。據說，在劉邦出生前，有一次劉媼外出，

## 1. 龍種、俠客、流氓和亭長

眼看天色將暗，大風驟起，一場暴風雨就要來臨，劉太公在家遲遲不見老伴歸來，焦急萬分，情急之下，決定親自出門探個究竟。

劉太公頂著大風前行，步履蹣跚，每一步都分外艱難，等他趕到離家不遠處的一處大沼澤地時，已是電閃雷鳴，風雨交加，令劉太公詫異的是，在大澤畔的半山處，劉媼竟然在暴風驟雨中酣然入睡，毫無知覺，更讓他瞠目結舌的是，一條蛟龍正伏在老伴身上，劉太公又驚又嚇，一時不知所措，又不敢靠前，只得遠遠站著，眼睜睜看著眼前發生的一幕。

好在沒過多久，雲消雨散，蛟龍也不見了蹤影，劉太公才上前喚醒劉媼，攙起老伴，老倆口相互扶持返回家中。一路上，劉太公問起剛才發生的事，誰知老伴卻一臉茫然，渾然不知。

回家後不久，劉媼便有了身孕，再後來生下了劉邦。

這樁看似民間志怪的軼事，卻是堂而皇之的記載在一貫以嚴謹著稱的信史《史記》中，究其原因，無外乎證明劉邦生來就不凡，是命中注定的真龍天子！

其實，這種騙人的鬼話，糊弄一下愚夫愚婦尚可，大凡稍有思考能力之人，沒幾個會當真。

而實際情況是，劉邦的出生，對劉家來說，談不上是多大喜事，反而使得本就不寬裕的日子，更加窘迫了。

時光流逝，眼看著兒子們一天天長大，劉太公心情可謂五味雜陳，兒子們性格迥異，可謂天壤之別，劉仲吃苦肯做事，鄉鄰們提起劉家老二無不交口稱讚，反觀劉邦，整日跟一幫狐朋狗友廝混在一起，吃肉喝酒，好吃懶做，遊手好閒，一副流氓無賴樣子。

真所謂騾馬比腳力，男兒拚能耐，沒有比較就沒有差別，劉太公對劉

## 第一章　中年啟程，逆襲之始

仲看在眼裡，喜在心頭，再看看劉邦那副沒心沒肺的嘴臉，氣就不打一處來。

只是，他除了生氣，實在拿劉邦沒辦法。

劉季雖說為人無賴，但模樣倒也不差，鼻梁挺拔，五官方正，也算是相貌堂堂了。只可惜，再好的皮相，也掩蓋不了膚淺的靈魂。

客觀地說，劉太公並非一開始就厭棄劉邦這個兒子，天下父母之心都一樣，那個不想自家孩子能夠出人頭地，活出個人樣來。

劉太公早就察覺出，劉邦這小子不是個能老實過日子的人，自家那幾畝地是攏不住這匹野馬的，與其讓他戴上籠頭，強按著耕田，還不如讓他去讀書識字，或許說不定還能混出個名堂來。

知識改變命運，這是亙古不變的真理，身為農家子弟，想從底層晉升，讀書從來就是為數不多的一個選項。在任何時代，讀書人總是有碗飯吃。相比土裡刨食，知識分子的生活，肯定要體面的多。

劉邦出生那天，中陽里有家盧姓人家，也生了兒子，取名盧綰。兩家人覺得有緣，經常來往，劉季和盧綰的關係，自小非常親密，不是兄弟，勝似兄弟。

劉太公主動提出，讓兩個孩子一起去讀書，盧家人非常贊同，一起送劉邦和盧綰去上學。不過，沒過多少時日，劉太公就失望了，他發現，兒子的心思根本不在讀書上，

日子久了，劉太公也心灰意冷了，懶得管束這個不成器的兒子，乾脆由著他胡鬧去。

整個中陽里，都知道劉家出了個流氓無賴，老實了大半輩子的劉太公，在鄉鄰們眼裡活成了一個笑話。

## 1. 龍種、俠客、流氓和亭長

只是，無論劉太公還是鄉鄰們，看到的都是劉邦的表面，其實，他們沒有一個人真正懂得劉邦的內心世界。

劉邦看似頗為無賴，實則他也並非完全沒有追求，沒有理想，只是周圍的人，根本不願意認真去了解他。

劉邦每天的生活是在喧囂中度過，而他心中敬慕的人，卻是一群內心孤獨的人，這類人在歷史上有個獨特的稱呼——遊俠。

歷史上真實存在的遊俠，並非像武俠小說中那樣武功超群和不食人間煙火，恰恰相反，歷史上的遊俠，他們不一定飄零江湖，也不見得都是身懷絕技的劍客。

相反，他們中的不少人，卻是身居高位，對武術之類一竅不通，但這並不妨礙他們成為萬眾敬仰的俠者，因為他們身上展現著一種勇於挑戰強者、不畏暴力，能夠仗義疏財等可貴的品格。

所以，像遊走諸侯，重信守諾，不惜性命，勇於仗劍挺身而出之人是俠，同樣，像魏信陵君魏無忌、趙平原君趙勝、齊孟嘗君田文、楚春申君黃歇等戰國四大公子，也可以稱為俠。

尤其是信陵君魏無忌，以禮賢下士名揚天下。

大梁一名看守城門的小吏，已年近七十，名叫侯嬴，魏無忌聽聞他素有賢名，便去拜望。侯嬴有位朋友叫朱亥，很有本事，在閒談時，侯嬴向魏無忌推薦了他。

秦國攻打趙國時，魏王對秦心存畏懼，躊躇不前，信陵君竊符救趙，事後，侯嬴以死相報，期間，朱亥因擊殺魏大將晉鄙而死。

沛縣豐邑地處魏楚交界地帶，劉邦成人時，信陵君早已去世，但信陵君和門客的故事依舊廣為傳頌，可謂婦孺皆知。

## 第一章　中年啟程，逆襲之始

　　劉邦對信陵君非常敬佩，覺得做人就要做像信陵君一般的大丈夫，真豪傑！

　　魏國外黃（今河南商丘民權縣）人張耳曾是信陵君的門客。

　　外黃當地有位孀居的富家小姐，其父覺得張耳非同尋常，遂將女兒嫁給了他。透過婚姻，張耳身價倍增，有了大量錢財後，開始廣泛結交能人異士，在江湖上，逐漸累積了些名氣。

　　聽到張耳之名後，劉邦便去拜訪，兩人很談得來，在一起相處了好幾個月。這些日子從張耳口中，劉邦了解了許多信陵君的事蹟，也長了不少見識，有了這番經歷後，待人接物的態度和眼界，自是與以前大不相同了。

　　劉邦估計沒料到，在他後半輩子，和張耳還有很多交集，他們的事將會在後文中一一提到。至於對信陵君的仰慕，則始終如一，許多年後，已是帝王之尊的劉邦路過大梁，特意到信陵君墓前致祭，還撥出五戶人家守墳，世代奉祀不絕。

　　信陵君對劉邦產生了深遠的影響，偶像的力量是無窮的，終其一生，在劉邦身上，都可看出信陵君的影子，比如灑脫大度，卓犖不羈，任人唯賢等。

　　只是人終究會長大，不可能永遠停留在偶像的光環中，夢想到底是夢想，隨著戰國時代的一去不復返，劉邦終究沒有活成他嚮往的模樣。

　　理想雖美好，但現實很殘酷，尋常百姓人家的日子，從來容不下詩情畫意和快意恩仇。

　　在劉邦從幼年到青年之際，西方的大秦鐵騎正以摧枯拉朽之勢橫掃六國，一統天下，劉邦的母國楚國，淪為嶄新大秦帝國治下的郡縣，而劉邦，成為帝國萬千螻蟻般黔首中的一分子。

## 1. 龍種、俠客、流氓和亭長

信陵君和他的時代早已在秦人的鐵蹄中雲消霧散，同時，劉邦的遊俠夢也被徹底粉碎，夢破滅了，但日子還要過下去。

在後來的時光中，劉季被推舉為泗水亭長。

秦制十里設一亭，設定亭長一名。亭長負責地方治安，緝拿盜賊等，還要兼管徭役等民事。

天下人本以為統一後，世上再無征戰，自此可以男耕女織、安居樂業了。然而，秦統一後，民眾的負擔比以前更加重了，交不完的苛捐雜稅，看到不到頭的繁重勞役。

秦人奉行的是商鞅變法以來的耕戰制度，帝國境內的民眾，只有兩條路可走，要麼留在田裡老實種地，要麼扛起武器去打仗，沒有第三條路可選擇。

大秦律令縝密，要做官吏，不識文斷字肯定不行，在中陽里這種鄉下小地方受過教育的人不多，劉邦讀書不多，但也只能矮子堆裡選將軍，勉為其難了。

劉邦這份工作，職責主要包括以下幾個方面：

首先，要維持好轄區內的治安，一旦發現有類似遊俠、縱橫家等身分可疑，來歷不明之人，必須盤查審問，若有作案嫌疑，必須緝拿歸案，否則，亭長受到株連同罪。

此次，為朝廷催繳稅，不論是貨幣稅，還是實物稅，一樣都不能少。

徵集民夫，也是亭長的重要職責。

築長城、修馳道、建陵寢等一系列超大工程，需要無數勞力，起初秦廷主要調集刑徒，可如此多的工程同時開建，刑徒根本不夠用，唯有大量徵集民夫了。

## 第一章　中年啟程，逆襲之始

鄉里鄉親都是熟人，抬頭不見低頭見，凡面慈心軟之人，都做不了亭長這份差使。

劉邦雖是泗水亭的主事者，但有朝廷編制的，就亭長一人而已，至於你人手夠不夠，那不是朝廷關心的事，若需要應徵個助手，自己去掏腰包，朝廷不買單。

泗水亭不大，但繁瑣事不少，朝廷差事要辦好，鄉鄰糾紛要調解，迎接上級檢查，應酬少不了，事都壓在劉邦一人身上。

亭長屬於大秦帝國最底層的官吏職位，看似平常，可日常要處理大量瑣碎事務，也是一大鍛鍊。大秦律令雖然很完備，但執行過程中，還需見機行事，靈活掌握，否則根本沒法辦好差。

劉邦看似油腔滑調，沒個正經樣子，一天到晚吊兒郎當，跟市井無賴一般，要論本事，也看不出有何過人之處，但這泗水亭長做得還不錯，他究竟是如何做到的呢？

## 2. 兄弟、情人和愛情

劉邦為人缺點很多，但並非一無是處，他也有不少優點，比如為人大度，愛交朋友，人緣還不錯。泗水亭地方不大，但魚龍混雜，各色人等都有，想要順利進行工作，沒幾個人幫襯，是絕對不行的。

劉邦之所以在泗水亭亭長位子上一做就是好幾年，離不開一幫死黨朋友支持，其中樊噲、周勃、王陵等人陪他走過了大半輩子，他們之間的恩怨情仇，後文會詳細提及，現在簡單介紹一下這幾個人。

樊噲是個屠戶，以殺狗為生。現代人對吃狗肉多有爭議，這是由於時

## 2. 兄弟、情人和愛情

代的發展，人們觀念不斷變化的結果，但在先秦時期，食用狗肉是一種普遍現象，在社會上有不少人以屠狗為業，譬如戰國時著名刺客荊軻滯留燕國期間，就與一名狗屠交往甚密。

周勃出身貧寒，靠替鄉鄰編織養蠶籠筐之類餬口，閒暇時間，若遇到有人家出殯，兼做喪禮鼓吹手。周勃從小練武，嫻熟弓馬，力氣很大，能拉開硬弓，在劉邦一幫朋友中，就屬他身手最好。

盧綰既是劉邦的兒時玩伴，還是同窗好友，雖然人很平庸，沒有特別出色的本領，但心腸很不錯，所以是劉邦交情最好的兄弟。

除了這三位好友外，由於工作關係，劉邦少不了與沛縣衙署的官吏打交道。朝廷每有攤丁、納稅、徭役等差事下達，最後都要由亭長具體執行，安排到每家每戶，一來二去，劉邦在沛縣衙門也算是混了個熟臉，跟主吏掾蕭何、獄掾曹參、廄司御夏侯嬰關係還不錯。

具體來說，蕭何主管行政人事、曹參負責刑獄、夏侯嬰管理後勤車馬之類，相對於樊噲等人，蕭何、曹參跟劉邦就屬於單純職場之誼了，劉邦替他們跑腿辦事，蕭何、曹參在劉邦工作中遇到難題時，偶爾幫忙遮掩一下，彼此談不上有多深感情，就是互相幫襯，維繫著平淡而又真實的交集罷了。

沛縣有一戶大戶人家，家主叫做王陵，為人耿直，劉邦對他也頗有好感，非常想和他交朋友，路上遇到王陵，老遠就迎上去，親切地大哥長大哥短叫個不停，一心想套交情，只可惜，王陵不太瞧得起劉邦那副無賴德性，一直對他愛理不理，所以多年下來，劉邦剃頭挑子一頭熱而已。劉邦萬萬沒想到的是，就是這位冷面王陵，多年後為了他的父母妻兒，永遠失去了自己的母親。

## 第一章　中年啟程，逆襲之始

以上就是劉邦的主要社交圈，接下來談談劉邦的自家兄弟們。劉邦有兩位同母哥哥，還有一位異母弟弟。

大哥劉伯早死，大嫂帶著兒子劉信單獨過日子。劉邦生平愛交朋友，免不了時常帶著一幫朋友去大嫂家蹭飯。大嫂一個婦道人家維持生計，養兒子本來就很不容易，日子過得緊巴巴地，哪裡經得起小叔子隔三差五帶一波吃貨兄弟們上門打秋風，次數多了，就有點受不了。

有一次，劉邦又在吃飯時間上門了，身後領著一幫朋友。

大嫂一看，臉就黑了，一言不發扭頭就進了廚房。

劉邦和兄弟們大喇喇坐在桌前，只等嫂子端飯上桌，此時忽然聽見廚房傳來叮叮噹噹刮鍋的聲音，等於明白告訴他們——鍋裡沒飯了。

眾人頓時明白怎麼回事了，自感無趣，紛紛離去。劉邦臉上無光，心中有些納悶，往常都是有飯，怎麼今天突然就沒飯了？心中不由得起了疑心。

趁著嫂子不注意，他偷偷溜進廚房，掀開鍋蓋一看，發現鍋裡竟然還有半鍋熱騰騰的羹湯，馬上就懂了，嫂子這是不高興了。

自此以後，劉邦再也沒上過大哥家門。

很多年以後，劉邦已經當了皇帝，但心頭那口怨氣，仍舊無法釋懷，有意冷落他們一家子，晾在一旁不理不睬。

劉太公有些看不下去了，在旁邊提醒他，怎麼你當了皇帝，就不管自家兄弟了？

劉邦氣呼呼地說，我沒忘！只是當初大嫂實在不像話，我嚥不下這口氣！氣話歸氣話，後來劉邦還是封姪子劉信為羹頡（ㄐㄧㄝˊ）侯。

頡，是剋扣之意，劉邦將這麼一個具有諷刺意味的封爵賞給姪子，說

## 2. 兄弟、情人和愛情

明終其一生沒有放下那鍋羹湯帶給他的羞辱。

至於二哥劉仲（又名劉喜），為人老實，善於勤儉持家，踏實務農，兄弟幾個屬他最得劉太公喜愛。劉邦稱帝後，封他到北部邊境當代王，不過，沒多久匈奴入侵，劉仲種莊稼在行，可打仗不是他的強項，嚇得他一溜煙跑了回來，被貶為郃陽侯。

與這兩位同母兄長相比，反倒是異母兄弟劉交，與劉邦關係一直比較親密，可謂手足情深。

劉交從小勤奮好學，喜歡讀書，少年時期，曾與穆生、白生、申公一起，跟荀子的學生浮丘伯學習《詩經》。

在劉邦的一生中，無論春風得意之際，還是困惑蹉跎之時，劉交一直陪伴在兄長身邊，不離不棄。就算是劉邦稱帝後，劉交被封為楚王，依舊能夠自由出入皇帝臥室，根本不需別人傳話。

劉交就國後，再次召集穆生、白生、申公等往日同窗，研究《詩》、《書》等古籍，親自為《詩》作注釋，後世稱之為《元王詩》（劉交諡號為楚元王），在《詩》、《書》瀕臨危亡之際，為文化傳承和整理做出了重大貢獻。

與劉交相比，劉邦的喜好就顯得有些低俗，他生平兩大愛好──酒與女人，兩大討厭──儒生和讀書。

劉邦雖說是個亭長，但收入微薄，根本不夠他開銷，到處賒帳喝酒吃肉，加上在街坊鄰居間口碑也不太好，誰家姑娘願意跳入火坑嫁他？故而四十多歲了，還是光棍一條。

單身漢的日子很煎熬，他私下跟一位姓曹的寡婦偷偷廝混在一起，一來二去，還生下一個兒子來，取命叫劉肥。只是這樣非婚生子，他是不敢

## 第一章　中年啟程，逆襲之始

領回家，直到許多年後才敢承認。

估計劉邦內心還是很感激曹寡婦給他溫柔，兩人雖然終究未能正大光明走到一起，但感情應該還是很不錯，對劉肥母子他懷有愧疚之情，或許是為了彌補，他稱帝後，將齊國七十餘城封給了劉肥。

而劉邦生命中最重要的女人，在他四十多歲後才出現，他的後半生注定要和她一起度過，他們相愛相恨，恩怨情仇中走過了十幾年，她的名字叫呂雉。

呂雉的出現，完全是個意外。

呂家本是碭郡單父縣（今山東菏澤單縣）人，不知何故，惹了仇家，無奈之下，搬家到沛縣避難。

好在呂雉父親呂公（姓名不詳）與沛縣縣令交情不錯，安家落戶不成問題，有老友庇護，也就可以安心在沛縣落腳了。

呂公膝下兩子兩女，長子呂澤，次子呂釋之，長女呂雉，次女呂嬃。

依照秦律，百姓不得隨意遷徙，雖說有縣令撐腰，可到了別人地盤，想要站穩腳跟，還得與本地頭面人物搞好關係才行。好在呂公家資頗豐，經營關係自是不成問題。

到了沛縣沒多久，呂公就在家中設宴，廣邀縣衙官吏，地方紳士等人物過府赴宴。當然，劉邦不在邀請之列，因為他身價不夠。

呂府早就傳出話來，呂公宴席不是誰都可以參加的，想出席宴會，先交份子錢，而且明碼標價，越近主人席位價碼越高。

呂公特邀請蕭何主持宴會，蕭何代表主角宣布，份子錢不夠一千只能坐在廊下，超過一千才能登堂入室。

呂家設宴當日，門前人聲鼎沸，有不少是趕來赴宴的本地頭面人物，

## 2. 兄弟、情人和愛情

更多的是湊熱鬧的圍觀人群。

就在此時，劉邦也冒了出來。他素來愛蹭吃蹭喝，如此大好機會豈能錯過，聽門口有人報賀禮數目，劉邦一邊使勁往前擠，一邊大聲吆喝道：「泗水亭劉季願出一萬！」

四周之人聞聲一片譁然，回頭看到是劉邦大喊，都大笑起來，誰不知道劉邦底細，兜裡估計翻不出幾枚銅錢來，就知道說大話，當下讓出一條路來，就等看劉邦的笑話。

劉邦卻絲毫不在意眾人嘲諷眼神，大步進入呂府，快速穿堂過戶，逕自入席位，對在座之人仿若視而不見，只顧自己埋頭大吃大喝起來。呂公初來乍到，不了解劉邦具體情況，看他一副胸有成竹模樣，不敢怠慢，殷勤招待。

不過，蕭何對劉邦一清二楚，就對呂公實話實說「劉季這小子愛吹牛，好說大話，您可切莫當真。」

呂公卻似乎沒有聽進去，反而仔細端詳起劉邦來，覺得眼前之人雖吃相難看，但眉宇間頗有一番英氣，不覺對他有了幾分好感。

宴會結束，客人散去後，他單獨讓劉邦留了下來。

劉邦臉皮雖厚，但一時搞不清呂公用意，多少有點忐忑不安。

呂公似乎從劉邦臉上察覺什麼密碼一般，露出了滿意的笑容。

「我閱人無數，可像你如此相貌之人，卻是生平未見，我有一個女兒，若不嫌棄，願嫁給你為妻。」

劉邦一聽，又驚又喜，幾乎有點不敢相信，他就是抱著蹭吃蹭喝念頭而來，本以為被人識破，準備挨呂公訓斥，沒想到還遇到這等好事！

## 第一章　中年啟程，逆襲之始

原來呂公舉辦宴會，除想結識沛縣上流階級外，另有為女兒物色親事之目的。

劉邦大喜過望，當然求之不得，立刻回去張羅親事。

可呂夫人很不樂意，呂公和劉邦談話時，她就躲在帷帳背後偷聽，將兩人交談內容聽得一清二楚。劉邦走後，呂夫人走出來，滿臉不高興，埋怨呂公說：「沛縣縣令來提親，你都沒有答應，說要把女兒嫁入富貴人家，沒料到卻將女兒嫁給劉季，真不知你心裡怎麼想的？！」

當娘的心都一樣，盼望女兒嫁個好人家，一生平平安安，安穩過日子。

呂公也不解釋，只是平淡回答道：「這不是妳們婦人家能理解的。」

到頭來，呂公不顧老婆勸阻，將呂雉嫁給了劉邦。

時年呂雉不到二十，而劉邦已是四十又二。

呂公為何要將女兒嫁給又老又窮，且劣跡斑斑、聲譽很差的劉邦，自始至終就是個謎團，若說單憑看面相，就能料定劉邦將來大富大貴，別說老伴不信，估計連他自己都說服不了。

讓人想不通的是，呂公將二女兒呂嬃嫁給了狗屠樊噲。一雙女兒，一個嫁了市井無賴，一個嫁了狗屠，實在看不出呂公善於相面的本領在哪裡。

以呂公的家境，為何接連做出如此違反常理之事，背後估計有難以道明的苦衷，至於真相是什麼，我們永遠不得而知了。

或許是以呂公的智慧，已感覺到強大的大秦已是危機四伏，山雨欲來，亂世將至之際，將女兒嫁給平凡人家，也是一種自我保全之策吧！

劉邦將呂雉娶過門後，沒出幾年，呂雉為他生下一雙兒女，都是有家

## 2. 兄弟、情人和愛情

室之人了,但他死性不改,整天不務正業,四處遊蕩,家庭重擔都壓在呂雉身上。

呂雉既要操勞家務,又要在田裡忙碌,年復一年,生活壓力之下,昔日呂府大小姐變成了一位憔悴村婦。有一天,呂雉正在田地裡汗流浹背地鋤草,有位路過老人向她討水喝。

喝完水後老人放下碗,端詳了一陣呂雉說,夫人天生富貴相,將來定會大富大貴。

人在絕望中,哪怕是別人一句善意的安慰,也使人感到很溫暖。依照自己目前處境,呂雉實在不敢相信,將來還會有富貴的一天,算了,還是將希望寄託在孩子們身上吧,便讓老人瞧瞧兒子劉盈。

老人笑盈盈地說,妳的富貴正是來自妳兒子。

當娘的最高興之事,就是聽到有人誇讚自家兒子未來有出息,呂雉又讓老人為女兒看相。

老人看後頻頻點頭說,妳的女兒將來同樣富貴無比。

丈夫是指望不上了,兒女就是呂雉生活的全部,也是她能夠咬牙活下去的動力,聽完老人一席話後,呂雉頓時對未來充滿了希望,只要兒女健康成長,自己再苦再累也是值得了。

老人離去不長時間,劉邦出現了,呂雉今天心情不錯,把剛才老人講的話,說給他聽。

劉邦聽聞老婆孩子將來命不錯,也很想知道自己命運如何,當即去追趕老人。

老人家畢竟年紀大了,腿腳不俐落,很快被劉邦追上了,劉邦拽住老人說,聽說我老婆孩子有富貴之相,勞煩你給我也看看面相。

## 第一章　中年啟程，逆襲之始

　　老人仔細看了一番劉邦面龐，然後說：「尊夫人和孩子富貴源自於您，至於您將來富貴無法用語言來形容。」

　　將來之事是否會應驗，且先不去管它，聽聞相面老人的話，劉邦也頗感歡喜，美滋滋地回去了。很多年後，誠如老人所言，劉邦大富大貴了，想去找當年那位老人，以表謝意，可終究沒有找到。

### 3. 咸陽道、英雄志、天子氣和逃亡歲月

　　正當劉邦在老家廝混之時，突然接到沛縣縣令的一道命令，讓他押解一批民夫走一趟咸陽。

　　大秦帝國的疆土有多遼闊，始皇帝的雄心就有多大，這些年來，為了修長城、修馳道、修阿房宮，地方上成年男子幾乎被徵發完了，但各處建設工地民夫缺口依然巨大，尤其是修建驪山陵墓刑徒由於人數不足，致使工期嚴重滯後，惹得始皇帝非常惱怒，要求全國各郡縣盡快往咸陽送人過來，要是延誤了時日，秦法是問。

　　沛縣接到朝廷命令後，將老人及未成年男性都徵集了，才勉強湊夠人數，劉邦身為亭長，押解著大家上路了。

　　從沛縣中陽里已是送了好多批成年壯丁了，但數年下來，只見人走，從未見歸來，所以鄉鄰們眼中走咸陽道，與走鬼門關差不多了。

　　送別場面愁雲慘淡，人們一個個悽悽慘慘，老翁拄杖頓足，幼稚牽衣嚎哭，一片慘不忍睹，大家都明白，此次分別就是生離死別，與親人們再無重逢之日。

　　呂雉牽著一雙兒女，在送行的人群中，望著丈夫背影漸行漸遠。

## 3. 咸陽道、英雄志、天子氣和逃亡歲月

就算劉邦不顧家，但屋裡有個男人，她心裡總覺得還是比較踏實，可如今他也走了，呂雉覺得天快塌了下來。她心中唯有默默向神明祈禱，希望丈夫能活著回來。

但她不會料到，這一別後，他們夫婦二人的人生軌跡將發生天翻地覆地變化，待他們再次重逢時，已無法回到從前了。

再說劉邦，帶著眾人告別故鄉，一路向西，還沒走多遠，就發現有人偷偷跑了。

剛開始還是零星逃走，後來乾脆三五成群跑了，劉邦根本看不住了。照這樣，恐怕還沒到咸陽，人都跑完了，到時候劉邦也難逃一死。

去咸陽是死路一條，逃亡也是一死，反正橫豎一死，還不如豁出去了，做個順水人情。

等到了豐縣西部的澤中亭，夜幕時分，劉邦讓大家停下來歇腳，拿出隨身攜帶的酒和大夥兒一起喝，喝完酒後，他說：「各位就此各奔前程，逃命去吧，我也自找活路去了。」

多數人聽後一鬨而散，但也有二三十人覺得劉邦仗義，與其鳥獸散，還不如跟著他，人多力量多，總比一個人逃亡安全一些。

只是當地不安全，必須趁著夜色轉移到安全地帶才行。夜間行路，不知不覺就迷了路，無意間闖入了一片沼澤地。

劉邦喝了酒，夜風一吹，開始有些迷糊了，腳下輕飄飄地，走路也有些搖搖晃晃，忽然聽到前方有人驚叫，不由地嚇出了一身冷汗，酒也醒了一半。劉邦起初以為遇到了巡捕官兵，下意識拔出劍準備拚命，等他衝到前面時，根本沒有追兵影子，原來是一條巨大的白蛇攔在道路中間，擋住去路。

## 第一章　中年啟程，逆襲之始

現在已是亡命天涯了，只要不撞到秦兵，別說是大蛇，就是遭遇虎豹猛獸，劉邦也顧不得害怕了，他趁著尚有幾分酒意，上前將白蛇斬殺為兩段，然後和眾人一起繼續前行。

傳聞此後不久，有人在路邊遇到一位老婆婆在哭訴：「我兒子是白帝之子，由於擋道，被赤帝兒子給殺了。」話剛說完，老婆婆就消失不見了。

一看就是為了籠絡人心編造的故事，藉此神話劉邦，好讓大夥兒死心塌地跟著劉邦走。這種淺顯易懂的故事，沒有什麼說服力，但對普通鄉下目不識丁的百姓還是很有號召力的，劉邦斬殺白帝之子的故事傳開後，大家再看劉邦，發現他似乎真的與常人有些不一樣。

為了躲避官府緝拿，劉邦帶領大家一頭躲進芒碭山，在深谷密林裡遊蕩，有一些沛縣周圍年輕人聽說劉邦情況後，認為在家裡待著，遲早會被抓去服苦役，與其死在外面，淪為孤魂野鬼，還不如流落山野算了，所以結伴逃出家門，悄悄來投奔劉邦。

不知不覺間，劉邦手下已有了一支百來人的隊伍，他們不敢拋頭露面，只得暫且躲在山中，過著半飢半飽的生活。只是時間久了，長期困在山林中也不是個辦法，便偷偷派人回老家打探消息。

過了一陣子，派出去的人回來了，說劉邦出逃後，虧得有蕭何、曹參在中間周旋，家人暫時沒受牽連。

劉邦逃亡後，就與呂雉失去聯繫。丈夫生死不明，呂雉焦急萬分，後來聽說劉邦還活著，自然非常高興，與傳信人取得聯繫後，時不時給劉邦捎點衣服和口糧。

時間長了，鄰居們也多少聽說到了，大家都很詫異，芒碭山那麼大，呂雉一個婦道人家，是怎麼找到的？

## 3. 咸陽道、英雄志、天子氣和逃亡歲月

內情絕對不能說出去，於是呂雉謊稱，劉邦頭頂上方總縈繞著一股雲氣，她是按照雲氣找到的。

劉邦斬白蛇的傳聞已經有些神乎其神了，聽呂雉這麼一說，街坊們也就信了七八分，愈發認為劉邦這小子看來真的非凡人呐！

不知是否是巧合，此時咸陽城內也流傳一種說法，在帝國東南一帶出現了王者雲氣，甚至傳到了始皇帝耳中。

與其同時，各種詭異的事，接連發生。

秦始皇三十六年（西元前 211 年），夜空中出現了熒惑守心天文異象。在中國古代天文學中，熒惑指火星，心宿又稱商宿、商星，為二十八宿之一，主要分布在天蠍座（由三顆星組成），熒惑守心即火星停留在了天蠍座。

在古人眼中，火星乃不祥之兆，心宿是帝王象徵，火星侵入心宿，意味著帝王將有災禍降臨。果不其然，熒惑守心天象發生不久後，一塊巨大隕石從天而降，落在東郡地界。

隕石降落時產生了巨大聲響，強烈刺眼的白光照亮了半個夜空，落地後還引發了一場火災，周圍百姓們震驚不已，紛紛跑去看個究竟。

隕石著陸時，將地面砸出一個大坑，隕石表面上赫然刻著一行字「始皇帝死而地分」。

在科學知識落後的古代，愚昧迷信思想盛行，天降隕石本來就夠令人覺得不祥了，何況上面還有一行詭異文字，於是，各種謠言不脛而走——只要始皇帝一死，大秦帝國立刻會分崩離析。

很明顯，是有人在暗中蠱惑人心。

始皇帝下令徹查此事，命御史在隕石墜落之地周圍，挨家挨戶的搜

## 第一章 中年啟程，逆襲之始

查，看看究竟是誰暗中搗鬼，可是直到最後，也沒查出是誰做的。

始皇帝震怒之下，下令將隕石降落之地四周百姓全都處死，然後毀掉那塊隕石。

隕石事件同年秋天，又發生了一件怪事。

有位朝廷使者，走夜路經過華陰時，朦朧間看到有個身影站在路中間，攔住去路。

「替我將它送給滈池君，今年祖龍死。」

影子衝使者說了一句莫名其妙的話，使者想要近一步問個究竟，影子卻消失在茫茫夜色中，唯見地上留下一塊青色玉璧。

使者回到咸陽後，向始皇帝獻上玉璧，如實彙報了事情經過。

始皇帝看了一眼，竟然是自己投擲到大河之中的玉璧！

多年前，始皇帝乘船渡河之際，遭遇風浪，眼看要翻船，情急之下，將一塊玉璧拋到水中，祈禱河神庇護。沒多久，滔天濁浪消失了，河面恢復了平靜，始皇帝得以平安渡河。

那次驚心動魄的經歷，縱然時隔多年，現在回憶起來，他還心有餘悸，如今玉璧被送回來，難道河神打算不再庇佑自己了？

一種不祥的預感湧上始皇帝心頭，但這些話又不能向旁人說，所以只好故作平淡地回答使者道：「祖龍大概是以前的祖先吧！」

不過，始皇帝自恃擁有至高無上的權力，就算是鬼神，又能奈之若何？

秦始皇二十八年（西元前219年），始皇帝東巡，過淮河，經衡山、南郡，然後乘船順江而下，至湘山祠。恰好遇到大風，以至於沒法渡河，他認為是鬼神作祟，問隨行博士：「湘山之神是誰？」

博士回答說：「聽說是堯的女兒娥皇、女英，她們後來嫁給了舜帝，舜帝南巡死於蒼梧，姐妹倆追隨至湘水之濱而死，被當地人奉為湘水之神。」

始皇帝聞言大怒，下令徵發三千囚犯，將湘山之樹全砍光，連地面都給掀了，直到裸露出紅色砂石層為止。

不過，那次東巡返回後，始皇帝覺得身體時好時壞，一天不如一天。大秦帝國統一海內，才不過十餘年，看似很強大，但實則危機四伏，對於這一點，他心中很清楚。

他可以征服六國，卻不能贏得過時間，雖然現在年不過五十，但很明顯感到身體在加速衰老，絕不能就這樣留在咸陽宮中等死！

秦始皇三十七年（西元前210年），始皇帝決定再次出巡。

可是，他沒料到，這將是他一生中最後一次出巡，再也沒回來。

第一章　中年啟程，逆襲之始

# 第二章

## 青春未央，帝國傾頹

## 第二章　青春未央，帝國傾頹

### 1. 燒書、活埋和長生藥

　　大秦統一天下後，算上這一次，始皇帝先後進行了三次東巡。

　　始皇帝之所以頻頻出巡，是因為他知道，大秦雖然完成了九州一統，然而帝國基礎依然很脆弱，六國殘餘勢力尚未完全根除，他們不甘心失敗，只要一有機會，必然會反撲。

　　這是一場長期較量，短期內無法終結。

　　始皇帝喜歡微服出訪，有一次他夜遊，在前往蘭池宮半道上，遭遇到一群不明身分的武裝分子刺殺，好在安全防護措施得當，刺客們並未得手，但也未抓住活口，刺客們得以全身而退。

　　始皇帝沒有被刺殺行動嚇倒，一如既往地出巡。

　　從西至雞頭山（今甘肅慶陽境內）之巔，東至大海之濱，皆留下他的影子，他就是要用實際行動告訴他們，無人能阻止他的步伐，並告誡那些潛在的敵人，不要輕舉妄動，想透過暗殺顛覆大秦，純屬痴心妄想！

　　滅六國之後，為了消除內憂外患，確保大秦江山千秋萬載，始皇帝採取了一系列措施，具體來說，對外打擊匈奴，對內加強統一。

　　匈奴人生活在中原北方的大漠草原，以游牧為生，逐水草而居，崛起於戰國之時，不斷侵擾燕、趙兩國邊境，毀壞村郭，劫掠財物和人口。

　　秦滅六國之初，無暇北顧，匈奴趁機南下，占領了水草豐美的河套地區。

　　統一天下戰爭的硝煙尚未散去，始皇帝就命令大將蒙恬率領三十萬大秦鐵騎北上驅逐匈奴。

## 1. 燒書、活埋和長生藥

雖說匈奴人很強悍，可哪是久經戰鬥錘鍊的大秦鐵騎對手，很快被逐出河套，被迫後撤三百里，遠遁大漠，以避秦兵鋒芒。

平定外患不易，消除內憂更難。

春秋戰國以來，天下紛擾，爭戰不休，經過漫長五百年歲月，各諸侯無論政治制度，還是文化習俗，早已相去甚遠，走上了完全不同的道路。

秦可以依仗強大軍事力量用暴力手段征服六國，但沒辦法彌合人心，五百年亂世帶來的歷史慣性非常深遠，很難短期內消除。

大秦帝國開創的事業是前無古人的，始皇帝以為，他的功業是夏禹、商湯、周武這些三代聖王無法相比的，他自視可以超越傳說中的三皇五帝，所以獨創了皇帝制度。

兼併天下容易，但統一思想卻很難。

在統一之初，始皇帝命令廷尉李斯等人在周秦文字基礎上，刪繁就簡，創立了一套新的文字，在全國推廣，後世稱之為秦小篆。

與此同時，秦廷頒布命令，要求書同文、車同軌，度量衡天下如一。如果說在文化制度方面推行改革措施尚未遇到太大阻力，那麼，在國家政治制度上，爭議就很大了。

大秦統一後，國體究竟採用什麼制度，朝堂上分為兩派，一派主張採用分封制，一派主張郡縣制，前者以博士淳于越等為代表，後者以廷尉李斯為首。

淳于越為儒家大家，以恢復三代典章為己任，是為理想派。

李斯是法家之士，認為國家制度當與時俱進，是為務實派。

儒士們雖然在秦廷並不掌握實權，但他們隱隱然已經贏得了皇長子扶

## 第二章　青春未央，帝國傾頹

蘇的認同。扶蘇曾不止一次私下勸諫始皇帝不要一味地迷信嚴刑峻法，稱如今天下初定，人心未穩，掌握社會輿論導向的讀書人多推崇孔子儒術，建議始皇帝可以考慮適當地推行仁政。

扶蘇的諫言惹惱了始皇帝，他一怒之下，命他北上到蒙恬軍營效力，負責監督修建長城工程。

秦始皇三十四年（西元前213年），兩派之間的矛盾爆發了。

始皇帝於咸陽宮舉行盛宴，宴請群臣，僕射周青臣抓住時機，站出來歌功頌德，吹捧始皇帝廢除諸侯國，改成郡縣制，自此四海之人遠離戰火，百姓安居樂業，如此豐功偉業，遠遠超越了上古以來所有帝王，後世之人將永遠頌揚陛下建立的不朽功業，直到千秋萬代。

淳于越為人敦厚，認為周青臣身為大臣，提不出建設性意見也就罷了，還當面逢迎皇帝，哪裡還有個為人臣的樣子！

身為儒學宗師，淳于越念茲在茲依舊是周初的分封制，對大秦推行郡縣制深不以為然，認為最好還是學周武王滅商後那般，將宗親子弟分封到各地，建立諸侯國屏藩中央，如此天下方能長治久安。

始皇帝對周青臣和淳于越的爭議，並沒有立即做出決斷，而是交由大臣們討論。

丞相李斯當即站出來反對：「五帝的制度不相重複，三代的舉措不相因襲，每個時代都有符合當下的辦法治國。陛下創立萬世功業，豈是腐儒們能理解？現天下安定，法出於陛下，百姓只管安守本分，做好分內之事，讀書人只需學習法令即可。可有些人就愛借古諷今、妄議朝廷法度，為了沽名釣譽，不惜在朝野製造反動輿論，若任其蔓延，就會威脅皇帝君威，故臣下建議陛下下令，記載秦朝歷史典籍外的書籍一律燒毀，除博士

## 1. 燒書、活埋和長生藥

外,天下收藏《詩》、《書》、諸子百家著作悉數收繳,限期送到官府燒毀。從今之後,私下談論《詩》、《書》者處死、借古諷今者滅族、官吏知情不報者同罪處置,自命令下達之日起,逾期三十天不燒書者,處以墨刑,發配邊關,醫藥、卜筮、種植等實用性書籍不在禁令之列。」

數年來,對於儒生們在耳邊聒噪,始皇帝早就不耐煩了,李斯的建議正中下懷,立刻毫不猶豫地批准了。焚書令頒布後,無數文明典籍被付之一炬,化為灰燼,成為中國歷史上一場空前文化浩劫,造成不可挽回的損失。

帝國初創,始皇帝每天超負荷的工作,加上私生活不節制,嚴重透支了他的身體,明顯感覺到自己身體大不如前了,他現在能做的,就是與時間賽跑。

世間事,從來沒有畢其功於一役的,秦人用了數百年時間,才終於一統天下,如今,想要海內融為一體,也需要幾代人的漫長過程,但始皇帝心情太急迫,他想將所有事在自己手中做好,將天下打理好,然後放心交給後代子孫,他們垂拱而治即可。

始皇帝的心情很矛盾,一方面覺得是人終究難逃一死,所以在驪山大興土木,為自己營建身後安息之所,另一面,他又強烈的渴望永生,因為還有好多事情要去做,時間遠遠不夠。

他招攬了侯生、盧生等一幫方士為他尋找不死藥,企圖延年益壽、長生不老。為了求藥,始皇帝對方士們可謂有求必應,金錢財物花費了不少,可終究毫無所獲。謊言終究會掩蓋不住的,侯生、盧生等人知道終有一日騙局會敗露,便趁著始皇帝尚未發覺之前溜出咸陽,逃之夭夭。

方士們出逃後,還不忘嘲諷一番始皇帝,說他剛愎自用、專權妄為,

## 第二章　青春未央，帝國傾頹

事無大小都攬在自己手中，就這德性還配求不死藥？簡直妄想！

始皇帝聽聞後，才察覺被愚弄和欺騙，勃然大怒之下，下令捉拿謠言傳播之人，前後共逮捕四百六十餘人，悉數活埋坑殺。

不過，無論是刺殺行動，還是謠言，都無法阻止始皇帝巡遊的腳步。

這是不見硝煙的生死較量，是雙方意志的博弈，也是一個漫漫無期的過程，秦人雖然征服了六國的土地和人民，但很難短期內征服人心。

戰場上刀兵之爭，秦人完敗六國，但是人心之爭，才剛剛開始。

## 2. 倉鼠、閹人和最後的旅途

始皇帝離京時，正值冬十月。

此次陪同皇帝出巡的有以丞相李斯為首的百官，還有中車府令趙高、皇子胡亥。

李斯本是楚國上蔡人，為儒學大師荀子的高足。

算起來，他自楚入秦，已有數十載，身為一介異邦寒士，憑藉過人才華和敏捷才思，從客卿做起，坐上丞相高位，位列三公，可謂位極人臣，深得始皇帝信任，凡軍國大事都和李斯一起商議解決。

此次東巡，始皇帝命右丞相馮去疾留守咸陽，卻讓李斯隨行，就是感到離不開李斯。儘管如此，李斯始終感到如履薄冰，官做得越大，膽子卻越小了。

在入秦前，李斯曾是楚國上蔡的一名小吏，偶然間看到老鼠在廁所吃糞便，非常膽怯，聽聞人的腳步聲，馬上四下逃竄，反而在糧倉的老鼠，

## 2. 倉鼠、閹人和最後的旅途

肆意糟蹋糧食，悠閒自在、膽大妄為，根本不怕人。

李斯從這兩種老鼠身上悟透了一個道理，做人如同老鼠，命運是周圍環境塑造而成。李斯自認為滿腹經綸，但在腐敗透頂的楚國官場根本沒有出頭之日。自然改變不了環境，那麼就離開，另覓出路，便下定決心，辭楚投秦。

入秦不久，恰好趕上韓人鄭國想用水利工程拖垮秦國的陰謀東窗事發，秦王政一怒之下，下令驅逐六國士人，李斯也遭受池魚之殃。

心有不甘的李斯，寫了一篇文采飛揚的〈諫逐客書〉打動了秦王，成功取消了逐客令，自此李斯的命運發生了戲劇性的轉變，仕途一帆風順，昔日上蔡小吏成了大秦丞相，但他的人生格局卻沒有多大變化，只想當在糧食堆上的碩鼠。他投機鑽營，揣摩上意，總能精準的掌握始皇帝的心思。

如今的李斯，官拜丞相，兒子皆娶公主，女兒皆嫁皇子，長子李由官拜三川郡守，可謂什麼都不缺，就怕失去皇帝信任。

對於始皇帝迷信，聽信方士長生不死的鬼話，李斯不以為然，可富貴權勢腐蝕了他的毅力，沒了當年勸諫的勇氣。

自從聽了方士盧生的建議後，為了和神仙會面，始皇帝下令將咸陽城周圍二百里內宮殿樓臺，用天橋、甬道相連在一起，他穿梭其間，行蹤飄忽不定，神祕莫測，外人難以得知。

不過，他仍有些不放心，傳令有人敢透露他的行蹤，立刻處死。

如此一來，李斯想見皇帝都很困難了。

朝廷大事都要等皇帝裁決，突然之間見不到皇帝本人，李斯有點傻了，一時間搞不清皇帝內心到底怎麼想的。

## 第二章　青春未央，帝國傾頹

好在身為當朝丞相，想打探一些消息，他還是有辦法的。

某日李斯得知，始皇帝對他出行車隊太過張揚有點不滿，於是趕緊削減隨行車輛，以免太顯眼。

李斯突然變低調了，始皇帝意識到身邊有人傳遞消息給丞相府，一怒之下，下令將當時在場的人全部處死。事後，李斯膽顫心驚了好一陣子，深恐皇帝降罪，好在此事最終不了了之。

實際上，始皇帝是惱怒有人透露自己行蹤，至於李斯的車輛儀仗這些，雖有些不快，但也並沒太放在心上。

對李斯，始皇帝還是信任的，但絕不能讓臣下隨便掌握他的心思，哪怕是李斯也不行。帝王駕馭臣下，就要讓他們時刻感到天威難測，君心似海，唯有如此，臣子們才會戰戰兢兢地為他效勞。

此次東巡，李斯終於有機會和始皇帝見面了。

不過，無論皇帝召見，還是他主動求見奏事，都要經過一個中間人——中車府令趙高。

中車府令執掌皇帝乘輿等日常起居，同時兼職掌管皇帝印璽，多由宦官出任。丞相上報奏疏，皇帝批准後，再由中車府令加蓋印璽，方可頒布執行。

趙高本是趙國疏遠宗族，趙被秦滅後，舉家西入秦。秦法森嚴，一不小心就犯了法，被判處宮刑，淪為閹人。

趙高博聞強記，精通秦法，又擅長書法，與丞相李斯、大史令胡毋敬並列齊名，是秦朝著名的書法三大家。

在偶然機會，趙高獲得了始皇帝的賞識，讓他留在身邊侍從左右，一路提拔，直到做到中車府令位子上。

## 2. 倉鼠、閹人和最後的旅途

中車府令官職不高，權力不大，跟李斯這個丞相相比，根本算不了什麼，可身為皇帝身邊的貼身宦官，趙高對始皇帝的了解遠遠勝於李斯，而且他掌管皇帝印璽，隱隱然制衡著相權。

趙高另外還有個身分，就是皇子胡亥的老師。

世人皆愛幼子，身為父親的始皇帝也不免俗，在為數眾多的子女中，對最小的兒子胡亥更疼愛一些，此次巡行，多數皇子公主皆留在京城，唯獨帶上胡亥，不難看出始皇帝對他的寵愛。

正因為如此，始皇帝特意讓精通律法和擅長翰墨的趙高來教導胡亥，希望他將來擔起重任，有所作為。

趙高正是憑藉自己特殊的身分，遊走於大秦宮廷廟堂之間，一般臣僚對他都不敢小覷。只是，李斯自恃位高權重，自然不會太在意趙高，多年下來，兩人也僅僅是面熟而已，談不上有任何私人交集。

李斯和趙高追隨始皇帝離開關中後，車馬轔轔一路駛向東南，先進入楚國故地，巡遊雲夢澤，面向九嶷山遙祭舜帝，然後改乘坐艦船，沿著長江順流而下，經海渚（今安徽樅陽一帶）和丹陽（今安徽省當塗縣西北），抵達錢塘（今浙江省杭州市），而後登陸上岸，趕赴今天的浙江紹興，等會稽山祭祀大禹，祭祀儀式結束後，命人在會稽山上刻石紀功，炫耀大秦的文治武功。

下會稽山後，始皇帝進入吳縣（今江蘇省蘇州市），吳縣街道兩側跪滿了人群，黑壓壓一眼望不到邊。

人群中有個年輕人抬起頭時，恰好看到始皇帝的車駕從眼前行過，從敞開的車窗內望去，皇帝威風凜凜端坐在車輿之上，渾身散發著征服者的傲慢和對他們這些匍匐在黃土中螻蟻小民的不屑。

## 第二章　青春未央，帝國傾頹

年輕人正值血氣方剛，頓時一股熱血沸騰，憤憤然說道：「彼可取而代之也！」

年輕人不知天高地厚，覺得始皇帝也不過是血肉之軀，看上去與常人沒什麼兩樣，他能當皇帝，我為何不可！

只是他這一句脫口而出的嘟囔，將一旁的一位老者嚇得不輕，立刻伸手堵住了他的嘴，低聲喝道：「你不要命啦，想害死我們全族人啊？」然後一把拽著他離開了現場。

這位年輕人名叫項羽（名項藉，字羽），老者是他的叔叔項梁。項氏叔姪是楚國名將項燕後裔。楚國被秦所滅後，項梁、項伯、項羽叔姪三人改姓換名，逃到吳縣躲避。他們發誓，一定要光復故國。這些年來，叔姪三人流竄各地，暗中結交能人志士，蓄積力量。

經歷過亡國滅族，項梁知道單憑目前實力，必須要忍常人不能忍之忍，方有一線希望，貿然行動無疑是飛蛾撲火，自尋死路。令他煩惱的是，項羽脾氣火爆，做事缺乏耐性，讀書學劍都很難做到持之以恆，楚人血性剛烈，可又能如何，匹夫之勇能抵得過大秦鐵騎嗎？

現在唯一能做的就是等待，靜靜等待時機的到來，只待時機成熟，天下有變後，方能舉兵反秦。

始皇帝離開吳縣後，從江乘縣渡江北上，進入齊地琅琊郡，他接見了方士徐福，為他配備了船隊和生活用品，還有不少童男女，送他出海。

可惜的是，徐福出海後，再也沒有回來，他帶領船隊到底去了哪裡，無人知道，始皇帝最終也沒有等來不死藥。

## 3. 始皇帝死了，路又在何方

始皇帝結束在齊地巡遊後，經平原津（今山東平原縣西北一帶的古渡口）西返，計劃前往原趙國舊地，然而就在途中，身體開始吃不消，病情加重了。

始皇帝的童年是在趙國邯鄲度過的，身為秦國的人質，那段歲月在他心靈上留下了終身難以抹去的創傷，也留下各種隱疾。大梁人尉繚與始皇帝有過一次會面，事後對外人說他「蜂準、長目、摯鳥膺、豺聲」，也就是說始皇帝患有嚴重的哮喘和雞胸（大概是胸膜炎這類疾病導致肋骨畸形）。

始皇帝為人剛愎自用，患病後，非常忌諱別人跟他提死字，總以為自己能夠千秋萬世，故而一直拒絕考慮身後事。

始皇帝對於扶蘇，心中充滿了矛盾，一方面對這位長子寄予厚望，作為接班人來培養，另一面又對他接近儒生很不滿。

到後來，始皇帝開始預感到自己恐怕時日無多了，便召見李斯，命令速速傳詔扶蘇回來，等扶蘇參加葬禮後，才將自己下葬。身為皇長子，始皇帝葬禮應由扶蘇主祭，而後繼位，一切順理成章。

為防止發生意外，嚴密封鎖皇帝病危的消息，只有丞相李斯、中車府令趙高、皇子胡亥等幾個人知道始皇帝的病況，其他官員都一無所知，全都被矇在鼓裡。

令人感到詭異的是，詔書寫完密封完畢，趙高卻故意拖著，遲遲沒有加蓋印璽，詔書一直沒有發出去。

至秋七月，始皇帝車駕抵達沙丘宮（今河北廣宗一帶）。

## 第二章　青春未央，帝國傾頹

七月二十日，始皇帝駕崩。

皇帝在外去世消息一旦傳開，必然生亂。為此，李斯決定，應盡快將皇帝遺體運回咸陽，急召扶蘇回京繼承大統，讓帝國權力保持有序的交接。

就在此時，中車府令趙高前來拜訪。李斯和趙高罕有往來，在這非常時期，他突然上門，讓李斯多少有些意外。

按照以往，丞相上報皇帝奏疏，經皇帝批准後，趙高都會例行公事加蓋印璽，可如今始皇帝不在了，皇帝印璽掌握在趙高手中，他的權力隱隱突顯出來了，李斯也不敢怠慢。

趙高上門，李斯意識將有大事發生。

果不其然，趙高提議立胡亥為太子，以穩定人心。

李斯聽後，大吃一驚，立刻駁斥道：「如此大逆不道之話，是我們做臣子該說的嗎？此乃亡國之言啊，陛下生前早已交代好身後事，由皇長子扶蘇為繼承人，足下豈能生非分之念呢？」

李斯對趙高了解不多，趙高卻對他這位丞相觀察多年，了解李斯的弱點就在於太迷戀權力，根本捨不得放棄目前的權勢和地位，人只要有弱點，就好對付！

因此，李斯的詰問，並沒有難住他，趙高反而質問李斯說：「請問君侯，無論才能、謀略、功勳、人望，還是在扶蘇心中位置，您與蒙恬相比，哪點能比過他呢？」

李斯一時無語，沉默了半天後說：「我確實不如蒙恬，你這不是明知故問嘛！」

李斯之所以能官拜丞相，爬上權力巔峰，根本原因就是得到了始皇帝的信任。但論在大秦的根基，遠遠沒辦法和蒙氏兄弟相比。蒙恬自祖父蒙

## 3. 始皇帝死了，路又在何方

騖從齊入秦，歷時三代，為大秦開疆拓土，立下赫赫戰功，蒙氏家族樹大根深，深受歷代秦王信任。

扶蘇與蒙恬共駐北疆，北逐匈奴，築萬里長城，在戰鬥中建立的君臣之誼，李斯如何能比！

李斯啞然失聲，無言以對。

趙高趁機說道：「細算起來，我在秦宮前後服務了二十多年，目睹了無數高官的起起落落，未見過被秦王罷免的丞相功臣，能順利將爵位傳於下一代，無不以被殺告終。假若皇長子扶蘇即位，毫無疑問，丞相之位必由蒙恬接任，到那時別說保住富貴，君侯您能否以通侯（李斯封爵）身分平安還鄉還難說呢！」

李斯聽出來了，他已沒有退路了。

李斯縱橫官場數十載，歷經驚濤駭浪，沒想到卻被趙高這樣一個內宦寥寥數語擊垮，輕而易舉的被說服了。

「我奉皇帝之命教育胡亥，已有數年，沒見過他有什麼大的過失，雖不善言辭，但為人很聰明，又重義輕財，尊重士人，實在是太子的最佳人選，您可以考慮一下。」

趙高給出了他的方案。

李斯還有些不甘心就範，氣呼呼地說：「你怎麼做，是你的事，我李斯只知奉皇帝遺詔行事。」

趙高馬上說：「君侯若聽我建議，可長保封侯，永世相傳，可放棄眼前機會，怕是要禍及子孫，到時悔之莫及，您看著辦吧！」

李斯無可奈何了，只得答應聽從趙高安排。

而就在此前，趙高已經說服了胡亥。

## 第二章　青春未央，帝國傾頹

趙高和李斯完成權力交易，結為同盟後，派人到上郡，假傳始皇帝詔書，賜死扶蘇和蒙恬。

扶蘇為人仁孝，接到詔書後，覺得蒙受了委屈，一時方寸大亂，萬念俱灰之下，不顧蒙恬勸慰，大哭一場後，就拔劍自盡了。

扶蘇死後，使者逼蒙恬自殺，但蒙恬卻不肯屈從。蒙恬手握重兵，使者也不敢逼迫過甚，只得將蒙恬囚於陽周（今陝西靖邊縣楊橋畔鎮），讓隨行李斯舍人擔任護軍，蒙恬職位由副將王離署理，而後返回覆命。

後來過了一些時日後，蒙恬、蒙毅兄弟都慘遭毒手，死於非命。

為了隱藏皇帝已死的真相，趙高和李斯指定幾個貼身的宦官駕車、陪乘，每天照常往車上送膳供物，與平常無異。只是始皇帝遺體屍臭越發濃重，為了遮掩臭氣，李斯令隨從官員往輼輬車內裝入醃魚，如此一來，醃魚腥臭和屍臭混在一起，沒辦法分得清。

直到回到咸陽，胡亥才向天下宣布始皇帝的死訊，然後在趙高和李斯扶持下登基稱帝，由於始皇帝生前有命，廢除諡號，後世子孫，以數計，故胡亥稱為秦二世皇帝。

當年九月，秦二世將始皇帝下葬驪山陵墓。

始皇帝下葬後，為防止洩密，修陵工匠多被封閉在墓道內，活活窒息而亡。地宮上方堆起巨大的夯土堆，其上種植樹木，猶如一座小山。

始皇帝生前嬪妃眾多，沒有生育的嬪妃全被秦二世送去殉葬。

喪心病狂的秦二世，在趙高鼓譟下，對自己的兄弟姐妹舉起了屠刀，十名王子在咸陽街頭當眾斬首，十二位公主押送到杜縣被肢解，其昏瞶和嗜血天下震驚，其殘忍令人髮指。

## 3. 始皇帝死了，路又在何方

　　胡亥信心滿滿，自以為再無人敢質疑自己皇位的合法性。殊不知從此以後，他真正成了孤家寡人。

　　與此同時，一批敢於進諫直言的大臣，被趙高以各種罪名下獄處死，而他的黨羽占據高位，把持了朝政。秦二世則整日泡在宮中，沉湎於酒色，朝政大權落入趙高手中。

　　為了窮奢極欲，秦二世又徵發民夫，計劃重修阿房宮。在皇家園林，他養了無數寶馬名犬，唯恐咸陽糧食儲備不夠餵養他的寵物，下令從天下郡縣徵調糧食，而所有這些糧食都是他的寵物糧，咸陽四百里內的人都不准碰，否則全部處死。一時間，天下鼎沸，百姓們掙扎在死亡邊緣。

　　為了滿足虛榮心，秦二世在二世皇帝元年（西元前 209 年），沿著始皇帝的巡遊路線，一路東行，東至碣石，南抵會稽，並在始皇帝刻石旁邊增刻歌頌自我的文字，藉此向天下表明他是始皇帝合法繼承人。

　　此時大秦帝國的分崩離析已在旦夕之間，稍微一點火星，就會撩起漫天大火，足以侵吞整個帝國。

# 第二章　青春未央，帝國傾頹

# 第三章

## 生死抉擇的戰場

## 第三章　生死抉擇的戰場

### 1. 大澤鄉、漁陽卒和陳勝王

二世皇帝元年（西元前 209 年）四月，秦二世返回咸陽。此後過著醉生夢死的日子，再也沒有離開京城，至於朝廷大小事務全都是趙高說了算，他也樂得清閒，懶得過問。

就在這一年七月，一支約九百人的戍卒隊伍，在蘄縣大澤鄉，為大雨所困，進退兩難。他們被徵發前往漁陽（今北京密雲一帶）戍邊，可是雨水沖垮了道路，一行人根本寸步難行，很顯然大夥兒是很難按規定日期趕到漁陽了。按照秦朝律法，如不能按期到達，所有人都要被處斬。

秦自商君變法以來，律法大致穩定有序，滅六國後，又將原來秦法推行到天下各地，在如此廣袤的地區，許多條款根本不符合實際情況。但秦法就是鐵律，執行的下去必須執行，執行不下去還是必須執行。

在苛虐的秦法之下，天下百姓無不生不如死。

在大秦帝國，有時候痛快的死，也是求而不得！

在生死關頭，戍卒們將唯一希望寄託在屯長（相當於小隊長）陳勝和吳廣身上，指望他們能替大家拿個主意。

陳勝，字涉，陽城（今河南商水）人，吳廣，字叔，陳郡陽夏（今河南省太康縣）人。

在這一段相處日子裡，戍卒們透過觀察，發現陳勝言談舉止異於常人，做事很有主見，早已視他為帶頭大哥，大小事情都喜歡聽聽他的意見。

陳勝雖底層出身，但不甘於平凡，是個有志向之人。早些年，他靠替別人做傭工過活，每天起早貪黑，汗流浹背，猶如牛馬般掙扎在田壟之間，只是一年下來，手中所剩無幾，不過勉強餬口罷了。

## 1. 大澤鄉、漁陽卒和陳勝王

陳勝心有不甘,不想如此渾渾噩噩,虛度一生。

有一次,陳勝對夥伴們感嘆道:「兄弟幾個將來若富貴發跡了,可不要忘了彼此啊!」

大夥兒聽完後,不禁大笑起來,「不看看我們目前過得什麼日子,一群替人種田的僱工而已,還談什麼富貴?」

陳勝聽後,明白跟眼前這些人談理想,無疑對牛彈琴,只好嘆口氣說:「燕雀安知鴻鵠之志哉!」

然而多年後,陳勝的生活仍然毫無起色,日子過得很艱難,直到此次被徵發前往漁陽戍邊。

陳勝有一顆躁動的心,是個不安分的人,吳廣為人和陳勝也差不多。

既然橫豎都是一死,與其窩囊的前去送死,還不如殊死一搏,或許還有轉機。於是,陳勝私下和吳廣商量:「如今形勢,我們前往漁陽是死,逃亡也是死,同樣是死,何不死得有些價值?」吳廣表示同意。

陳勝聽說秦二世得位不正,皇位本該是扶蘇的,卻屈死在秦二世手中,天下人多為他抱屈同情,好多人不信他就這樣平白無故的死了。另外,楚國名將項燕,民望很高,深受楚人擁戴,楚國亡國後,項燕下落不明。

為了贏得更多人的支持,陳勝、吳廣決定以扶蘇和項燕名義起事。只是造反風險太大,他們一時拿不定主意,左思右想,決定還是占卜預測一下吉凶。

占卜之人善於察言觀色,聽了二人三言兩語之後,當即明白了他們的用意,便鼓動道:「大事一定會成功,你們無需顧慮太多,儘管放手去做!」

陳勝、吳廣二人聽後,心中有了底氣,不過為在眾人心中樹立形象,

## 第三章　生死抉擇的戰場

必須製造輿論才行。

戍卒多是目不識丁的農夫，想說服他們，利用神祕事件最管用。

沒多久，有位戍卒買回一條魚，剖開魚腹，準備下鍋時，竟發現魚肚中有條白綢，上書「陳勝王」三個字。在當天夜裡，有人稱，他隱約聽到附近有狐狸在說人語：「大楚興，陳勝王。」

戍卒們本來就覺得陳勝此人非同尋常，發生這兩樁怪事後，大家看陳勝的眼神與以前不一樣了。

實際上，這些詭異事件都是吳廣一手策劃的。

眼看時機成熟了，陳勝、吳廣決定立刻行動，去找兩位押送他們的將尉。將尉二人此時已醉酒，吳廣有意激怒他們，揚言要逃走，將尉大怒，拔劍恐嚇吳廣，吳廣趁機奪過劍，與陳勝一起合力殺掉了兩個醉鬼。

陳勝舉起人頭，衝眾戍卒大聲說：「我們遇上大雨，延誤了期限，已是被殺頭之人了，就算僥倖逃過一劫，可戍邊也是死者十之七八，大丈夫在世，死也要死得轟轟烈烈，難道那些王侯將相就是命中注定的嗎？」

一時間群情激奮，眾人高呼：「你說怎麼辦就怎麼辦，我們都聽你的！」

陳勝將頭顱放在祭臺上，高舉起右手，露出手臂，對天宣誓，號稱大楚，宣布以公子扶蘇和楚將項燕的名義舉行起義，而後自任將軍，以吳廣為都尉。

就這樣，這群衣衫襤褸的隊伍發出震天的怒吼，很輕鬆地攻下大澤鄉，然後衝向蘄縣，城中地方官被嚇破了膽，很快舉手投降。陳勝乘勝出擊，派葛嬰去攻打蘄縣以東諸城，沿途官員或降或逃，城池全被攻下。

陳勝率領區區數百手執木棒竹竿的戍卒，之所以所到之處皆一觸即潰，是因為多年來，始皇帝修長征、馳道、驪山陵墓、阿房宮，徵發了數

以百萬計的民夫，百姓幾乎被徵發一空，加上秦軍北驅匈奴、南征百越，地方防禦力量極度薄弱。

看似強大不可一世的大秦帝國，實則早已是泥足巨人，輕輕一指，就轟然坍塌。

陳勝行軍途中，不少人紛紛加入義軍隊伍，抵達陳縣（今河南淮陽）時，已有兵車六七百輛，騎兵一千人，步卒好幾萬人。

陳縣郡丞試圖反抗，但很快城破，郡丞本人死於非命，陳勝率領義軍攻入城內。

眼界決定了一個人的視野，陳勝一直夢想改變命運，可從沒出過遠門，身邊之人也都是跟他差不多等級的平民。這些日子變化太快，彷彿做夢一般，轉瞬之間，他已是擁有數萬之眾的將軍，命運就是如此不可捉摸。

接下來該怎麼辦，陳勝激動、興奮之餘，卻有點不知所措了，便讓人找來三老（代掌教化的鄉官）和地方豪傑議事，希望聽聽他們的意見。

這些人屬於地方上德高望重之輩，他們中不少人親眼見證了楚國的覆亡，多年來受夠了秦人的壓榨，見到陳勝扛起大楚的旗號舉事，自然希望藉助陳勝之力儘早恢復故國，便對陳勝說：「將軍您披堅執銳，討伐暴秦，收復楚國國土，論功當稱王。」

聽完眾人建議後，陳勝決定自立為王，立國號為張楚。

## 2. 守門人、老街坊和遍地稱王

在陳勝稱王的過程中，發生了一件小插曲，有兩人公開表示，現在還不是急於稱王時刻，話說的很委婉，但意思很明瞭。

## 第三章　生死抉擇的戰場

其中一人就是劉邦仰慕的偶像張耳，另外一人是張耳的朋友陳餘。

陳餘與張耳是同鄉，也是大梁人。陳餘與張耳是典型的忘年交，論年齡，差不多是兩代人，不過年歲懸殊並沒有妨礙他們的友情。

張耳與劉邦相處時日並不多，而陳餘幾乎與他相伴大半輩子。兩人不但志趣相投，就連人生經歷也極其相似，張耳因才華出眾，娶得外黃富家女，陳餘也被趙國苦陘富豪公乘氏看中，將女兒嫁給了他。

由於娶得富家女，二人衣食無憂，經濟寬裕，手頭有了錢，就喜歡廣交朋友，他們的名字且不說大梁城內，就是在魏國，也幾乎無人不知。

秦滅魏後，二人不願為秦效命，改名換姓，東躲西藏，最後逃到陳縣，找了一份看門工作。

看門員是很低賤的職業，常被人看不起。有一次，有個負責里巷的小吏，故意找碴，一言不合，就掄起皮鞭抽打陳餘。

陳餘畢竟年輕，按耐不住心頭的火氣，就要準備還手，旁邊的張耳一看形勢不妙，重重踩了一下陳餘的腳背。

陳餘疼痛難忍，躬下身去，被小吏狠狠抽了一頓。

小吏離去後，張耳將陳餘拽到附近一棵桑樹下，用嚴肅的口吻指責他：「連這點羞辱都受不了，跟這樣一個小角色拚命，值得嗎？你的命就這麼不值錢？」

陳餘冷靜下來，有點後悔了，為一時衝動，向張耳道歉，並保證不會再犯同樣的錯。就這樣，兩人繼續隱姓埋名，直到陳勝率領起義軍來到陳縣，聞訊後一起前去投奔陳勝。

名士來投，陳勝很高興，此時他已決心稱王，不過，還是要做個姿態：「大夥兒勸我稱王，二位先生怎麼看？有意見但說無妨！」

## 2. 守門人、老街坊和遍地稱王

張耳和陳餘其實骨子裡不太瞧得起像陳勝這樣的鄉下人，只不過希望藉助他的力量，實現復國夢想而已，所以壓根不願意他稱王，當然話不能說的太直白，還是委婉一些比較妥當。

「將軍您帶頭抗擊暴秦，勇氣實在令人佩服，可事業剛剛起步，就在陳縣這樣小地方稱王，實在不可取。您現在首要任務是立六國王室後裔，以分散秦人注意力，使其無暇集中兵力對付您，您趁機聯合六國復辟勢力，合力攻擊秦軍，待到攻占咸陽後，六國因您而復興，定會感恩於您，聽您號令，待那時成就帝業，也是水到渠成。」

不過，張耳和陳餘的話並未打動陳勝，在他看來，造反純粹是為了自救，也是替千千萬萬底層人民找條活路，至於六國貴族餘孽，憑什麼要我去扶持他們，做夢去吧！

就這樣，陳勝沒有理睬二人勸阻，逕自稱王了。

陳勝稱王的消息傳開後，各地人們被積壓的憤怒，像火山一般爆發了，紛紛起來誅殺地方官員，開城響應義軍。

勝利來得太快，陳勝不禁有些驕傲輕敵了，開始盲目擴大戰線，決定趁著大好形勢，兵分三路，命吳廣以假王（代理王）名義率兵西征滎陽、周市北上經略魏地、周文直接攻打函谷關。

張耳和陳餘頭腦很冷靜，沒有陳勝那樣樂觀，義軍初期作戰完全憑藉一股血性，而秦廷由於事出突然，還沒來得及集結軍隊，等到秦軍精銳力量完成整合集結後，缺乏嚴格軍事訓練的義軍肯定難以持續保持目前氣勢。

他們開始私下盤算，如何利用陳勝的號召力和兵力開闢新戰場，發展自己的勢力。

## 第三章　生死抉擇的戰場

陳餘在趙國活動多年，對趙國情況比較了解，也有一定的人脈資源，他向陳勝提議，自願去趙地為陳王開疆拓土。

陳勝聽後沒多想就答應了，派好友陳縣人武臣為將軍，邵騷擔任護軍，張耳和陳餘為左右校尉，撥給三千軍隊，去攻打趙地。

張耳和陳餘走後不久，有位當初和陳勝一起做傭工的人，聽到陳勝稱王的消息，跑來找他，被衛兵攔在宮門口，不讓他進去。

那人有些生氣，陳勝當了王，就忘了當初「苟富貴勿相忘」的諾言嗎？便在宮門口大呼小叫：「我要見陳勝，讓他出來！」

衛兵一聽，立刻將他捆了。恰好正趕上陳勝出巡，那人立刻高呼陳勝名字，陳勝在人群中看見後，讓人放了他，帶回宮中。

傭工被宮中奢華陳設驚呆了，操著濃重的楚音說：「乖乖，陳勝當了王，這屋子也超級奢華啊！」（夥，涉之為王沈沈者。）

看著昔日夥伴羨慕的眼神，陳勝很開心，兩人一起追憶往昔，在一起喝酒吃肉，聊了不少知心話。

可時間一長，陳勝感到有了新麻煩。

這位同伴，逢人便炫耀自己和陳勝的關係有多好，還說一些陳勝不願意提及的陳年舊事，讓陳勝感到很難堪，但念在昔日情面，不好發作，暫時忍了下來。

任何時候都不缺小人，有人察覺出來陳勝神色有異，便在他耳邊嘀咕：「你的同伴這樣口無遮攔，長期下去，有礙大王您的顏面啊！」

陳勝黑著臉，一言不發，幾天後同伴被殺了。

來投奔陳勝的舊友們聽說此事之後，有些心寒了，於是接二連三離他而去。

## 2. 守門人、老街坊和遍地稱王

　　各地出征將領們陸續返回陳縣彙報工作時，發現雖不過短短數月，陳勝變化太多。以前大家在一起無拘無束習慣了，自然不顧那些繁冗禮節，但很快不少人由於小小過失，被陳勝任命的中正朱房、司過胡武投入大牢。

　　朱房、胡武私仇公報，將不少自己看不順眼的將領，隨便扣上對陳王不忠的罪名，也不經過正式審判，就胡亂懲戒。

　　就這樣，眾將領漸漸疏遠了陳勝，不少人暗中謀劃脫離陳勝，自找出路獨立。

　　陳勝剛攻占陳縣之初，派葛嬰攻打陳縣以東地區。

　　葛嬰在外，由於消息不暢通，不知陳勝稱王，所以在東城（今安徽定遠）立襄強（具體身世不詳，或是楚王室後裔）為楚王。再後來，他得知陳勝稱王消息，覺得既然義軍中已有陳王，再立新王就不妥了，便殺了襄強。

　　可是葛嬰擁立新王之事已被陳勝得知，他非常惱怒，覺得葛嬰背叛了他，等葛嬰一返回，就下令將他抓起來殺了。

　　本以為誅殺葛嬰，足以震懾那些心懷二心的各路將領，然而陳勝很快接到消息，武臣也稱王了。

　　武臣稱王是張耳和陳餘出的主意。

　　張耳和陳餘跟隨武臣自白馬津渡過黃河，進入河北燕趙地區。陳勝撥付的三千兵馬兵力太弱，所以絕不能與秦兵蠻拚，唯有智取才是上策。張耳和陳餘的具體策略有兩點，一是揭發秦朝暴政，二是宣揚義軍政策。

　　秦朝的罪狀太多，俯仰皆是，證據隨便羅列，幾天幾夜都說不完，倒是義軍的事蹟大家還不太了解，需要加大力度鼓吹。

　　張耳和陳餘帶領的義軍一路走到哪裡，就宣傳到哪裡：秦法殘暴，這

## 第三章　生死抉擇的戰場

種暗無天日的日子鄉親們還要忍下去嗎？告訴大家一個好消息，陳王現在已經反秦，楚人爭向殺掉地方官，響應陳王，楚國兩千餘里的遼闊土地已歸屬陳王。如今陳王已經派吳廣、周文率領百萬大軍向西出發，即將對秦發起總攻。義軍形勢一片大好，諸位，想為屈死在秦人屠刀之下的父兄報仇嗎？想在亂世中建功立業嗎？那麼還在猶豫什麼，抄起傢伙跟著陳王起義吧！

受到鼓動的趙人，爭著加入武臣的隊伍，很快義軍隊伍規模壯大了數倍，一下子擴充到好幾萬人。武臣覺得將軍頭銜，不足以帶領數萬人馬，便自稱武信君。

事實證明，宣傳實在太重要了，一句富有煽動性的宣言勝過千軍萬馬。

隊伍壯大後，武臣帶領麾下人馬，很快拿下了趙地十座城池。

范陽（今河北省定興縣固城鎮）人蒯通，得到武臣將要攻打范陽的消息，想透過范陽縣令徐某為自己謀個出路。蒯通素來能言善辯，頗有蘇秦張儀的風範，三言兩語就攻破了徐縣令的心防，同意由他代表自己前往武臣營中談判歸降事宜。

同樣是投降，如果手中有籌碼，讓對方有所忌憚時主動投降，那就有討價還價的迴旋餘地，在為己方爭取利益的情況下體面投降。

見到武臣後，蒯通語氣間不卑不亢，毫無搖尾乞降之相，讓武臣不由得敬重了幾分。蒯通是一個語言天才、心理大師和談判高手，一開始就牢牢控制了會談主動權。

「請問武信君，您每攻占一座城池然後占領，就這樣一城一城的打下去嗎？如此逐城攻取，分兵把守實在不可取，若您能聽取我的意見，我敢保證，只要派出一名使節，諸城皆會開城投降！」

## 2. 守門人、老街坊和遍地稱王

武臣一聽，立刻來了精神：「快說說看！」

「范陽縣令徐公生性懦弱，聽到您率軍前來，恨不得率先開城投降，但他心有顧慮，害怕將來被問罪，故遲疑不決，而范陽城內的年輕人都想早日殺了他，拿起武器保衛家園。您唯有趕緊搶先一步，以侯爵條件招降徐公，如此沒有任何傷亡，就能拿下范陽城，有您撐腰，范陽年輕人，當然不敢作亂了，其他城市看到也會跟進，還怕他們不會爭相歸降嗎？」

蒯通話說的很直白，就是用最少代價，甚至不花費任何代價，爭取到最大利益。

武臣聽後大喜過望，連連點頭，便又讓他做自己的代表，去招降徐縣令。後來的事情發展，果不出蒯通所料，武臣幾乎沒費任何力氣，有三十餘城主動開城投降。

蒯通幾乎完美演繹了當年蘇秦張儀的故事，單靠三寸不爛之舌，就改變了河北政治局面，這也預示著大秦帝國一統天下的時代一去不復返，後戰國時代即將來臨。

再說張耳和陳餘，他們自認為有大才，卻不被陳勝重用，心有不甘，便勸武臣稱王。道理很簡單，船隨水漲，武臣稱王了，他們也可以抬高身價，達到封相拜將之目的。

只是武臣心中對陳勝還是懷有感激之情，畢竟他能擁有目前數十城，是靠陳勝所給的三千人馬起家的，如果自行稱王，就等於背叛了陳王，武臣多少有點正義感，讓他做忘恩負義之事，一時躊躇不決，下不了決心。

「將軍您對陳王忠心耿耿，我們都知道，但如果您現在就這樣回去，難道沒見陳王聽信讒言，誅殺了好些無辜將領嗎？」張耳和陳餘在旁對武臣曉以利害。

## 第三章　生死抉擇的戰場

　　武臣聞言恍然大悟,遂下定決心,自立為趙王。

　　張耳和陳餘二人也如願以償,陳餘被任命為大將軍,張耳為右丞相,邵騷為左丞相。

　　武臣稱王後,派人通報陳勝。

　　陳勝接到消息後暴跳如雷,下令將武臣等人眷屬抓起來,準備處死他們,然後發兵攻趙。

　　上柱國房君蔡賜勸陳勝說,現在公然與武臣撕破臉,無疑是讓自己增加了一個敵人,向秦人送去一位幫手,況且武臣稱王已無法改變,何不做個順水人情,遣使去恭賀武臣,公開承認他為趙王。

　　陳勝細想之後,感到蔡賜說的有理,於是下令將武臣等人的家眷接到陳縣,封張耳兒子張敖為成都君,表面上看似優待,實則扣為人質,然後派使者帶上書信赴趙國恭賀武臣。

　　在信中,陳勝提議楚趙兩家齊心伐秦,以雪亡國之恥。

　　武臣看完,沒覺得有什麼不妥,可張耳、陳餘卻提出不同意見:「大王您稱王,陳王迫於形勢,不得已派人來賀,且不可當真。如今秦國在,楚國暫時不會拿您怎樣,可一旦滅秦,就會對付趙國了。所以,讓楚國去伐秦好了,我們只管向北面燕國發展,只要我們坐擁燕趙,即使楚國滅了秦,想對我開戰,也得考慮一下。」

　　武臣覺得有理,遂命部將韓廣率領軍隊攻燕,不料韓廣一到燕,就仿效武臣,自稱燕王了。

　　武臣聽說韓廣稱王,一怒之下,引兵前來討伐,沒想到反被燕人打敗,淪為俘虜。活捉武臣後,燕國人放出話來,想要趙王活著回去,就必

## 2. 守門人、老街坊和遍地稱王

須割趙國一半土地給燕國！

事出突然，張耳、陳餘只好派使者去燕國探聽風聲，誰知燕人一言不合就把使者給宰了，二人束手無策，想不出什麼好法子。

趙軍營內一名火夫，主動請纓，前往燕軍大營做說客，化解當前趙國危機，張耳、陳餘無計可施，只好點頭同意。

「足下可否了解我們大將軍陳餘，和丞相張耳現在最迫切願望是什麼？」火夫一見燕國主將，就反客為主問道。

「自然是想讓趙王早點回去，這還用問！」燕國將軍回答道。

「錯！他們現在最擔心的是您把趙王放回去！」

「哦，這倒是奇怪了，說來聽聽！」

「趙國本是武臣、張耳、陳餘三人一起打下來的，只是讓年長的武臣占了先罷了，如今趙王被捉，對他們二人來說，這可是千載難逢的機遇，可趁機將趙國一分為二，各自稱王，然後以為趙王復仇的名義向燕國復仇，試問燕人能抵擋得住嗎？」

燕國主將一聽，覺得火夫所言不無道理，雖有些失望，但看來再扣押武臣，已沒任何意義，便同意讓火夫駕車載著武臣回去。

燕趙兩國間暫時達成和平，與此同時，魏國也復國了。

周市奉陳勝之命渡河後，很快就從秦人手中光復了魏國舊地，只是周市拒絕了部下的勸進，打算尋找一位原魏國王室後裔為王。

魏國亡國後，有兩位公子活了下來，即寧陵君魏咎和他的堂弟魏豹（也有說法他們是親兄弟）。陳勝起義後，魏咎兄弟倆抱著復國的夢想前往陳縣，投奔義軍。

## 第三章　生死抉擇的戰場

　　武臣和韓廣盤踞趙、燕，已讓陳勝很是惱火，豈能再讓魏國復國，當周市派人前往迎接魏咎時，被陳勝一口拒絕。但後來經不住周市軟硬兼施，最終還是點頭答應下來。

　　魏咎返回魏國後，封周市為國相。

　　當初，周市北上之際，曾包圍狄城（今山東省淄博市高青縣高城鎮），狄城縣令下令緊閉城門，想以拖待變。

　　田儋與堂弟田榮、田橫都是當地豪門大族，在狄城頗有勢力，也很有民望。當陳勝稱王，武臣自立的消息傳到田儋耳中，覺得可以乘機光復齊國，兄弟二人合謀殺了縣令，率領城內守軍擊退了周市。

　　此後沒多久，田儋就光復齊國全境，自稱齊王。

　　短短數月之間，山東六國除了韓國外，楚、趙、燕、齊、魏紛紛復國。秦人自然不甘心失敗，很快發起反擊，而列王之間，也是各懷心思，蠢蠢欲動。

　　正當天下風雲激盪，群雄紛爭之際，亡命芒碭山的劉邦接到了來自沛縣老家的書信，要他立刻下山。

## 3. 舊上司、新叛徒和尋出路

　　在逃亡期間，劉邦身邊已經有了一支數百人的隊伍。

　　本來劉邦以為自己下半輩子，就這樣東躲西藏在擔驚受怕中度過，萬萬沒想到，形勢變化太快。

　　前來送信之人是樊噲，樊噲與劉邦是連襟，為人直爽，應該信得過，況且樊噲攜帶蕭何的親筆書信，事情應該假不了。

## 3. 舊上司、新叛徒和尋出路

蕭何信中稱，奉沛縣縣令之命，要求劉邦盡快回來，共商大事。

這些日子以來，劉邦已經過夠了沒有任何希望的逃亡生涯，突然接到這樣喜訊，管不了太多，先回家再說，反正天塌不下來。誰曾料到，等他們興沖沖趕到沛縣時，卻發現城門緊閉，入不了城。

原來陳勝起事後，各地城池紛紛被義軍攻破，郡守縣令等地方官不是被殺，就是逃亡，壞消息源源不斷傳到沛縣，沛縣縣令被嚇得夜不能寐，惶惶不可終日，一度打算開城向義軍投降。

手足無措的沛令，召集主吏蕭何和獄掾曹參商議對策，讓他們趕緊替他拿個主意。

蕭何與劉邦素有往來，有些交情，便抓住機會對縣令說：「陳勝造反，針對的自然是像您這樣朝廷官員，為了加強沛縣防衛，何不召集那些在外逃亡的人歸來，如此一來，既可以增加幫手，也可以鎮住那些不聽話之人。」

縣令病急亂投醫，一時也顧不了太多，遂讓蕭何趕緊張羅，讓劉邦等人回來。

可是等信使上路後，縣令似乎回過神來，總覺得哪裡有些不對勁，開始反悔變卦，下令緊閉城門，不許任何人進出。

縣令越想越覺得蕭何和曹參暗中搗鬼，私下與劉邦等亡命之徒勾結，當下下令捉拿二人。蕭何和曹參得到風聲後，想出城門已來不及了，只好趁著夜色，偷偷從城牆順著繩索滑下來，一溜煙跑到劉邦營地，將城中情況如實告訴了劉邦。

劉邦盤算了一下，單靠手中數百人攻城，恐怕勝算無幾，因此決定對城裡居民發起心理戰。第二天，劉邦命人將一份帛書射入城中，城內守軍

## 第三章　生死抉擇的戰場

展開一看,只見上面寫到:「天下苦秦久矣,如今烽煙四起,諸侯皆已復國,戰火很快會波及到沛縣,屆時血染城垣,慘遭殺戮恐怕在所難免,指望那個秦人縣令保護大家,無疑是做白日夢,父老鄉親們,趕緊行動起來,殺掉這個秦人的走狗,選個有能耐的自己人出來帶領大夥兒吧!再晚一步,怕真來不及了!」

沒過多久,信的內容就傳遍了沛縣大街小巷,被鼓動的人們一哄而起,衝入縣衙殺了縣令,而後打開城門,迎接劉邦入城。

事後眾人都覺得如今天下大亂,兵戈四起,為了保全沛縣父老,必須選個能帶頭的人出來維持局面才行。

蕭何和曹參長期在縣衙做事,有頭腦,見過世面,毫無疑問,他們是當仁不讓的首選人物。可他們二人連聲說,自己能力不足,名望欠缺,還望大家另選賢能。其實,他們膽小怕事、不敢擔當。

誰不知道,眼前這份差使可不是什麼升官發財的美差,弄不好隨時可能掉腦袋,被株連九族。

連蕭何和曹參都推辭,實在找不出合適人選,數來數去,也就屬劉邦了,畢竟劉邦好歹也當過亭長,況且這次他的表現,也讓大家刮目相看。

對,就他了。

劉邦一聽,立刻跳了起來,什麼?不行不行,並非我膽小怕死,只是我這點能耐,挑不起這副擔子!

眾人不由分說,將劉邦按在了主座上。

劉邦又再三推辭,最後實在沒法子,只好硬著頭皮應承下來。

於是,眾人殺牲獻祭,祭祀黃帝和戰神蚩尤,把犧牲之血塗在旗鼓上,宣誓舉事。

## 3. 舊上司、新叛徒和尋出路

秦制一縣之首，大縣稱作縣令，小縣為縣長，如今沛縣既然脫離秦帝國，就不能用秦人官名。按照過去楚國規定，負責一縣的長官被稱為縣公，故劉邦被推舉為沛公。

劉邦起事後，動員沛縣年輕人入伍，不出幾日，就招募了兩三千人，先後攻占了胡陵縣（今江蘇省沛縣龍固鎮東北部，後毀於黃河水患）和方與縣（今山東省魚臺縣西），然後回防豐邑（今江蘇豐縣）。

泗川郡郡守聞訊後，命郡監平（名平，姓不詳）率兵圍攻豐邑，結果被劉邦大敗而歸。

與秦軍主力首戰告捷，劉邦倍感鼓舞，當下決定讓雍齒守豐邑，自己引兵赴薛縣（今山東省滕州市），攻打泗水郡，戰事非常順利，泗水郡郡守壯（名壯，姓不詳）兵敗被殺。

正當劉邦接連取得勝利之際，卻接到一個壞消息，雍齒背叛了他，改降魏國了。

雍齒乃豪強大族出身，本就不太看得起劉邦，再加上魏國國相周市的一番威逼利誘，就被成功策反了。劉邦怒氣沖沖返回，誓言一定要活捉雍齒，狠狠教訓一下這個叛徒。

可還沒拿下豐邑，劉邦卻一病不起，無奈之下，只得先返回沛縣養病。

人生一世，可以原諒敵人，但無法寬恕叛徒。

劉邦一生有很多對手和敵人，恩恩怨怨到頭來，幾乎都淡化了，唯有對雍齒的恨，他至死難忘。可是想要除掉雍齒這個叛徒，僅靠自己的軍力，實在力不從心，畢竟雍齒背後還有魏國的支援，看來只有尋求外援了。

陳王是反秦義軍的盟主，有困難當然該找他，可沒想到，陳勝也遭到背叛，命喪叛徒手中！

## 第三章　生死抉擇的戰場

叛徒，又是叛徒！

陳勝稱王後，老岳父大老遠來看他，但他對老人家態度很冷淡，一副愛理不理的樣子，惹得老人家很生氣，就罵他道：「你這臭小子，連長輩都不尊敬，一點禮貌都沒有，還能指望聚攏人心，得到天下嗎？」

老人家說完後，扭頭就走。陳勝挨罵後，才感到自己有點太過分了，立刻向老人家賠禮道歉，不過，老岳父最終頭也不回地走了。

部下接二連三棄他而去，如今連親人都要離開，陳勝徹底被孤立了。

當時，周文率領楚軍都攻到函谷關了，秦人不甘心坐以待斃，只是咸陽城內已無軍可發，因為秦國精銳之師俱遠在河套和嶺南，路途迢迢，想召回都來不及了。

於是，秦廷下令赦免正在修建驪山陵墓的數十萬刑徒，並發下武器讓大家武裝起來，由少府章邯帶領，東出函谷關反擊周文。

少府一職，主要負責徵稅和管理皇家用品，本來跟軍事根本不搭邊，令人意外的是，章邯這名稅務官卻擁有出色的軍事才華。

章邯率領七十萬刑徒軍東行，迎頭趕上周文帶領的楚軍，結果楚軍一觸即潰，周文戰敗後一路狂奔，十天後，逃到澠池（今河南三門峽澠池縣），才站穩腳跟。

章邯率領秦軍窮追不捨，很快追了上來，周文迫不得已，只好硬著頭皮再戰，結果再一次戰敗，走投無路之下，周文只好自殺身亡。

而此時，另外一支由假王吳廣帶領的義軍正在圍攻滎陽，駐守滎陽的三川郡守李由，正是李斯的兒子，李由頗有才能，吳廣根本不是對手。因此，儘管義軍數量眾多，卻困頓於滎陽城下，始終難以向前推進一步。

義軍隊伍中有位將軍叫做田臧，吳廣指揮無方，累及三軍，早引起他

## 3. 舊上司、新叛徒和尋出路

的不滿。田臧認為，周文已死，鑑於當前嚴峻形勢，必須調整作戰方式，絕不能再在滎陽城下虛耗了，與其等章邯率秦軍前來，還不如主動出擊。

這些日子以來，吳廣剛愎自用的性格，令田臧已忍無可忍，於是他決定先殺掉吳廣，將軍權掌握在手中，然後親自帶兵與敵人決一死戰。

田臧和諸將領私下謀劃，取得一致意見後，假傳陳王命令，殺掉吳廣，將其頭顱送到陳縣。

陳勝或許是迫於無奈，為了穩住軍心，沒有對田臧等人進行任何懲處，反而派人送去令尹官印，拜他為上將軍。

將士譁變卻沒有受到懲罰，無疑變相鼓勵犯上作亂，此事一旦開了先河，就有人起來仿效。

田臧空有野心，但能力平平，雖從吳廣手中奪了軍權，依舊無法抵擋住秦軍的攻勢，後來死於亂軍之中。陳勝感到形勢不妙，派鄧說、伍逢等人去應敵，結果同樣被章邯打得抱頭鼠竄，倉皇四逃。鄧說灰頭土臉地逃回了陳縣，陳勝震怒之下，斬了鄧說，但已於事無補，章邯率領秦軍已抵達陳縣。

陳縣在章邯強攻之下，很快淪陷了，上柱國蔡賜戰死，陳勝倉皇出逃，跑到城父（今屬安徽省亳州市）。

抵達城父後，陳勝驚魂未定，章邯的追兵就到了，萬般無奈之下，只得命部將張賀出城迎戰。只是張賀那點人馬，很快被秦軍打敗。陳勝站在城樓，望著城下一望無際的秦軍，徹底絕望了。

這樣下去，用不了多久，城父城破是早晚的事，一旦城池陷落，無人能躲過秦人的屠刀。

時間一天天的過去，城內每個人都在煎熬中度過，大家都感到死亡氣

## 第三章　生死抉擇的戰場

息一步步靠近。

陳勝車夫莊賈為了自保，殺了陳勝，開城向秦軍投降，城父陷落了。

陳勝振臂一呼，點燃了反秦燎原大火，為暴虐的秦王朝敲響了喪鐘，只可惜沒有戰死在戰場上，卻喪命於叛徒手中。不過，陳勝雖死，但他掀起的反秦風暴愈演愈烈，昔日不可一世的大秦帝國的覆滅早已注定。

陳勝稱王不過六個月，但用實際行動向後世闡述了這樣一個真理，當一個政權逼得百姓沒有活路，哪怕它再強大，最終也會被人民的怒潮掀翻！

至於殺害陳勝的莊賈，最終也難逃歷史的懲罰。

陳勝死後，義軍將領呂臣在新陽（今安徽界首北）組建蒼頭軍（因頭上裹青色頭巾，故名，也說隊伍中多是奴隸出身，秦漢奴婢被稱為蒼頭，故稱為蒼頭軍），發起反擊，很快從秦軍手中奪回了陳縣，重建張楚，叛徒莊賈被處死。

二世皇帝二年（西元前208年）二月，秦國軍隊再次進攻陳縣，呂臣難敵秦軍凌厲攻勢，在收復陳縣不過短短一月後，不得已只好放棄城池，帶領將士們撤離轉移，踏上尋找新的策略夥伴之路，開闢新的反秦戰場。

莊賈已被嚴懲，但雍齒還逍遙自在。

陳王已死，劉邦求助無望了。好在，他又得知陳勝舊部秦嘉和東陽寧君（東陽人，姓名不詳）立楚國王室貴族景駒（楚王室為芈姓，分為熊、昭、屈、景四支）為新楚王，駐兵留縣（今屬山東省微山縣），便立刻動身前往留縣求援。

# 第四章

## 明辨敵友，方能立足

## 第四章　明辨敵友，方能立足

### 1. 相逢、刺秦和兩股武裝

劉邦率領人馬趕往留縣途中，遇到一支一百多人的小隊伍，一打聽得知他們也要去留縣，既然順道，便合在一起結伴而行。

劉邦細瞧之下，發現隊伍領頭之人生得異常俊俏，皮膚白皙，眉目如畫，不由得多了幾分好感，但一番細談後，發現他談吐見識不比常人，對當今天下形勢可謂瞭如指掌，言談舉止頗有俠者風範。

劉邦敏銳地意識到眼前這位美男子不簡單，絕非一介文弱書生。

一路走，一路聊，劉邦對他的生平有了大致了解。

此人名叫張良，字子房，世居韓國，祖父張開地、父親張平歷侍韓昭侯、韓宣惠王、韓襄哀王、韓厘王、韓悼惠王五代君王，皆官拜國相，可謂位高權重，家世顯赫。

若不出意外，張良會接過父親的班，出任韓國國相。然而，秦王政十七（西元前230）年，秦國大將內史騰率兵攻打韓國，韓王安被俘，韓國就此滅亡。

韓國沒了，張良的國相夢破滅了。

懷揣家仇國恨的張良，帶著三百家僕，自此四處飄零，目的只有一個，要向秦人復仇，為韓國復國。

只是敵人太強大，自己太渺小，如何才能復仇？正面較量無疑是自尋死路，萬不可取，張良決定暗殺始皇帝！

只是像燕太子丹派荊軻刺秦一般，近身刺殺再無可能，只能在野外伏擊始皇帝。據張良了解，始皇帝喜歡巡遊，所以還是大有機會。

有一年，他從滄海君（又稱倉海君，大概是一名東夷酋長。）那裡尋

得一名大力士，此人力大無比，可以舞動一百二十斤的鐵錐。

經過一番精心準備後，張良探得始皇帝出行路線，帶領大力士等人，埋伏在博浪沙，決定豁出去捨命一搏，想一擊斃殺始皇帝。

始皇帝即位以來屢次遇刺，因此很重視守衛的嚴密，為了安全起見，每次出行時，特地準備了好幾輛一模一樣的車駕，不定期更換，除了少數人外，外人很難確切知道他究竟乘坐在那輛車上。

結果大力士擲出的鐵錘擊中了一輛備用車，而始皇帝本人毫髮無傷，不過虛驚一場。幸而張良事前規劃周詳，提前安排好了撤退路線，躲過了秦兵追捕，安然逃過一劫。

刺殺行動失敗後，張良逃到下邳（今江蘇睢寧西北），暫時躲藏起來。有一天，他在外漫步，走到一座橋上，有位老頭拖拉著鞋子從他身邊走過，故意將鞋子掉到橋下，然後衝張良喊：「喂，小夥子，下去幫我撿一下鞋！」

張良看那老頭歲數大了，也懶得跟他一般見識，便下去將鞋子撿上來交給他。

「幫我穿上它！」老人說話語氣間不但沒有絲毫感激之情，反將一雙臭腳丫子伸到張良面前。

張良心頭頓時火大了，沒想到這個老傢伙如此不知好歹，轉眼一想，既然已幫忙撿了鞋子，乾脆就好事做到底，遂蹲下身子，將鞋子端端正正替老人穿上。

老人用讚許的眼神看了看張良，然後邁步遠去，張良也準備離開，不料，老人走了幾步後，又轉身返回來了。

「我覺得你這小子值得開導開導，記住五日後，天色矇矇亮之際，來

## 第四章　明辨敵友，方能立足

這裡與我碰頭。」老人撂下一句沒頭沒腦的話，然後頭也不回地走了。

張良猛地反應過來，才知道自己遇到了高人，忙俯下身向老人行禮，恭恭敬敬說了一聲：「是！」

等他抬頭時，老人早不見蹤影。

五天後，張良如約趕到橋上時，發現老人早在那裡等候。一看見張良，老人怒氣沖沖道：「年輕人赴老年人的約，竟然遲到，如此不懂規矩，記得五天後早點來！」說完拂袖而去。

又過了五天，待雄雞唱曉後，張良即刻動身。可待他趕到時，老人又已在橋上了，張良再次挨了一頓訓，老人讓他再過五日再來。

時間一點點熬過去了，終於等到赴約時間。張良擔心睡過頭，夜裡根本不敢睡覺，等到半夜時分，就穿好衣服，急忙往橋方向趕。到達時，橋上空無一人，張良暗自慶幸，終於沒有遲到，便在橋上耐心等待老人到來。

過了好一陣子，老人終於姍姍來遲，看見張良已在橋上候著，滿意地點了點頭，順手從袖中掏出一卷書，遞到張良手中叮囑道：「年輕人回去好好參悟這本書吧，若悟透了即可做帝王師了，十年後，你會嶄露頭角，十三年後，到濟北尋我，谷城山下的黃石就是我。」

說完後，老人也不待張良答話，自行飄然離去。自此後，張良再也沒有見過他。

夜色朦朧，看不清書中內容，等拂曉之際，張良發現老人相贈之書乃是《太公兵法》（託名周朝初年名臣姜尚的兵書，應是戰國時人所著）。

得到《太公兵法》後，張良如獲珍寶，朝夕研讀，謀略突飛猛進，就連性子也被磨平了不少，不再意氣用事，前後判若兩人。

宋代大文豪蘇軾有一篇〈留侯論〉，他認為圯上老人（圯即橋之意）乃

## 1. 相逢、刺秦和兩股武裝

是秦代的一位隱居君子，惋惜張良才華過人，做事卻不學伊尹、姜尚那樣深謀遠慮，卻要效法荊軻、聶政行刺，之所以反覆折辱張良，真正用意並非傳授兵書，而是要消磨他心頭的戾氣，改掉冒失衝動的急躁脾性，讓他明白，成大事必須善忍，能忍常人不能忍之忍，不要一時熱血衝動，喪失了理智。

後來，張良又遇到了因殺人避禍的項伯，為他提供了一段時間的庇護。張良沒想到，當時無意間的仗義之舉，在後來生死關頭，救了他和劉邦的性命。

以上都是十多年前的事了。

這些年來，張良個性變了許多，但為韓國復仇的信念，卻從未動搖。半年前，陳勝舉兵的消息傳來，張良看到了希望，只是沒料到陳勝失敗的如此之快。

待到楚、趙、燕、齊、魏復國後，張良又彷彿看到了復國希望，心頭火苗再次被點燃。當他聽到景駒被擁立為楚王的消息，立刻帶領麾下僕從趕來投奔，沒想到，在途中偶遇劉邦。

經過一番攀談，張良發現劉邦表面上看似嘻嘻哈哈，一副流氓無賴嘴臉，實際上悟性極高，以前，他將研究《太公兵法》的心得與別人交流，可惜沒幾人能聽得懂，但劉邦三言兩語就能明白其中道理，於是，張良對劉邦漸漸有了惺惺相惜之意。

景駒那邊具體情況尚不得而知，但劉邦手下好歹有數千人馬，何況和劉邦能處得來，張良便決定先投靠劉邦，劉邦自然喜歡得不得了，馬上任命他為廄將（負責車馬後勤軍需物資等方面官吏）之職。

劉邦與張良抵達留縣，見到景駒，希望景駒調撥給自己一些兵力，好

## 第四章　明辨敵友，方能立足

奪回豐邑。然而就在此時，正趕上章邯部將司馬枿率領秦軍屠城相縣（今安徽淮北市相山區），攻克碭縣（今河南省永城市芒山鎮）。

大敵當前，收拾雍齒的事，只能暫且擱下，先對付秦軍要緊。劉邦跟隨東陽寧君西進，在蕭縣西與秦軍遭遇，結果作戰失利，只好折回攻打碭縣，好在奮戰三天後，終於奪回了碭縣。

碭縣之戰後，劉邦共收編了六千多秦軍戰俘，兵力達到九千人。戰事結束後，劉邦帶領這支近萬人隊伍，返回去攻打豐邑。

然而，事實證明，他還是太小瞧雍齒了，幾番進攻後，豐邑仍牢牢掌握在雍齒手中。

劉邦氣得破口大罵，但一點辦法都沒有。

劉邦跟雍齒在豐邑攻防較勁之際，項梁、項羽叔姪二人卻已盯上了景駒、秦嘉君臣。

項梁曾因殺人，背負命案，在吳中避難，時間一長，跟當地鄉紳士大夫關係熱絡。項家本是楚國大族，所以，無論主持喪葬禮儀等日常生活事務，還是處置朝廷徭役發生的糾紛之類的事情，對項梁來說根本就不算什麼，應對自如，無可挑剔。一來二去，大家都對他們一家子刮目相看。項梁在當地很快累積了相當多的人脈，人氣也日漸高漲。

陳勝起義後，項家叔姪亦開始暗中謀劃起事。

當時大秦帝國已千瘡百孔，各地官員除了被殺和逃奔之外，尚有一些還在職，但多數人已無心思關心帝國存亡，只考慮自己未來。以當時局勢，猶如逆水行舟不進則退，面對群雄並起，要麼主動占得先機，吃掉別人，要麼等著被人吃掉。

會稽郡守殷通不願坐失良機，被別人吞掉，決定主動出擊，他素知項

## 1. 相逢、刺秦和兩股武裝

梁名聲，便找來項梁相商：「現在江西（長江自蕪湖至南京段呈南北向，秦漢時將此段東西兩岸稱為江東和江西）一帶已經大亂，此乃天要亡秦，先發則能制人，後發則為人所制，我想讓你和桓楚（生平事蹟不詳）領兵出征，足下以為如何？」

項梁想要反秦，需有自家地盤才行，他想謀取吳郡之心久矣，只是苦於沒有機會，現在殷通自動送上門，此時不取，更待何時！遂假意稱，桓楚飄忽江湖，外人難知其蹤跡，只跟我姪兒項羽保持著聯繫，可否讓他幫你打聽一下？

殷通點頭同意了。

項梁遂走出廳堂，項羽此時正持劍站在走廊下，他對項羽耳語交代了一番，要他看自己眼色，見機行事。

說完，項梁重返酒席，對殷通說，我姪兒就在外面，可否允許他進來，您可以當面交代他去找回桓楚。

殷通尚渾然不知，不知危險降臨，欣然同意，宣項羽進來。

項羽猶如一陣旋風，闊步走了進來，看上去器宇軒昂，英武逼人，殷通正欣賞眼前這位年輕人，根本沒注意身旁項梁的舉止。

項梁向項羽使眼色，一語雙關說道：「可以行動了！」

項羽一個箭步衝上去，一劍割下殷通腦袋，殷通根本沒來得及反應過來怎麼回事，就已經命赴黃泉。項梁一把從殷通屍體腰間拽下郡守印信，繫在自己身上，然後手持殷通頭顱走到廊下。

郡守府的衛兵們都愣住了，郡守適才還與這位項先生談笑風生，怎麼眨眼之間就成了喪命鬼。

半晌後，眾人才反應過來，呼啦啦將項羽叔姪包圍在中央，想為郡守

## 第四章　明辨敵友，方能立足

復仇。很顯然，他們低估了項羽的戰鬥力。

項羽手持長劍在人群中猛衝直撞，轉眼間，鮮血四濺，百餘人已倒在他的劍下。眾人嚇得魂飛魄散，肝膽俱裂，紛紛扔掉兵器，表示願意聽從項梁命令。

項梁當即召集郡守府大小官吏，宣布自任會稽郡守，以項羽為裨將，宣布起兵反秦。眾人早被項羽嚇破了膽，哪敢說不，紛紛表示願意追隨。

項梁後來在吳中徵集青壯年入伍，共招募了八千精兵，選拔其中有膽識的豪傑之士擔任校尉、候、司馬等職務。這八千江東子弟兵成了項梁叔姪反秦的最初兵力，也是以後歷次戰鬥中的中堅力量。

## 2. 盟友、上級和生死對頭

廣陵（今江蘇揚州市）人召平是陳勝舊部，他奉命返回老家發展反秦勢力，可是城尚未攻下，卻得知陳勝兵敗身亡消息，一時進退兩難，不知如何是好。

恰好此時，他得知項梁拿下會稽郡，舉兵反秦了，大家的目標都是推翻秦廷暴政，自然就是可以合作的夥伴了，遂立刻派人去聯繫項梁，約項家叔姪過江，一起攻打廣陵。

項梁雄心壯志，不甘困居於吳縣一地，急需拓展地盤，壯大力量，所以一接到召平求助的消息，立刻與項羽渡江西向。他們剛過河，尚未來得及開戰，東陽縣（今江蘇盱眙縣東南東陽城）就發生內亂了，縣令被當地百姓所殺，眾人推舉原東陽令史（縣令屬吏）陳嬰出來主持大局。

東陽當地人齊聚縣衙門口，少說也有兩萬多人。大夥兒頭裹青巾，異

## 2. 盟友、上級和生死對頭

口同聲勸陳嬰也稱王。陳嬰為人謹慎有餘，魄力不足，一時不知如何應付，便跑回家和母親商議，都一大把年紀的人了，遇事還找老母親討主意，可見他平常也是個沒主見的人。

陳老太太倒是個明白人，知道兒子有多大能耐，做個基層小吏混飯吃還行，讓他挑大梁獨當一面太吃力，在這亂世中稱王可不是鬧著玩的，便對陳嬰說：「自我過門做了你們陳家媳婦，數十年來，從未聽過我們祖上出過什麼高官顯貴，突然讓你稱王，我思索著總不是什麼好事，不如還是讓給別人吧，將來成功了自然少不了封侯，萬一搞砸了，你也不是帶頭的人，也好為自己開脫不是？」

陳嬰聽後，覺得還是老太太分析得透澈，於是返回與眾軍官和縣吏商議：「推翻秦朝這樣的大事，必須有個合適的領導者，最好是名門望族之人，項家世代為將，在楚國可謂家喻戶曉，不如歸附於他們，你們看如何？」

眾人想想也是，也就同意了，於是跟著陳嬰投誠項梁。

項梁剛渡江，沒有費一兵一卒，就白撿了一縣之地和兩萬人馬，開了個好局，等渡淮水時，又得兩員猛將 —— 英布、蒲將軍（姓名不詳）。

英布乃六縣（今安徽六安）人，因犯法，被處過黥刑（在臉上刺字），因而又被稱為黥布。

英布被判刑後，在驪山始皇帝陵寢工地服苦役，後來實在忍受不了，就逃了出來。秦法森嚴，英布能夠得以逃脫，足以說明他膽大心細，頗有些能耐。

逃離驪山後，英布流落江湖，漸漸糾集了一幫人馬，做起打家劫舍的勾當。

## 第四章　明辨敵友，方能立足

　　曾有人預言英布命中注定會遭遇兩件大事，先會受刑，而後會稱王。遭黥刑後，英布覺得預言算是應驗了一半，那麼稱王也不是沒有可能。正因為如此，待到聽聞陳勝起義後，英布決定結束江湖生涯，帶領手下數千人馬，前往九江郡番縣（今江西上饒市鄱陽縣），拜見縣令吳芮，想借助吳縣令的聲望，在亂世之中有所作為。

　　二人一見面，吳芮覺得英布氣度不凡，很是賞識他，就將女兒嫁給了他。

　　不久後，英布聽到陳勝兵敗消息，遂帶領兵馬北上，途中遇到吃了敗仗的呂臣，便兵合一處，在青波擊潰秦軍，重新奪回陳縣。

　　得知項梁率軍渡江西來，英布覺得自己目前還是勢單力薄，於是前來投靠項梁。至此，項梁已經有了六七萬人馬，駐紮在下邳。

　　接下來，項梁面對一個難題，如何對待楚王景駒。

　　項梁扛著復興楚國的大旗來號召人心，如此就該臣服景駒，聽從這位剛剛即位的新楚王指揮，共同滅秦興楚才對！

　　然而，項梁自視甚高，自認為出身名門，大將項燕之後，反觀景駒沒有任何根基和影響力，他豈會心甘情願服從聽命！

　　同樣，景駒也沒拿項梁當自己人，當他聽到項梁渡江的消息後，就與秦嘉駐軍彭城（今江蘇徐州市）之東，計劃阻攔項梁西來。

　　稱王之初，景駒想透過抗擊秦軍，打一些硬仗來建立威望，但苦於自己兵力不足，便派使者公孫慶到齊國，打算聯合齊王田儋共同抗秦。

　　沒想到，田儋根本不承認景駒稱王的合法性，當面責問公孫慶，陳王兵敗，下落不明，景駒為何不請示齊國，就擅自稱王了？

　　公孫慶一聽，當然不服氣了，當場反唇譏諷道，齊國也未曾向楚國稟

## 2. 盟友、上級和生死對頭

明就稱王，楚國為何要通報齊國？

上門求人，還如此嘴硬，田儋一怒之下，下令將公孫慶拉出去砍了。

景駒本來根基就淺、力量弱，又沒有盟友，所以很快被項梁併吞了。

此時，章邯的前鋒軍隊已經抵達慄縣（今河南省夏邑縣），項梁兵分兩路，一路由朱雞石、餘樊君率軍去攻打慄縣，另一路由項羽前往攻取襄城（今河南省襄城縣）。

慄縣一戰，餘樊君戰死，朱雞石倉皇逃了回來。當時，項梁剛攻下薛縣（今山東省滕州市官橋鎮），得知朱雞石兵敗歸來，一氣之下砍了朱雞石的腦袋。

項羽付出沉重傷亡代價後，才勉強攻下襄城，氣急敗壞之下，下令將襄城軍民不論老幼全部坑殺。

前線作戰接連受挫後，項梁開始著手為下一步謀劃，便召集各路將軍，前來薛縣商討對策，楚地反秦力量得知消息後，都紛紛趕來。劉邦本打算投靠景駒，可如今項梁已取代了景駒，除了選擇歸附項梁，他一時也別無他路，故而也來參加會議。

人在亂世，想要活得久，只能選擇與強者站在一起。

有位年過七旬的老人也來投奔項梁，此人名叫范增，居鄛人（今安徽巢湖西南），項梁正面臨進退兩難之際，迫切需要有人為他指點迷津，所以當銀鬚飄飄的范增出現在楚軍大營時，項梁眼前一亮，他本能感到這位老者不簡單。

一見面，范增就單刀直入問道：「將軍可知陳勝為何失敗？因為他犯了策略性錯誤！」

項梁沒有言語，示意他繼續說。

## 第四章　明辨敵友，方能立足

「秦用詐欺之術騙楚懷王到秦，脅迫割地，害得懷王客死他鄉。至今楚人提及往事，猶然同情。楚國雖亡了，但楚人滅秦復仇之心從未改變，發誓『楚雖三戶，亡秦必楚』。陳勝起兵後，沒有選擇立楚王後裔，卻自立為王，這種做法，無疑是自取滅亡！」

項梁微微點頭，范增繼續說：「將軍起兵以來，楚國各地將領之所以爭先恐後來投奔您，是念將軍出自將門世家！指望您會重新擁立楚王室後裔為王，在新王的號召下，發起反秦行動！」

范增的潛臺詞是──項家要自立為王，下場也跟陳勝差不多。

楚國在戰國時，疆域最為遼闊，可以直接與秦抗衡，時有「縱成則楚王，橫成則秦帝」的說法。楚懷王曾被推舉為合縱長，率領六國兵力圍攻函谷關，一度對秦人構成極大威懾。

然而，楚國雖然也曾經歷過吳起變法和屈原「美政」時代，但都不徹底，沒有從根本上改變世家大族把持朝政的局面，楚王也常常被掣肘。正因為如此，才沒辦法做到合全國之力抗秦，最終只得滅亡。

楚國雖亡，但這些大族的勢力並沒有徹底被剷除，其根基猶在。如今項梁舉兵反秦，唯有重新尊崇楚國王室，豎起楚王大旗，才能號召這些人的支持。

項梁以謀逆稱王罪名消滅了景駒，也不好自己稱王，如今范增一席話，讓他下定決心擁立楚國王室後裔。

楚亡後，王室或被殺，或四處逃散。項梁經過一番打探，找到了一位楚懷王流落民間的孫子，此人名叫心。亡國之後，昔日王孫已淪為一家大戶人家的牧羊人。

對項梁來說，沒有任何根基，又有王室血統的人物，無疑是最佳人

選。既可以作為一面旗幟，號令眾人，又好作為傀儡，方便操控。

項梁立心為王後，建都盱臺（今屬江蘇省淮安市），為喚起楚人對楚懷王的哀思，堅定對秦人復仇的決心，對外依然稱他為楚懷王，同時封陳嬰為上柱國，領五縣，項梁自稱武信君。

此時的劉邦正在攻打豐邑。

投靠項梁後，劉邦首要目標就是從雍齒手中奪回豐邑。這一次劉邦帶著項梁增援他的五千人馬，還有十員將領，戰鬥力飆升，雍齒抵抗不住，只好棄城而逃，跑到魏國投奔周市去了。

劉邦順利拿下豐邑，總算出了心頭一口惡氣。

劉邦得償所願，張良卻悶悶不樂。如今六國中，楚趙燕齊魏都已復國，就差韓國一家了，他向項梁提出，立韓國公子橫陽君韓成為韓王，韓國光復故土後，願作楚軍側翼，全力配合項梁反秦。

項梁權衡一番後，同意立韓成為韓王，讓張良擔任司徒，並給與他們一千餘人馬，前往韓國展開復國運動。

## 3. 攻防、受挫和秦廷驟變

張良返回韓國本土後，雖然也曾快速占領了幾座城池，可惜他們軍力太弱了，很快被秦軍重新奪了回去。而剛立足未穩的魏、趙、齊等國，在章邯的猛烈打擊之下，已自顧不暇，根本指望不上。無奈之下，張良只好帶領殘部在潁川一帶打游擊，以等待時機。

就在此時，魏、趙、齊三國接連發生內亂，王位易主。

## 第四章　明辨敵友，方能立足

內亂最先在趙國爆發。趙國大將李良在復國中立有大功，在奪回常山（今河北正定縣）後，又出征太原，攻打要塞井陘口（今河北井陘縣北井陘山上）時，只因井陘口一帶有秦兵重兵把守，李良一時無法突破，決定返回邯鄲求救，重整旗鼓後，再做打算。

李良眼看快要抵達邯鄲，途中遇到一支隊伍，其儀仗幾乎和趙王差不多，李良一時難以分清，以為遇到趙王武臣出巡，急忙下馬，跪在道旁迎接。

而坐在車中之人，並非武臣本人，而是他的姐姐。此時她喝醉了，以為所遇之人不過是普通士兵，隨意派了個人跟李良打個招呼後，連車窗都沒開，就揚長而去。

身為一位將軍，李良在部下面前遭到輕視，覺得又羞又惱，臉色很難看，將士中有人看長官受辱，站出來打抱不平：「現在天下大亂，有本事即可稱王，趙王本不如您，且一個婦人，都如此傲慢待您，不肯下車回禮，讓將軍您蒙羞，還等什麼呢？請將軍下令殺了她！」

李良本是秦人，秦廷方面曾以秦二世名義招降過他，李良本還有些猶豫，如今氣憤之下，使他下定決心反趙降秦，遂立刻命人上馬追上去，殺了武臣姐姐，而後快速進軍，攻其不備，拿下了邯鄲。

邯鄲城破後，趙王武臣和丞相邵騷死於亂軍。張耳、陳餘提前得知消息，逃出城來。

在逃亡途中，張耳、陳餘聽從門客建議，跑到信都（今河北省邢臺市），擁立前趙國宗室貴族趙歇稱王。不久後，趙軍捲土重來，陳餘打敗了李良。李良走投無路，前去秦軍大營，投靠了章邯。

此時，章邯正在攻打魏國，魏王魏咎被困於臨濟（今山東省高青縣高

城鎮），情急之下，派國相周市親自到齊楚求救。齊王田儋親自率軍來救援，楚國則由將軍項它、田巴趕來相救。

章邯實在厲害，很快打敗了齊楚援軍，而齊王田儋、魏相周市皆陣亡。

魏咎絕望之餘，向章邯提出，他可以去死，但希望章邯放過城中百姓。在人生最後時刻，魏咎保持了一個王者的尊嚴和擔當！

面對這樣的對手，縱然是敵對方，也令人肅然起敬，章邯默然良久，答應了下來。

臨濟城頭一團烈焰衝向天空，魏咎從容走向火堆，自焚身亡。

章邯也兌現了他的承諾，放過了臨濟城內的百姓。

魏咎弟弟魏豹趁亂中逃了出來，跑到楚國求救，楚懷王給了他數千人馬。於是，魏豹再次殺回老家，後來，陸續奪回了一些城池。

至於田榮帶領的齊軍殘部，狼狽逃到東阿（今山東東阿縣），又被陷入秦軍包圍之中，幸虧項梁不顧天雨路滑，前來救援，才得以突圍，重新返回齊國。

田榮回國時才得知，國人已經擁立田儋弟弟田假為齊王，田角任國相，田角的弟弟田間為將軍。

田榮一怒之下，驅逐了田假，立田儋兒子田巿為王，自任齊國國相，封弟弟田橫為將軍

田假跑到楚國避難，田角和田間兄弟倆流亡趙國。

田榮得知後，向楚趙提出交涉，要求兩國要麼交人由我來殺，要麼你們自己動手殺掉。

對於田榮的無理要求，項梁一口回絕，同樣，也被趙國拒絕。田榮惱

## 第四章　明辨敵友，方能立足

羞成怒，遂不出兵與楚國一起抵抗章邯。

沒有齊國人幫忙，我們楚國人照樣可以猛打秦人！項梁命令項羽、劉邦率軍去攻打城陽，另派一路楚軍去攻打濮陽。

攻下城陽後，項羽下令屠城，城陽全城軍民無一倖免。對於項羽屠城，劉邦保持了沉默。

反秦起義，項羽想奪回昔日失去的權力和地位，劉邦的目的卻很簡單，就是能夠繼續活下去。劉邦雖為人無賴，但出身民間，多少了解百姓苦難，但他目前根本無力阻止項羽殺戮，除了保持沉默，什麼也做不了。

不過，兩人之間的裂痕已經形成了，他們注定有一天要分道揚鑣，只是時間早晚而已。

濮陽城下，楚軍初戰告捷，可章邯絕非等閒之輩，為加強防線，他繞濮陽城深挖壕溝，引來河水注滿壕溝，使得楚軍短時間內很難突破。項梁想盡快擴大占領區，不想在濮陽過多糾纏，命令項羽、劉邦去攻打定陶（今屬山東菏澤市），依舊受阻，只好命他們放棄定陶，轉戰雍丘（今河南省杞縣）。

雍丘之戰最終以楚軍勝利而告終，丞相李斯長子三川郡守李由戰死疆場。雍丘城池淪陷之時，李斯的日子也過得非常艱難。

秦二世即位後不久，沉迷於酒色，厭倦朝政，將政務全交給趙高去處理，自己在宮中尋歡作樂，

剛開始，趙高挑些事務去彙報，但秦二世只想玩樂，對趙高說，你自己看著辦就好了，不必來煩我。於是趙高獨攬朝綱，不再將文武百官放在眼裡，大肆打擊報復政敵，凡是得罪過他的人，無不含冤而死。

不過只要李斯不被扳倒，趙高終究感到如鯁在喉，很不自在。

## 3. 攻防、受挫和秦廷驟變

李斯為大秦丞相,是百官之首,又是先帝時期的老臣,其子女皆與皇室聯姻,人脈極廣,在朝野享有極高威望,可謂樹大根深,想要扳倒他可不是一件容易事。

李斯雖然也貪權,但他將大秦社稷安穩和國家利益看的高於一切,看著大秦基業就要垮掉,心急如焚,卻又無可奈何,因為秦二世把自己關在深宮之中,根本見不到人。

就在此時,趙高來找李斯了。

「如今關東大亂,盜匪橫行,君侯身為大秦丞相,就不想站出來勸勸陛下嗎?天下亂成一團,可皇帝卻沉迷於聲色犬馬,我早就想勸他,奈何我人微言輕,在陛下面前根本說不上話。」

李斯被趙高一番慷慨陳詞打動了,說:「我也想勸勸陛下,可惜現在見皇帝一面都很難。」

趙高見李斯上鉤了,立刻說:「這事包在我身上,等皇帝一有空,就立刻通知您。」

沒過幾日,趙高果然派人捎話給李斯,通知他趕緊進宮覲見皇帝。

李斯匆匆忙忙入宮去拜見秦二世,秦二世正玩的開心,沒空理他,還沒說到重點,已被秦二世不耐煩地打發出來。

後來好幾次都如此,李斯一時摸不著頭緒。實際上,趙高暗中使壞,故意在皇帝玩得正高興時,讓李斯入宮。

秦二世被掃興幾次後,開始對李斯心生厭惡:「平常我空閒之時,丞相不來彙報,總趁寡人玩樂時來搗亂,是成心跟我過不去,還是欺我年輕,不將朕放在眼裡!」

## 第四章　明辨敵友，方能立足

趙高趁機煽風點火道：「陛下要不問，我實不敢說，李斯對陛下心懷不滿！」

秦二世疑惑了：「他還有什麼不滿的？」

「當初沙丘宮密謀之時，李斯全程參與，自認為有大功於陛下，可您登基以來，卻沒替他升官，肯定心中不滿！」

秦二世一聽火就大了，他李斯官居丞相，位列三公，拜爵通候，已位極人臣，還想要什麼？

「陛下試想一下，丞相長子身為三川郡守，卻放任盜匪在其轄區自由橫行，這是為何？首先起來作亂的陳勝是楚人，丞相也是楚人，他們兩個家鄉相去不遠，都是鄰縣之人，陛下不覺得其間有些蹊蹺嗎？更令人費解的是，楚國反賊經過三川城時，李由竟然裝聾作啞，閉守不出！」

秦二世氣的臉色都發青了，然而趙高接下來的話，卻讓他有些害怕了。

「據說，李由和楚國反賊之間常有書信往來，保持祕密聯繫，由於一直還沒拿到證據，我不敢向您彙報。這些話，也只有我才敢跟您說，別人都不敢跟您提及，陛下您恐怕還不知道，現在在外面，丞相權力遠比您大，世人如今只知丞相，不知陛下您吶！」

「他這是想做什麼？！」秦二世氣憤不已，卻又想不通。

「丞相想稱王！」

秦二世萬萬沒想到，李斯竟然有這樣野心！於是派人去調查李由勾結亂賊的證據。

李斯得知被趙高誣陷後，立刻上書揭發趙高，稱若不嚴加提防，遲早有一天，他會像當年齊國田常取代姜齊一樣，會取代秦二世。

## 3. 攻防、受挫和秦廷驟變

可秦二世反駁道：趙高不過一介宦官，能掀起多大風浪！

在秦二世看來，爭奪皇位，不就是為了將江山傳給子孫後代，身為宦官，趙高沒有子孫，當然沒有篡位動機了。在他眼中，趙高為人誠信守法，道德高尚；趙高為官廉潔奉公，努力工作；趙高做事精明能幹，善解人意；趙高上能為皇帝分憂，下能深入民間，體察民生疾苦。

這樣的人，朕不信任他信任誰？這樣的人，朕不重用他重用誰？分明是李斯嫉賢妒能！

他轉身就將李斯原話傳給趙高，趙高立刻裝作蒙受天大委屈的樣子：「現在朝堂之上，使丞相有所顧忌的，就我一人了，如果我死了，他自己恐怕要行田氏代齊故事了，我死不足惜，我是擔心陛下您吶！」

李斯自然不甘心坐以待斃，與右丞相馮去疾、將軍馮劫聯名上書，指出如今關東民眾蜂擁而起造反，被官兵誅殺的不計其數，仍難平息下去，究其原因是徭役、賦稅實在太重，百姓不堪忍受。現請陛下停止阿房宮工程，減少四方戍邊兵役、運輸等徭役，讓百姓休養生息。

李斯想透過爭取民心，為大秦續命，也是為自己尋活路。

可是秦二世卻不這麼想，他立刻反駁——徭役賦稅等都是先帝推行的，先帝能夠從諸侯兼併天下，攘除四夷，又修建宮殿，天下安定，為何到了我這裡卻行不通了呢？

朕即位不過才短短兩年，盜賊四起，你們非但沒辦法平息，反而要廢除先帝開創的事業，你們既沒報答先帝，也不為朕盡忠分憂，要你們有何用，又有什麼資格占據高位？

在秦二世看來，先帝不會錯，朕也不會錯，錯的都是你們這些臣子，天下大亂，並非朝廷賦稅過重，而是你們這些臣子執行不力！

## 第四章　明辨敵友，方能立足

馮去疾、李斯、馮劫三人被秦二世的歪理所震驚，一時竟不知如何回答。然而，秦二世並非將三位重臣斥責一番就了事，而是緊接著下令將他們下獄。

打入大牢後，馮去疾、馮劫不願意忍受酷刑折磨和獄吏的羞辱，選擇自行了斷，一死了之。李斯沒有自殺的勇氣，選擇了苟活。秦二世讓趙高負責調查李斯、李由父子謀反事宜，李斯的族人、門客通通被逮捕下獄。

趙高一上來就按倒李斯，狠狠打他一千大板。李斯受不了酷刑，被迫屈打成招，含冤認罪。

李斯此時還對秦二世保留著一絲幻想，在獄中精心構思了一篇奏疏，文章採用欲揚先抑，正話反說的手法，從表面上看，對自己大肆數落一頓，實則歷數三十年來，他助始皇帝消滅六國，為國選拔人才，驅逐蠻夷，統一文字和度量衡等赫赫功績。

李斯奢望秦二世念在自己往日功勞，網開一面，給一條生路。

但是奏疏很快落到趙高手中。趙高輕蔑地說道：「囚犯有何資格上書給皇帝！」隨手扔了。

不過，李斯的奏疏倒是提醒了趙高，李斯雖認罪，但終不死心，必須斷了念想才行。趙高於是讓門客假扮御史、謁者、侍中，到牢房中假裝詢問案情，李斯以為是皇帝派他們來複核案情，便將以前的供述通通推翻，將自己蒙冤下獄，被迫屈打成招等情況如實相告。

然而，他沒想到的是，等這些人走後，自己又被毒打一頓，如此反覆多次，李斯被打怕了，也就徹底死心了。等秦二世真派人牢中提審時，他難以分辨真假，不敢再翻供，在供詞上簽名畫押。

## 3. 攻防、受挫和秦廷驟變

秦二世看到供詞後，慶幸道：「幸虧有趙君，若不然，我被丞相出賣了，亦蒙在鼓中，不得而知啊！」

此時，秦二世接到消息，李由已死於楚軍之手。

李由一死，趙高更無所顧忌了。

李斯最終被判處具五刑，腰斬咸陽市頭，夷三族。

行刑之日，咸陽街頭圍滿了圍觀的人群。

李斯憶昔撫今，感慨萬千。三十年前，他毅然走出上蔡家門，來到秦國，而後一步一步，升官加爵，享受榮華富貴，沒想到到頭來卻以如此悽慘方式結束一生，早知道還不如當初選擇留在家鄉，做個普通人。

李斯回過頭，看著身旁的二兒子，悵然若失地說：「我現在多麼懷念當年在上蔡老家的時光，如果有機會的話，你我父子二人牽上黃犬，一同到上蔡東門外追逐兔子，那該是多美好的情景，可惜永遠沒機會了。」

說完，父子二人相對無言，唯有失聲痛哭。

李斯先被臉上刺字，而後割掉鼻子，砍掉左右腳，又被鞭刑，最後攔腰斬斷，頭顱被掛在高竿上示眾，屍骨則被搗成肉醬，拿到市場上賣掉。

可謂受盡侮辱和痛苦折磨。

那一幕，令人毛骨悚然，猶如人間活地獄。

李斯一死，趙高順理成章成了大秦的丞相，從此朝政大事，一切都是趙高說了算。

而此時在關東地區，項梁帶領的楚軍，正在與秦軍生死相搏，大秦帝國已是風雨飄搖，覆滅之日屈指可數了。

# 第四章　明辨敵友，方能立足

# 第五章

## 成敗繫於一線機遇

## 第五章　成敗繫於一線機遇

### 1. 西進、北上和懷王之約

擊敗章邯，除掉李由後，項梁開始有點驕傲自滿了，有個叫宋義的人，勸他頭腦要冷靜，切不可被暫時的勝利沖昏了頭。

宋義在楚國未亡前曾出任令尹，見識廣泛，做事謹慎，也算是德高望重之人。宋義反覆勸說了幾次，項梁非但聽不進去，反而認為宋義膽小怕事，不足以謀大事，乾脆派宋義出使齊國，圖個耳根清靜。

宋義嘆了口氣走了，他算是看出來了，項梁完蛋是遲早之事。

走在半路上，宋義碰到齊國使者高陵君顯（高陵君為封號，名字叫顯），聽說他要去求見項梁，便好心勸道：「武信君失敗是早晚的事，你最好別急著趕路，免得遭池魚之殃。」

高陵君顯一聽，覺得反正也沒有什麼急事，抱著寧可信其有不可信其無的態度，放慢了趕路速度。沒多久，高陵君顯果然接到項梁兵敗，戰死定陶的消息。

項梁被殺時，項羽和劉邦正轉戰外黃縣、陳留縣（今河南開封市陳留鎮）一帶，將士們早已疲憊不堪，士氣非常低落，項羽無奈之下，只得選擇保守策略，暫時回撤，作戰方針由進攻轉入防守。

隨後不久，項羽將楚懷王從盱眙轉移到彭城，同時為防止秦軍來攻，加強彭城周邊軍事布防，命呂臣駐彭城之東，劉邦屯碭地，自己駐紮在彭城之西。

項梁死後，楚懷王不願再做傀儡，想擴充王權，只是他不過是一個來自民間的放羊人，毫無權力基礎，沒有嫡系人馬，如何與項家爭權呢？

懷王沒受過多少教育，但處於權力核心圈，耳濡目染久了，多少也學

## 1. 西進、北上和懷王之約

了些帝王之術。權利鬥爭看似複雜，其實無外乎分化瓦解對手，拉攏幫手壯大自己，如此而已。

懷王封項羽為長安侯，號稱魯公；任命呂臣為司徒，呂臣之父呂青出任令尹；任命劉邦為碭郡長，封武安侯，統領碭郡兵馬。然後宣布將呂臣和項羽麾下軍隊合併到一起，收回軍權，由自己親自指揮。

名義上看似大家都升官加爵了，實則各自心中滋味不同。

劉邦、呂臣等人自然歡欣鼓舞，因為他們都獲得了實權，而項羽看似封為公爵，爵位最高，其實被釜底抽薪，明升實降後，僅僅獲得了個虛銜而已。

經過此次封賞後，各方勢力在懷王心中的親疏一目了然了──防範打壓項梁叔姪的江東子弟兵，劉邦、呂臣等平民出身者則要拉攏利用。

不過，呂臣、劉邦、陳嬰等人是否靠得住，懷王心中沒底。除此之外，還必須培養德才兼備直接聽命於己的嫡系人馬才行。

齊國使者高陵君顯出使楚國期間，和懷王閒談時，無意間透露宋義對項梁敗局的預言。懷王一聽，非常高興，覺得宋義見識非凡，又跟項梁不和，所以大可放心地為自己所用。

宋義出使歸來後，就被懷王召見，經過一番交談後，懷王越發覺得宋義人才難得，當場委以重任，提拔為上將軍。宋義感激懷王知遇之恩，表示誓死效忠於他。

正當懷王致力集權時，項羽已怒火中燒，沒料到懷王這個昔日的放羊娃，在叔父屍骨未寒之際，就忘恩負義，過河拆橋！

正當楚國朝堂權力洗牌之時，接到趙國緊急求救的消息。

原來項梁死後，章邯認為大患已除，楚國大勢已去，不足為慮，便移

## 第五章　成敗繫於一線機遇

師北上，渡過黃河，攻入趙國境內。趙國剛經過李良之亂，加上趙王歇新立，被秦軍猝然間殺了個措手不及，秦軍輕鬆攻下趙都邯鄲。

趙王歇與張耳、陳餘倉皇出逃。

為徹底摧毀趙國，防止趙人重新集結，章邯下令摧毀邯鄲城牆，城內居民悉數被遷往河內（泛指太行山東南與黃河以北地區，漢初設立河內郡）。

再說趙國君臣出逃後，張耳護送趙王歇進入鉅鹿城（今河北平鄉縣西南），陳餘在逃亡途中，重新糾集了數萬潰兵，駐紮於鉅鹿城北，被稱為河北軍。

章邯駐軍鉅鹿南面的棘原（今河南安陽縣西北部），大將王離率領秦軍圍困鉅鹿城。

王離祖父王翦、父親王賁，俱是大秦名將。始皇帝時期，王離身為蒙恬副手，北上驅逐匈奴，督建長城。蒙恬死後，王離獨自肩負起捍衛帝國北疆的重任，手中三十萬大軍，是秦軍中的精銳之師。

陳勝起義後，天下大亂，王離奉命率二十萬大軍南下平亂。

秦軍大軍壓境，趙國危在旦夕，只得派人到各國求救。

以秦軍之強大，完全封鎖鉅鹿城，其實不難做到，但令人意外的是，章邯有意放水，任由趙國使者跑出去。章邯這樣做，其實有策略上的考慮。

自東出函谷關以來，數月間，章邯率大軍數次往復渡過大河，行軍數千里，將士們早已疲勞不堪。於是，他想以滅趙為契機，吸引各國軍隊至鉅鹿城下，然後以逸待勞，一舉殲滅各諸侯國力量，一戰而定天下！

正因為如此，王離圍鉅鹿後，他並未與之兵合一處，而是全力修建運量甬道（為免遭敵方襲擊，通道兩邊築牆），從黃河岸邊一直修到王離大

營,將糧食源源不斷送過去。

有了充足糧草補給,王離也不急於求戰,命令將士們只管養精蓄銳,做好戰前準備就行。

而鉅鹿自圍城以來,城內糧食供應早被秦軍切斷了。張耳心急如焚,如此以往,待城內糧食消耗殆盡,不用秦軍攻城,趙國君臣怕是要被活活餓死。

張耳有些怨恨好朋友陳餘見死不救,派人到陳餘軍營,催促他盡快與秦軍開戰。只是,陳餘也有苦衷,他知道自己手中這點兵力,與秦軍開戰,無疑自找死路。如今上上之策,就是盼各國援軍早點到來,然後一起發起反擊戰。

轉眼間,幾個月過去了,張耳眼看著諸侯援軍遲遲不來,而陳餘依然按兵不動,他近乎於絕望了,於是,再次派部下張黶、陳澤二人往陳餘軍營催促說:「想當年,你我可是生死之交,現在趙王和我命在旦夕,您坐擁數萬大軍,卻置我們生死不顧,倘若您念及昔日友情,何不豁出去與秦人殊死一搏呢?至少還有十分之一二的勝算吧?」

陳餘聞言,既委屈,又氣憤。

「在沒有任何勝算把握下,只想著拚命,除了枉送性命外,根本於事無補。我的目的不是與秦軍同歸於盡,而是替趙國保留最後一點力量,就算趙王和張先生不幸殉國了,還有人替他們復仇不是?」

張黶、陳澤不聽,反而道:「就算與敵同歸於盡了,至少能夠證明你對張先生信守諾言!」

陳餘說不過他們,只好說:「並非我怕死,但要死有所值,既然二位言至於此,我先給五千人馬,你們先去試探一下秦軍如何!」

## 第五章　成敗繫於一線機遇

　　張黶、陳澤負氣之下，帶著五千人馬走了，結果不出陳餘所料，全軍覆沒，無一倖免，張黶、陳澤也命喪疆場。

　　趙國危亡之際，各國態度很微妙，燕王韓廣派部將臧荼前來救援，齊相田榮拒絕出兵，而齊國將領田都不滿田榮見死不救，擅自出兵前來救趙。張耳之子張敖，在代地召集一萬多兵力也趕來救援。

　　只是各路諸侯各懷鬼胎，畏懼秦軍，不敢主動發兵作戰，只想別人衝鋒送命，好保存自家實力。所以，抵達鉅鹿城下後，彼此觀望，無人向敵人發起攻擊。

　　章邯倒也不急著與諸侯援軍開戰，他在等待真正敵手的到來，那就是楚軍。

　　此時的楚國朝堂，正為策略路線問題爭論不休，具體來說分為兩派──究竟先北上救趙，還是先西進滅秦，雙方各執一詞，爭執不下。

　　最後，楚懷王做出決斷，西進滅秦和北上救趙可以分頭行動，並提出：「先攻入關中之人，在關中稱王。」

　　這相當於與眾將領簽訂了契約，鼓勵大家爭向入關滅秦，眾人都表示贊同。

　　接下來就是分工問題，由誰來北上救趙，又由誰率師西征。其實這兩路作戰，哪一路都不輕鬆，北上救趙，將面對的是章邯、王離的秦軍強悍主力部隊，勝負難料，而西進之路，同樣關山重重，道路險阻，勝算無幾，要知道，自戰國以來五百年間，東方六國從未正面突破秦軍防線，進入關中地區。

　　項梁死於秦人之手後，項羽只想為親人報仇，主動提出率軍前往救趙，與章邯決一死戰，懷王馬上同意了。

表面看，自起兵反秦以來，項羽作戰英勇，戰場上所向披靡，取得了輝煌的戰績，縱觀楚國上下，也唯有他能與章邯一較高低，派他去救趙，自然再合適不過了。

不過，懷王其實也有私心。

項羽固然勇猛無敵，但他暴虐嗜殺的性格也招來不少非議。

襄城之戰後，城中百姓無論長幼，全被項羽坑殺，實在駭人聽聞，如果讓他入關，只怕激起秦人拚命反抗。

至於西進入關之人，懷王心中早就另有人選，他就是劉邦。

懷王覺得，相比年輕氣盛的項羽，劉邦老成持重多了，由他率兵西征更穩妥一些。

陳勝、項梁起義先後遭受重挫後，義軍中不少士卒走散，散落各地，懷王命令劉邦一路向西，重新聚攏這些人，而後走南線西進入關，項羽待解除趙國之危機後，從北線西進入關。

不過，懷王對項羽還是有些不放心，讓宋義擔任上將軍，號稱「卿子冠軍」，統領全軍，項羽為次將，范增為末將，都歸宋義節制。

秦二世三年（西元前 207 年）十月，援軍終於出發了。

## 2. 勇氣、魄力和鉅鹿城

宋義統率大軍行軍至安陽後，下令安營紮寨，就地待命。

宋義此舉，頗讓項羽感到意外，兩軍作戰搶的是時間，本當星夜兼程，搶占先機才是，為何半途盤桓，無故浪費時間？再晚些時日，若趙國

## 第五章　成敗繫於一線機遇

支撐不下去，被秦人滅了，豈非對我更不利？

項羽心中雖有不滿，但苦於受宋義節制，不好隨意質疑統帥的作戰部署，只得暫時忍氣吞聲了。

沒想到，楚軍駐紮安陽後，整整四十六天過去了，宋義依然沒有絲毫動靜。將士們不明就裡，軍心開始有些渙散了。

項羽忍無可忍，找宋義理論：「秦軍圍趙，軍情危急，迫在眉睫，不知上將軍何故在此躑躅不前？還望馬上渡過大河，與趙軍裡外夾擊，一舉擊敗秦軍，若再浪費時日，我怕真來不及了。」

宋義聽後，眼皮都沒動一下，不急不緩地說道：「足下之論，好比只拍死叮咬牛身的虻蟲，卻難以傷及隱藏在牛毛叢中的小蟣蟲。章邯雖強，也不過是圍繞牛身的牛虻而已，而我們真正要對付的敵人，就是消滅秦國。為了達到這個目的，其他一切都可以從長計議！」

項羽不愛讀書，不知宋義究竟說什麼。

宋義有些得意地解釋說：「與其摻和秦趙之戰，還不如靜觀其變，等他們分出勝敗再說，若趙國取勝，我們再趁機對付已是疲憊之師的秦軍，如果趙國戰敗，我們擂鼓西進入關，一舉滅秦！」

項羽才明白，宋義要坐山觀虎鬥，坐收漁翁之利，氣得一言不發。

宋義以為項羽被他打動了，用得意洋洋的語氣說道：「要論身披鎧甲，手執長矛，兩軍陣前衝鋒陷陣，我不如將軍，可要說運籌帷幄，制定策略，將軍就比老夫差遠啦！」

項羽聽出來了，宋義在嘲諷他只懂得蠻力，卻不懂如何用兵。

項羽不想磨嘴皮，氣呼呼地離開了宋義的軍帳。

項羽走後，宋義再次重申軍令：全體將士繼續養精蓄銳，原地待命，

## 2. 勇氣、魄力和鉅鹿城

敢有違背軍令，擅自行動者，一律定斬不赦！

很明顯，這是衝著項羽來的。

出兵救趙乃楚國君臣商定國策，宋義半道止步不前，坐觀成敗，就不怕因貽誤戰機被治罪嗎？

唯一的原由，就是他得到懷王暗中授意。

個中緣由也不難理解，懷王絕不允許桀驁不馴的項羽奪了抗秦援趙的功勞，否則將來他功高蓋主，更難節制，最好讓宋義搶得頭功，退而求次，能拖則拖，為劉邦爭得時間。一旦劉邦搶先一步入關滅秦，屆時項羽有再大功勞，也只能屈居劉邦之下。

項羽哪想到這麼多，只顧自個兒在生悶氣。

恰好此時，他聽聞宋義派兒子去擔任齊國國相，且親自一路送至無鹽縣（今山東東平縣無鹽村南），大擺筵席宴請賓客，飲酒作樂。

宋義身為上將軍，不顧救趙大計，卻盤算自家兒子仕途！消息傳開後，招來眾將士的不滿，只是畏懼宋義權勢，不敢發作而已。

項羽覺得可利用眾人對宋義的不滿，一舉除掉他，奪回軍權。

於是，他私下召集部下，當眾慷慨陳詞道：「我們受懷王之命，前往救援趙國，只為與秦軍決一死戰，不料，卻在此停滯不前。當前營中已無存糧，將士們僅靠蔬菜拌豆子充飢。我們唯有盡快渡河，從趙國境內取得糧食補給，才是當務之急！」

眾將士聽後無不點頭稱是，項羽繼續說：「可有人不顧將士挨餓受凍，自己大宴賓客，吃喝玩樂，拒絕渡河，以秦之強大攻擊疲弱新立趙國，取勝是意料之中，我們哪有等秦軍疲憊後再攻之的機會，秦人會自動變弱小嗎？我軍近來受挫，武信君殉國，楚王以舉國之兵託付上將軍，指望能扭

## 第五章　成敗繫於一線機遇

轉不利局面，誰料他非但不體恤將士，只考慮自己利益，他素來以忠臣自居，但觀其所作所為，哪有絲毫忠臣模樣？」

將士們怒火被點燃了。

十一月某日，宋義回到軍營。

項羽闖入宋義大帳，二話不說，直接將其殺死，砍下腦袋，拎著走出帳來，展示給將士們說：「宋義祕密勾結齊國，陰謀反楚，幸虧楚王英明，已暗中命我就地處死他！」

眾將士本就對宋義不滿，況且現在人已死，當下異口同聲說道：「當初將軍家擁立楚王，首倡大義，光復楚國，如今又誅殺亂臣賊子，為國再立新功，上將軍一職該您來擔任，請勿再推辭。」

項羽便宣布自己代理上將軍一職，然後派人追殺了宋義之子宋襄，待處理妥當後，再派桓楚去向懷王彙報事情經過。

得知宋義被殺，懷王震驚之餘，也只能面對現實，正式拜項羽為上將軍。重奪軍權後，項羽立即下令當陽君英布和蒲將軍領兵兩萬渡過黃河馳援鉅鹿。

英布和蒲將軍渡河後，先破壞秦軍運糧甬道，斷了敵人的後勤補給。

得知楚軍來援，陳餘派人前往項羽大營，敦促他立刻率軍渡河北上。項羽此時已肅清了楚軍內部反對力量，掌握絕對指揮權，遂命令大軍渡河，時在秦二世三年（西元前207年）十二月。

一場決定秦楚命運和關乎天下格局的大戰即將爆發。

此戰秦勝，六國之人又得任由秦人奴役宰割，楚贏，則列國獲得自由，將命運掌握在自己手中。

此戰乃絕地之戰，唯有拋棄一切幻想，斷絕一切後路，將自己徹底逼

## 2. 勇氣、魄力和鉅鹿城

入絕境，才能向死而生！

渡河後，項羽手指身後滔滔大河，對將士們說，我們將迎來最強大的敵人，諸君務必抱著必勝的決心，否則就休想活著重返楚地。

請大家鑿沉船隻，砸爛一切鍋碗瓢盆，燒掉營帳，我們現在已經一無所有，除了擁抱勝利，再別無所擇！

受到鼓舞的楚軍將士們，立刻行動起來，船被鑿穿，沉入江底，炊具悉數被砸，而後一把火燒了大營，在項羽帶領下向鉅鹿出發。

楚軍身上只帶三天口糧，成敗在此一舉了！

半道上，前末代齊王田建孫子田安背叛田榮，前來與項羽會合。楚軍抵達鉅鹿城下，來不及稍作休整，就立刻對王離軍營發起衝鋒。

數月來，秦軍一路勢如破竹，已有些懈怠和輕敵，加上糧道被英布和蒲將軍切斷後，將士們吃不飽，戰鬥力自然下降了。所以雙方初次交鋒，秦軍有些被動，反觀楚軍，抱著死中求生的決心而來，所以王離很快敗下陣來。

項羽不容敵人喘息，下令繼續攻擊，持續發起九次戰鬥，楚軍將士們個個奮勇當先，士氣如虹，秦軍不甘失敗，拚命反擊，負隅頑抗，企圖扳回頹勢。

各路諸侯援軍湧上軍營壁壘，圍觀秦楚兩軍廝殺，面對空前激烈的戰鬥，膽顫心驚，無人敢跨出軍營一步。直到秦軍全面潰敗，各路諸侯才趕緊出兵，奪取戰爭勝利果實。

秦軍慘敗，損失嚴重，都尉蘇角戰死，王離副將涉間自焚而亡，而王離本人被俘。

戰爭結束後，各諸侯將領前往楚軍大營拜見項羽。眾人進入轅門後，

## 第五章　成敗繫於一線機遇

見軍營內一派肅殺，刀劍如林、盔甲鮮明，項羽威風凜凜，端坐於中軍大帳，不怒自威，眾人不由得雙腿發抖，紛紛匍匐在地，跪行至項羽腳下。

勢力決定一切，眾人奉項羽為諸侯聯軍的上將軍，統帥節制各國軍隊。

項羽一戰而名揚天下，自此各國無人敢挑戰楚軍盟主地位。

鉅鹿解圍，趙國得救了。

趙王趙歇、國相張耳前往楚軍大營答謝項羽。在感謝宴會上，賓主相談甚歡，勝利來之不易，現場處處洋溢著喜悅的氛圍，趙王頻頻舉杯，向項羽表達發自肺腑的感激之情。

席間，張耳和老朋友陳餘重逢了，他恨透了陳餘，恨他見死不救，恨他背信棄義，陳餘也是有苦難言，解釋不清。

到現在，張耳才知道自己下屬張黶、陳澤已死，他有點不信二人死在秦軍手裡，反而懷疑兩人由於催促陳餘出兵，被陳餘加害了。

陳餘頓時覺得遭受奇恥大辱——你誤解我沒及時出兵，還能理解，但絕不能如此詆毀我的人格！陳餘一怒之下將軍印摔給張耳，出門如廁去了。

張耳也不過一時氣憤，但話出口後瞬間有點後悔了，從內心深處，他也不相信老朋友會如此絕情寡義。誰知，此時一位門客勸他收回陳餘軍權：「古話云『天予不取，必受其咎』，國相何不趁機收回陳將軍軍權，您還在猶豫什麼呢？」

門客一席話，堅定了張耳搖擺不定之心，他拿定主意後，立刻將軍印拴在腰間。

陳餘本也一時賭氣，如果張耳幡然醒悟，說點挽回的話，兩人肯定能重歸於好，可當他從廁所返回時，發現將軍印已佩戴在張耳身上，頓時心

## 2. 勇氣、魄力和鉅鹿城

灰意冷，便拂袖而去，帶領約數百親信隱居大河之畔，整日垂釣狩獵度日，逍遙江湖。

答謝宴會結束後，趙王歇返回信都去了，張耳則留下來，與項羽一起繼續迎戰秦軍。

王離全軍覆滅，章邯下令大軍暫時後撤，選擇有利地形安營紮寨，以避楚軍鋒芒，兩軍暫處於對壘相持階段。

從戰術上來說，章邯的做法完全正確，畢竟大勝之後的諸侯聯軍，士氣正盛，而秦軍新敗，將士們情緒低落，此時最好的辦法就是保全勢力，恢復元氣，然後再等待戰機。

如今，章邯手下尚有二十餘萬大軍，待修整後，還能一戰，最後鹿死誰手尚未可知。

然而，最大的敵人從來不是來自戰場，而是來自身後。

聽聞鉅鹿大敗後，朝廷派使者來斥責章邯，並督促他立刻與敵開戰。章邯心中清楚，名義上使者傳達的是皇帝詔書，其實是趙高之意。

兩軍交戰，最怕後院起火。

章邯決定派長史司馬欣回京，向趙高彙報前線戰況，並解釋一下自己的策略意圖。司馬欣快馬加鞭，疾馳返回咸陽，在司馬門外苦等三日，連趙高的面都沒見到。

趙高不露面，意味著什麼，司馬欣也明白了。

軍情如火，時間不等人，再不能耗下去了，司馬欣決定抓緊時間趕回去，向章邯彙報。在返回途中，他多了個心眼，沒有原路返回，而是另外選一條道趕了回去，才逃過了趙高的追殺。

司馬欣馬不停蹄返回大營後，將此行情況如實向章邯做了彙報。

第五章　成敗繫於一線機遇

　　章邯聽後，一時陷入迷茫，感到進退兩難。

　　司馬欣見狀，勸道：「如今趙高專權，忠臣良將沒有出路。假如我們戰勝楚軍，功蓋趙高，以他嫉賢妒能之心性，絕難容忍將軍您的風頭壓過他，如敗了，更難逃一死。看來無論勝敗，我們都難逃一死，全軍將士的生死全在將軍一念之間，何去何從，還望將軍您深思啊！」

　　章邯一時不知如何回答，出關東征以來，他早將個人生死置之度外，只是自己一死容易，可麾下二十萬秦軍將士怎麼辦，他們本是刑徒之人，陪自己出生入死，還不是為了尋條活路，可如今連個希望都沒有了，出路又在哪裡？

## 3.　新豐坑、鉅野盜和高陽酒徒

　　正當章邯兩難之際，接到了陳餘的一封信，信內容大意是：

　　秦國有史以來的名將都不得善終，比如白起南下破楚，北上敗趙，坑殺趙國四十萬大軍，為秦國攻城略地數不勝數，但難逃被賜死的命運；又如蒙恬北逐匈奴，拓土千里，最後還是被處死。其中原因就在於功勞太大，朝廷賞無可賞，只能處死。

　　趙高不過是靠著拍馬溜鬚爬上去的，為推卸責任，他肯定將您推為替罪羊，無論有功無功，您的結局早已注定。如今秦國廟堂之上，您無人可依靠，在外獨自奮戰，想要保全自己，怕是難以長久，事已至此，何不臨陣倒戈，與諸侯聯軍一起反秦，尚可裂土稱王，願走哪條路，您看著辦。

　　看完陳餘的信，章邯內心有些動搖了，決定派一名叫做始成的屬下到楚營，探聽項羽口風，不過始成白跑了一趟，項羽不同意納降。

## 3. 新豐坑、鉅野盜和高陽酒徒

項羽早看出來了，章邯迫於形勢才投降，他想徹底摧毀秦軍鬥志，唯有如此，他們才會心甘情願地投降。

於是，項羽派蒲將軍領兵晝夜兼行，渡過漳水三戶津，對秦軍發起攻擊，秦軍戰敗。隨後，項羽親率楚軍再次在汙水（在鄴城西，具體位置不詳）大破秦軍。

秦軍接連戰敗，固然與雙方戰力有關，當然不排除章邯為了求和，故意放水的可能。

章邯吃了敗仗後，再次派人求和。

項羽確信，章邯現在求和，絕沒詐降的可能，況且接連大戰後，楚營中糧食也已短缺，再無力打場持久戰，若是威逼太甚，將章邯逼入死角作困獸鬥，反而對楚軍不利，於是同意約和。

在洹水之南的殷墟，項羽和章邯一起對天盟誓，簽訂和約，章邯宣布向楚軍投降。項羽封章邯為雍王，留在楚軍大營，讓司馬欣擔任上將軍，率領改編後的秦軍向關中出發。

諸侯軍中有不少人曾被押解到關中服徭役，或先集中到關中，然後被發配到各地屯戍，期間受盡秦軍嘲笑、鞭笞、責罵，對秦人恨得咬牙切齒，所以對秦軍降卒任意打罵，不拿他們當人。

對於章邯降楚，秦軍將士中其實爭議很大，有些人並不贊同，加上投降後遭受種種屈辱，秦軍降軍中瀰漫著不滿情緒。

有人說：「我們被章邯將軍矇騙，逼迫投降，看看如今我們過得什麼日子。倘若接下來攻打關中戰事順利，還好說，我們好歹回到故里，但如果失利，我們必然會被脅迫，跟著諸侯聯軍東撤，朝廷為了打擊報復，必然會株連我們的父母和妻兒老小，到時候，又該怎麼辦？」

## 第五章　成敗繫於一線機遇

此番話在秦軍降卒中引起了很多人的共鳴，大家紛紛附和。

秦軍的不滿言論，很快被安插到降俘營中的楚軍眼線偵知，立刻上報給項羽。

項羽聽聞後，不敢掉以輕心，當下召集英布、蒲將軍等人商議。

項羽憂心忡忡地說道：「秦軍人數眾多，選擇投降只不過是迫於形勢的無奈之舉，待進了函谷關，假如他們拒絕服從命令，發動譁變，我們肯定難以約束，與其待局面無法收拾再想對策，還不如趁早除掉，你們怎麼看？」

眾將領都表示同意。

大軍行至新安縣（今河南義馬市千秋鎮二十里鋪村附近），項羽下令除了雍王章邯、長史司馬欣、都尉董翳等原秦軍高級將領外，將二十萬秦軍降卒全部坑殺。

不過，坑殺二十萬人，數字很可能誇大了。

估計新安被坑殺之人，只是部分對項羽心懷不滿的降卒，而相當大一部分人還是追隨章邯、司馬欣、董翳等人入關了。或許章邯為了保住一部分人的性命，只好被逼無奈地犧牲了另外一部分人。

項羽新安坑殺降卒，看似清除了不穩定因素，但如此殘暴之舉，也失去了人心，為後來的失敗埋下了伏筆。

項羽鉅鹿激戰、新安坑殺降之際，劉邦正在另一條戰線上與秦軍激戰，不過與項羽的粗暴相比，他很注重籠絡民心。

劉邦剛從彭城出發時，兵微將寡，大多數人都不看好他。好在劉邦取道碭縣（今河南永城市芒山鎮），至成陽和槓里一帶，就打了個小勝仗，沒多久，又在成武打敗了東郡郡尉。

## 3. 新豐坑、鉅野盜和高陽酒徒

秦二世三年（西元前 207 年）十二月，劉邦率軍到達慄縣，從剛武侯（姓名不詳，身分不詳）手中奪了四千多人馬，後來又合併魏將皇欣、武滿的一支小部隊。

值得慶幸的是，由於秦軍主力隨章邯去河北了，劉邦遇到的都是些小股部隊，戰鬥規模都不大。

劉邦帶行至昌邑縣（縣治在今山東省鉅野縣城南昌邑村）時，一名叫彭越（字仲）的江洋大盜和幫手前來相助。

彭越一直在鉅野澤（古代著名大沼澤，今山東鉅野縣境內）捕魚，順便與人結夥，以打家劫舍營生。

陳勝吳廣起義後，就有人慫恿彭越造反，不過他並未同意。

短短一年間，天下風雲激盪，眾人再次推舉彭越帶頭起事，彭越才勉強答應了，約大家於次日日出之時於某地集合，要求任何人不得遲到，否則斬首！

第二天集合時，有個人直到中午，方姍姍來遲，前來報到。

彭越嚴肅地說道：「我年紀大了，本不想攬事，是你們執意要我帶頭，第一天集合，就有人遲到，拉出去斬了！」

不管眾人如何求情，彭越還是堅決將那人斬了。

彭越用一顆人頭立威，很快做到了令行禁止。不多久，彭越便擁有了一支一千餘人的隊伍。

聽到劉邦要攻打昌邑的消息後，既然共同敵人都是秦軍，彭越便趕來協助攻城。不過，就算有了彭越助陣，劉邦還是沒攻破昌邑。劉邦志在關中，昌邑只是路過，既然一時半刻攻不下，也不想在此多糾纏，遂撤兵繼續向前。

## 第五章　成敗繫於一線機遇

劉邦走了，彭越沒有追隨而去，依舊留在了鉅野澤，不過他們注定還會重逢，兩人的故事才剛剛開始。

劉邦繼續西行，途經高陽（今河南杞縣高陽鎮）時，軍中恰好有個騎兵是本地人，當兵打仗生死難料，路過故鄉，特意請假回家探望一下親人。

在回家路上，他遇到了父親的一位老友，老人家名叫酈食其，已是六十多歲，是一名看管里門的小吏。

酈食其博覽群書，可惜家中一貧如洗，衣食難以為繼，只好以守門營生，如無意外，注定要在貧困潦倒中度過餘生。

不過，對這樣一位沒有任何成就，沒有一官半職的糟老頭，就是當地地方官和豪強，也不敢輕易招惹，誰都知道這老頭不好惹。周圍的人都背後稱他為狂生。

近幾年，陳勝、項梁的軍隊從他門前過去了好幾批，隨便加入哪支隊伍，以他的能力，混個一官半職，可以說手到擒來。

但酈食其耳聞目睹了太多事，知道這些人剛愎自用，容不下人，沒一個靠得住。所以，為避免招人矚目，他一直低調隱藏。

直到這一天，見到了劉邦手下的這名騎兵。

遇到故人之子，又聽說他來自劉邦軍營。酈食其便提出，希望他幫忙引薦一下自己。

可這名騎兵看上去有些為難。

「您恐怕不知道，沛公最不喜歡的就是你們這些儒生，以前有些儒生來投奔，他很討厭儒生們動輒咬文嚼字，好說大話空話，被他一頓臭罵不算，還揪下人家儒巾往裡撒尿，別說多尷尬了，我勸您老還是別自討沒趣了。」

## 3. 新豐坑、鉅野盜和高陽酒徒

酈食其似乎沒被嚇到，反而說：「你見了沛公就說，『我老家有位酈先生，已六十多了，身高八尺，人們都稱他為狂生，但他自己卻不以為然。』」

騎兵戰士推脫不過，只好說：「那我去試一下，不過您千萬別以儒生模樣去見他。」

「記得了，你儘管去吧。」

騎兵戰士回去後，如實向劉邦稟告。

劉邦本就有點玩世不恭，一聽有這麼個怪老頭，覺得有點意思，便傳話給酈食其，讓他來見自己。

酈食其趕到後，言語很誠懇，態度很謙和，恭恭敬敬讓人將自己的名片遞了進去。

劉邦當時正在洗腳，便問：「來者是一個怎樣的人？」

傳話之人說：「看他峨冠廣袖，像個讀書人，該是位很博學的儒生。」

劉邦一聽儒生，頓時來了氣：「出去轉告他，說我忙於謀劃征討和天下大事，沒空見一名儒生，讓他早點滾！」

傳話之人沒辦法，只好將劉邦原話轉達。

誰料酈食其怒睜圓眼，手按寶劍，大聲喝道說：「快點！再轉告沛公一聲，我是一名高陽酒徒，並非儒生。」

傳話之人嚇了一跳，不小心將手中的名片掉到了地上，急忙撿了起來，一溜煙跑進去，再次向劉邦通報：「外邊那個人，真是個壯士，他一聲喝，嚇得我名片都沒拿穩，掉在了地上。」

劉邦聽後，頓時來了精神：「他說什麼來著？」

## 第五章　成敗繫於一線機遇

傳話之人說：「他說『滾回去，給我再次通報，老子我是個高陽酒徒。』」

劉邦一聽，這人有點意思，合我胃口，便說：「請客人進來！」

酈食其進屋後，看見劉邦正坐在床沿上，兩名侍女在替他洗腳，便順勢做了個長揖，然後不卑不亢站立一旁，明知故問道：「請問沛公打算何去何從，想幫秦攻打諸侯呢？還是想率諸侯滅秦呢？」

劉邦最厭惡有話不好好說，非要繞個彎彎道道的儒生做派，遂破口大罵：「你這酸儒，說的全是屁話！天下人都被秦朝害慘了，吃盡了苦，遭夠了罪，如今諸侯都紛紛起來抗擊暴秦，我怎可能幫助它去攻打諸侯呢？」

酈食其擺出一副不以為然的樣子，「我看不像，如果真想起兵討伐暴秦，就應該禮賢下士，招攬天下英雄豪傑，收攏民心才對，可看您現在對待長者的傲慢架勢，哪有一點抗擊暴秦的樣子。」

劉邦猛地似有所悟，感到自己有點過分了，忙站起來，顧不得擦腳，穿戴整齊，扶酈食其坐下，命人準備酒菜，請酈食其一起吃飯。

席間，劉邦請酈食其坐主賓席，為自己剛才的失態道歉。

見劉邦改變態度，酈食其便和他縱論天下大事，說得頭頭是道，劉邦聽完喜出望外，發現眼前這位其貌不揚的老頭子是位當世高人，虛心請教道：「那麼請問先生，您看我接下來該怎麼辦？」

酈食其答道：「您手下這幫人，充其量也就是一群烏合之眾，況且尚不足萬人，就這點兵力，與強秦抗衡，無疑是羊入虎口。不過，我倒是可以為您指一條明路。」

劉邦一聽，立刻喜上眉梢，請酈食其趕緊說說。

## 3. 新豐坑、鉅野盜和高陽酒徒

酈食其便說：「沛公若想要成就大業，就先從占領陳留開始，陳留地處天下要衝，交通便捷，城內糧食充足，城牆高大堅固，我和陳留縣令私交不錯，我願替您走一趟，勸他歸降您，如果他不聽勸告，我就在城內為您做內應，您從外攻城。有了陳留這樣的地盤，您何愁大業不成！」

劉邦一聽歡喜得不得了，立刻說：「行，我全聽您的！」

酈食其在劉邦住處沒有太多停留，歸去後，就去拜訪陳留縣令。

「如今天下大亂，天下人都起來反抗秦朝暴政，您應該順應潮流，站出來一起抗秦才是，沒想到您卻頑固不化，還為這樣的朝廷守城，我私下裡常為您的安全擔憂吶！」

陳留縣令一聽酈食其這番話，嚇破了膽，他只想做個太平官，從沒想過造反，馬上回絕道：「就衝您這番話，按秦律已是滅族的大罪了。別再胡說八道了，我不會按您說的去做。」

酈食其見他聽不進去，知道再費口舌也是白搭，便沒再說話。陳留縣令以為老友也就隨口一說，所以也沒當回事，當晚，還讓他留在自己住處。

夜半時候，酈食其趁其不注意，殺掉陳留縣令，帶上首級，連夜從城牆溜下來，一口氣跑到劉邦軍營。

不得不佩服，這位六十多歲老人家體力和身手很不錯。

劉邦命人將陳留縣令的腦袋挑到竹竿上，展示給守城士兵們看，衝城頭喊話：「大夥兒趕緊投降吧，你們縣令都被我斬首了！」

縣令一死，城內群龍無首，眾人一合計，同意開城投降。

酈食其不但送了一座城給劉邦，又送了一支軍隊。原來，他弟弟酈商在陳勝起義後，到處招兵買馬，已有了幾千人馬。在兄長推薦之下，酈商

## 第五章　成敗繫於一線機遇

率部歸附了劉邦。

占領陳留，使得劉邦一夜之間有了大量兵器和糧食，在陳留三個月期間，他大量招募士兵，隊伍擴大到了數萬人。

劉邦非常感謝酈食其，封他為廣野君。此後，酈食其幫他周旋於諸侯之間，爭取盟友，化解危機。

在劉邦一生中，手下能臣良將無數，蕭何、張良等人論能力遠勝過酈食其，但跟他們在一起，永遠是君臣關係，真正能夠讓他沒有任何顧慮的，唯酈食其一人。

他們都屬嬉笑怒罵皆出乎自然的真性情之人，多年後，酈食其已死，劉邦仍然對他念念不忘。

# 第六章

## 歷經挫折,再啟征程

## 第六章　歷經挫折，再啟征程

### 1. 入關、滅秦和軹道受降

離開陳留後，劉邦前往進攻打開封縣（屬滎陽郡），不過作戰並不順利，遂轉攻白馬縣（屬東郡，今河南滑縣一帶），打敗秦將楊熊，後又在曲遇再次擊潰楊熊。

楊熊逃到滎陽，被秦二世派來的使者斬首。

劉邦又攻下潁川郡（治陽翟，今河南禹州市），也許潁川之戰給劉邦以重創，他出於報復進行屠城。

張良自和劉邦分別以來，與韓王成在潁川打游擊，得知劉邦消息後，便帶領人馬趕來會合，兩人久別重逢，非常高興。

有了張良相助，劉邦很快平定了韓地。

張良算是看明白了，僅靠自己，復興韓國毫無希望。

令他感到驚訝的是，與劉邦分別，不過數月時間，劉邦已脫離項梁叔姪，擁有一支數萬人的大軍。

於是，張良向韓王成提出，想跟隨劉邦一起西征伐秦，韓王成同意了，而他本人留在了陽翟。韓襄王的庶出孫子韓信，在韓國亡國後，一直隱居在民間，得知劉邦要入關滅秦，前來為劉邦效力。劉邦見韓信生得儀表堂堂，身高八尺五寸，便任命他為將軍，留在營中。

就在此時，劉邦得知原趙王武臣舊部司馬卬也打算渡過黃河，攻函谷關入秦。

若別人搶先一步，捷足先登，自己豈不是白忙了，劉邦趕緊北上，進攻平陰縣（治孟津），切斷黃河渡口，斷了司馬卬渡河南下的念頭。秦二世三年（西元前 207 年）六月，劉邦經洛陽南，穿越轘轅山，占領陽城，

進攻南陽郡。在犨縣（今河南魯山縣）以東，擊潰南陽郡守呂齮，呂齮被迫出走宛城（今河南南陽市）。

劉邦一心想盡快攻入關中，不打算再跟呂齮糾纏，直接引兵西去，攻打武關。

張良覺得不妥，他向劉邦分析指出，武關歷來易守難攻，若孤軍深入，萬一久攻不下怎麼辦？如此前有險關，後有敵軍，怕要陷入萬劫不復之地。

劉邦恍然大悟，立刻下令返回去圍攻宛城。

經過數月征戰，劉邦軍隊一批能征慣戰將領脫穎而出，比如樊噲、酈商、周勃、夏侯嬰、灌嬰等人。

夏侯嬰本是沛縣負責養馬駕車的小吏，兩人關係很密切，有一次，劉邦由於開玩笑過火，無意間誤傷了夏侯嬰。

秦法規定，無論有意還是誤傷，傷人都屬犯罪，要受重罰，隱瞞不報，罪加一等。劉邦身為亭長，知法犯法，要罪加一等。夏侯嬰對外謊稱是自己不小心弄傷的，可很快就被揭穿了，因作偽證，夏侯嬰被重責數百板子，還在牢裡待了一年多。

劉邦起事以來，每逢開戰，夏侯嬰都率領戰車部隊衝鋒在前，為後方步兵作戰打開局面。

至於周勃，原本家境貧寒，靠編製蠶具為生，業餘之時，靠替沛縣大戶人家喪禮做鼓吹手，撈點外快。周勃生的孔武有力，自幼習武，嫻熟弓馬，能拉開硬弓。周勃的武藝，在後來戰場上有了用武之地，為劉邦立下了赫赫戰功。

灌嬰原是睢陽一名販賣絲繒的小販，當初項梁兵敗雍丘，戰死沙場，劉邦狼狽潰逃碭縣途中，灌嬰投奔劉邦帳下，擔任內侍中涓官，負責劉

## 第六章　歷經挫折，再啟征程

邦生活起居。每次作戰，灌嬰都爭著向前衝，屢敗秦軍，劉邦對他非常器重。

而眾將中，樊噲尤其打起仗來不要命，每逢作戰，他都身先士卒，多次第一個登上敵方城牆，在宛城之戰，樊噲再一次衝在最前。

夜色中，劉邦下令捲起旗子，摸黑行軍。待天色發白，已將宛城團團圍住。

呂齮眼看大勢已去，想打算自殺，一死了之。

關鍵時刻，他的舍人陳恢站出來，勸阻道：「敵軍還未進城，您就尋死，是否有點過早了？不妨緩緩再做打算，也猶未晚。」

當天夜裡，陳恢潛入劉邦軍營，求見劉邦。

「聽說懷王有約，先攻入咸陽者為關中王，是有這回事吧？」

劉邦不想否認，只能點頭承認。

「您是擔心一旦離去，就怕宛城守軍斷了後路。可以宛城之大，加上周圍數十座城池，您一時半會兒恐怕也拿不下，現在城內守軍覺得，反正大不了一死，還不如堅守到底，時間一長，且不說傷亡，耽誤您搶先入關稱王，才是頭等大事！」

陳恢句句在理，劉邦一時不知如何反駁。

陳恢緊接著說：「若是您和南陽郡守協議，接受他投降，替他升職後，原地駐守，如此南陽郡守得以保全，而您沒了後顧之憂，得到一支軍隊，大可放心西去，有了宛城帶頭，其他地方守軍肯定也會爭著向您投降。」

劉邦聞言，喜出望外，立刻答應下來。

在陳恢的穿梭斡旋之下，宛城危局最終和平解決，事後劉邦封呂齮為

殷侯，繼續駐守宛城，至於陳恢，受封千戶食邑。

此後，果然如陳恢所言，劉邦一路上少了很多阻力，沿途不少地方紛紛開關投降。

待劉邦抵達丹水縣（今河南淅川縣西），守將戚鰓、王陵開門歸降。劉邦隨後回攻胡陽（今河南唐河縣湖陽鎮），遇到吳芮部將梅鋗，兩人兵合一起，攻打析縣和酈縣（大致在今河南內鄉縣），二地很快都投降了，當年八月，攻破武關（位於今陝西商洛市丹鳳縣東武關河北岸），抵達藍田縣南部的嶢關，咸陽遙遙在望了。

章邯兵敗投降後，趙高已感到大秦帝國即將崩潰，不過，他也有自己的盤算，就算失去山東六國地區，還可以退守關中，割據一方稱王沒問題。

關中秦地素稱四塞之地，有關河之險，易守難攻，從未被攻破過。

趙高想，只要保住秦人根基不失，即可富貴無憂，至於諸侯叩關之事，不知要等到猴年馬月，遙不可及。

對秦二世，趙高嚴密封鎖消息。秦二世自始至終都認為不過是一些地方小毛賊在鬧事罷了，所以，整日在深宮之中吃喝玩樂，不理政事。

然而，秦軍在關東戰敗，諸侯軍逼近關中的消息，在咸陽市井早已傳開。趙高擔心萬一朝臣中有人私下向秦二世報信，該如何是好？為了使朝堂上與己不同心之人顯形，他決定做一次測試。

某日朝會，趙高牽來一頭鹿，然後問秦二世：「陛下，請看眼前牲畜是什麼？」

秦二世以為趙高在開玩笑，便笑道：「丞相為何問如此簡單的問題，朕雖說見識不廣，但鹿還是識得。」

誰知趙高一臉嚴肅地回答說：「陛下錯了，這哪是鹿，分明是一匹馬，

## 第六章　歷經挫折，再啟征程

不信您詢問一下大臣們。」

秦二世不以為然地說：「那好，諸位仔細看看，這到底是鹿還是馬！」

朝堂上趙高的親信們，立刻懂了趙高的用意，異口同聲說：「陛下錯了，眼前明明就是馬！」

只有少數幾個人堅持道：「這不就是一頭鹿嘛！」

秦二世有點懷疑自己眼花了，再仔細看，眼前仍然還是鹿，但大家都說是馬，難不成自己的判斷真出了問題？此後，未免再當眾出錯，在國政大事上，他就不隨意發表意見了。

朝會後，凡是說鹿的，全讓趙高給祕密處決了。

從此，再無人敢跟趙高意見相左了。不過，趙高也沒得意太久，很快接到劉邦率領楚軍攻破武關的消息。

義軍都打上門了，趙高想再隱瞞，恐怕做不到了。秦二世雖很聽話，但丟掉祖宗江山，他肯定不願意。若得知楚軍即將兵臨城下，定會找他算帳。

此時，趙高才感到怕了，索性稱病在家，不去上朝。

秦二世做了一個噩夢，夢中他乘車出遊，忽然跳出一隻白虎，將拉車的左驂馬咬死了。被嚇醒後，秦二世感到夢境不祥，讓占卜師替他解夢。占卜師說：「這是涇水神在作祟。」

秦二世遂在望夷宮齋戒，然後命人將四匹白馬投入涇河，祭祀河神。祭祀完畢後，他總覺得有點不對勁，開始懷疑夢境之事是否跟關東賊寇作亂有關，趙高總說賊人難成氣候，但為何至今不見大軍凱旋，不見有人來獻俘？秦二世漸漸對趙高有了疑心，便命人到趙高府上，斥問關東剿寇到底進展如何，為何近來不見彙報？！

112

## 1. 入關、滅秦和軹道受降

趙高挨了皇帝訓斥後,害怕之下,決定鋌而走險,當下找來女婿咸陽令閻樂和弟弟趙成,密謀殺掉秦二世,立公子子嬰稱帝。

秦二世即位後,對自己同胞手足大開殺戒,始皇帝子女無一倖免,子嬰善於韜光養晦,讓秦二世和趙高誤以為他是個廢物,所以才逃過一劫,活了下來。

趙高擁立子嬰為君,不過是拿他作任由擺布的傀儡。

然而,子嬰絕非毫無魄力的膽小怕事之輩。蒙氏兄弟下獄後,他曾仗義執言,勸秦二世不要聽信讒言枉殺忠良。雖沒救下蒙恬兄弟二人,但在高壓恐怖之下,敢站出來說話,表明他非尋常懦弱之人。

關於子嬰身世,在史書中,有四種說法:

一是秦二世兄長的兒子;二是秦二世兄長;三是秦二世叔輩;四是秦二世的堂兄。按照年齡,第三種的可能性比較大一些(出自《史記・李斯列傳》),但也僅僅是推測,至於他的真實身分,永遠不得而知了。

時間很緊迫,趙高怕晚了來不及,命閻樂帶兵殺入望夷宮,一路遇到的抵抗之人,一律格殺勿論,直接殺入皇帝寢宮。秦二世大聲呼叫侍衛,可惜無一人敢上前護駕。

閻樂逼視著秦二世說:「足下驕橫恣意,濫殺無辜,如今整個天下之人皆已背棄了您,還是趕快想想自己的未來吧!」

秦二世自認為待趙高不薄,提出想見見趙高,被閻樂一口回絕。無奈之下,秦二世說:「實在不行,我只想要一個郡來稱王。」

閻樂依然冷冰冰回答道:「不行!」

秦二世只好又說:「若還不行,我願意做個萬戶侯。」

閻樂仍然冷冰冰回答道:「不行!」

## 第六章　歷經挫折，再啟征程

　　秦二世只好哀求道：「好吧，那我什麼都不要了，只求攜帶妻子兒女去當個平民百姓。」

　　閻樂一陣冷笑，說：「我奉丞相之命，替天下百姓誅殺足下，說再多廢話，都沒有用！您看是自己動手，還是需要我們幫忙！」

　　秦二世只好自殺身亡。

　　逼死秦二世後，趙高召集朝臣、宗室公子，宣布秦二世死訊，並說，關東六國又重新復辟，大秦新君不能再稱帝，恢復稱秦王。

　　為保住個人富貴和身家性命，趙高在宣布立子嬰為秦王同時，私下派人與劉邦接觸，為自己留後路。

　　趙高暗中與楚軍勾結之事，很快被子嬰得知。

　　子嬰明白，趙高立他為王，不過是權宜之計，隨時就會除掉自己，與其坐以待斃，不如主動搶先下手，除掉趙高。

　　按照禮制，新君登基，需要先獨闢一室，齋戒五日，以示珍重，然後在負責禮儀官員的引導下，至宗廟向秦國歷代列祖列宗告祭，接受天子印璽，才算禮成。

　　子嬰和兩個兒子謀劃一番後，決定在家閉門不出。

　　五天後，子嬰依舊不出門。趙高接二連三派人去催促，子嬰仍然毫無動靜。

　　趙高很惱火，不過，子嬰好歹是準秦王了，總不能將他綁了押往宗廟拜祭，只得暫時強壓心頭怒火，親自前往子嬰府上迎接。

　　由於太過自信，趙高讓隨身衛隊留在外面，獨身一人去見子嬰。

　　進門後，趙高衝著子嬰大聲喝斥道：「國家大典在即，公子為何遲遲不動身？」

突然一道劍光閃過，趙高沒來得及哼一聲，腦袋就搬家了。

子嬰下令，滅趙高三族。

子嬰即位稱王，成為秦國六百年來最後一位君主。

此時，劉邦已繞過嶢關，在藍田擊潰秦軍後，駐軍霸上（今陝西西安東南，是秦軍衛戍京城重地）。

趙高祕使來到劉邦營中，密約均分關中，並立稱王，但被劉邦拒絕。都打到家門口了，才來約和談條件，晚了！

劉邦正準備攻打咸陽，得知秦廷發生政變，趙高被處死，子嬰已稱王，便派人去咸陽，要求子嬰無條件投降。

子嬰無兵無糧，窮途末路，坐守困城，再做抵抗也毫無意義，除了平添一些枉死冤魂外，根本無法改變大秦滅亡的命運。

子嬰選擇了投降。

劉邦帶領楚軍浩浩蕩蕩，向咸陽出發，行至軹道亭（今陝西西安東北處）時，看見秦王子嬰跪在道旁，脖子上繫著繩子，手裡捧著天子印信，迎接劉邦到來。

在短暫受降儀式後，劉邦讓子嬰和他一起進咸陽，入城後，為子嬰安排起居飲食，嚴禁閒人滋擾。

## 2. 迷失、夜訪和鴻門殺局

劉邦自小過慣了窮日子，沒過幾天舒適生活，舉兵造反後，又天天擔驚受怕，過著刀口舔血的日子，從沛縣到咸陽，一路走來，可謂歷經九死

## 第六章　歷經挫折，再啟征程

一生。當他進入咸陽後，被秦宮的奢華震驚得瞠目結舌，猶如置身天堂，讓人如痴如醉，一頭紮入深宮，開始肆意放縱，不可自拔了。

而此時的咸陽，完全陷入無政府狀態，楚軍將士們四下爭奪金銀財帛，朝廷府庫也遭到洗劫，大夥兒都瘋了一般。

唯有一個人與眾不同，他沒有參與劫掠財物，而是忙不迭奔赴宮室檔案庫及丞相府、御史大夫府等地，將所有圖文檔案、地理圖冊、戶籍檔案、典章書籍等搶救保護起來，他就是蕭何。

有人嘲笑他說，放著金銀珠寶不要，卻拿這些竹簡木牘當做寶貝。

蕭何不置可否的付之一笑，他深知這些文獻遠比金銀寶貴，破壞一個世界容易，但將來要恢復社會秩序，開創國家基業，離不開這些檔案資料。

現在咸陽街頭到處是搶劫犯罪現場，帝國首都已完全淪為強盜樂園了。

凡是頭腦稍微清醒之人，都看出來了，照目前這個樣子下去，原本高舉誅滅暴秦義旗的楚軍，很快會失掉民心，用不了幾天，就會走上亡秦老路。

只是礙於面子，沒人敢站出來去勸諫劉邦。

反倒是樊噲這個粗人，顧不了太多，直接入宮找劉邦，勸他趕緊出面，約束一下外面的亂兵。

劉邦正玩得高興，根本不聽勸。

樊噲沒法子，跑去拉上張良一起去找劉邦。

張良一見面，便問劉邦：「以秦之強大，卻驟然滅亡，沛公能夠以布衣之身躺在咸陽宮，可知為何？」

劉邦低著頭，不吭聲。

## 2. 迷失、夜訪和鴻門殺局

張良自問自答道：「只因秦朝殘暴無道，失去天下人心！沛公懷著為天下人剷除秦朝暴政的初衷，帶領將士們一路披荊斬棘，方進入關中，攻下咸陽，本該向世人展示勤儉樸素之際，卻為何只顧享樂起來了？難道現在真可以高枕無憂了嗎？俗語說得好，『忠言逆耳利於行，良藥苦口利於病』，還望您多聽聽樊噲的建議！」

自入關以來，就有人私下替劉邦出主意，如今天下這麼亂，您業已拿下關中，就別再摻和關東諸侯那些明爭暗鬥了，乾脆直接封閉函谷關，關起門來稱王關中，舒舒服服過日子就是了。

這番話正中劉邦下懷，這幾年來，他也實在太疲憊了，聽信了別人的鬼話後，只想好好享受享受。

劉邦雖一時糊塗，但聽完張良的話，馬上清醒過來，忙向張良致歉，然後立刻動身出宮，下令封閉宮室，安撫城內百姓，嚴禁士卒趁火打劫。經過短暫的騷亂後，咸陽城內漸漸開始平靜下來。

而後，劉邦率兵撤出咸陽，回駐霸上。頭腦短暫發昏後，劉邦很快反應過來，目前還不是撈錢和沉迷於溫柔鄉的時刻，現在頭等大事是設法在關中站穩腳跟。

於是，他召集關中各縣地方上有頭臉的人物到霸上軍營，當眾宣布廢除秦朝一切舊法，只保留三條，殺人償命，傷人和搶劫者，按犯罪嚴重程度給予懲處。隨後劉邦說，自己來關中，是為了為民除害，不會欺凌百姓，大家儘管放心安居樂業好了。

接下來，劉邦又派人跟著原秦朝官吏到各地巡迴宣傳他的約法三章。

秦地百姓得知後，非常開心，爭相拿出酒肉糧食酬謝劉邦部下士卒。劉邦一律謝絕，稱自家庫藏糧食都多得吃不完，哪需要再給父老們添麻煩。

## 第六章　歷經挫折，再啟征程

　　長期以來，關中百姓受夠了秦朝官吏的欺壓，立刻被劉邦寬鬆的法律和人道的政策所吸引，就怕劉邦不留下做秦王。

　　就在劉邦入關剛過一個月，項羽率領諸侯聯軍攻破函谷關，殺入關中而來。

　　當初各自從彭城領兵出征時，項羽本沒將劉邦太當回事，然而，他沒想到，當自己鉅鹿大戰，威震諸侯之時，劉邦卻捷足先登，搶先一步進入咸陽。

　　項羽認為，是自己消滅了秦軍主力，勝利果實卻落到他人手中，所以心裡憋著火。新安坑殺降卒後，日夜兼程，直奔函谷關而來。

　　劉邦入關後，一時頭腦發熱，經不住他人鼓譟，派兵把守函谷關，想把諸侯們拒之門外，然後關起門來做關中王。

　　沒想到，在項羽屬下猛將英布猛攻之下，函谷關最終還是被攻破，項羽率軍渡過大河，長驅直入關中，暫駐戲水西岸的鴻門（今陝西臨潼新豐鎮鴻門堡村）。

　　大兵壓境之下，劉邦軍營內部人心惶惶，劉項二人勢力太過懸殊，一旦打起來，劉邦肯定難抵項羽。於是，有些人開始暗自私通勾結，為自己謀後路。劉邦屬下左司馬曹無傷悄悄派人捎信給項羽，說：「沛公想關中稱王，為籠絡秦人，打算以子嬰為丞相，獨吞咸陽所有珍寶。」

　　項羽聞訊後，勃然大怒，下定決心，絕不輕饒劉邦，他命將士們秣馬厲兵，做好戰前準備，待次日吃過早飯，一舉消滅劉邦。

　　章邯王離數十萬秦軍，都被自己擊敗，解決掉劉邦這點人馬，更不在話下，項羽自信滿滿。

　　項羽麾下雄兵四十萬，劉邦兵力不過十萬，雙方力量非常懸殊，若開

## 2. 迷失、夜訪和鴻門殺局

戰，劉邦必輸無疑。

項羽的首席參謀范增，此刻卻隱隱約約有點擔心。

范增素來老謀深算，他知道，項羽作戰勇猛，戰場上以一敵百，所向無敵，然而，有時做事遲疑不決，頗有些婦人之仁，為君者，當殺伐決斷，不能講小仁小義，唯有冷酷果決，才能執掌天下。

對於項羽的作戰能力，范增很放心，怕就怕項羽一時躊躇，放過劉邦，錯失良機，范增便想趁項羽怒火攻心之時，再添把柴火。

「沛公此人本乃市井無賴，既貪財又好色，可我聽說，他入關後，反而不再斂財，疏遠美女，他不再沉迷錢財美色，只能說明有了更大野心。據我派去觀察雲氣之人回來報告，劉邦軍營上空五彩雲氣聚合，呈現龍虎之狀，這可是天子之氣徵兆！我們應該趁劉邦羽翼未豐之際，一舉滅了他，可不要錯過目前大好機會！」

項梁死後，項羽對范增不直呼其名，而是尊稱亞父，以示尊重。

二人談話時，項羽叔父項伯也在場。

項伯當初避禍下邳，曾蒙張良收留庇護，一直感念於心，不敢忘懷。如今，劉項兩家大戰在即，覆巢之下安有完卵，為報答張良救命之恩，他決定冒險去提前知會一聲。

趁著夜色，項伯摸黑溜出軍營，一路快馬加鞭趕到霸上。

進入劉邦軍營，見到張良後，項伯將大致情況跟他簡要介紹了一下，稱目前局勢嚴峻，若再留在劉邦身邊，斷無活路，勸他趕緊收拾一下，跟自己一起走。

張良也知道，劉項二人分道揚鑣是遲早之事，但沒料想到來得如此之快。若撇下劉邦和將士們，只顧自己，逕自去逃命？豈不被天下人所恥笑！

## 第六章　歷經挫折，再啟征程

　　正當張良思考如何應對時，項伯還在一旁不停催促，勸他別再猶豫了，趕緊出發。

　　張良沉吟片刻後，對項伯誠懇地說：「我奉韓王之命，追隨沛公入關，如今形勢危急，如果就這樣不辭而別，未免太不仗義了，臨行前，可否讓我跟他道別一下？」

　　張良所言，是情理之中的事，項伯也不好拒絕，只好叮囑他抓緊時間，長話短說。

　　於是，張良轉身緊急求見劉邦，把項伯的話如實彙報給劉邦。

　　劉邦聽完大驚失色，急得團團轉，「這可如何是好，這可如何是好！」

　　「沛公到這個節骨眼了，趕緊說實話，您到底是怎麼想的？」張良催促道。

　　劉邦只得承認：「有人向我出餿主意，說只要守住函谷關，攔住諸侯聯軍，不讓他們入關，我就可以安心做關中王，我也信以為真了。」

　　張良急得跳腳，「沛公您也不想想，憑我們這點兵力，能擋得住項羽嗎？」

　　劉邦自知理虧，不知如何回答，半晌才低聲說：「這還用說，肯定不如項羽，只是眼下該怎麼辦呢？還望先生幫忙拿個主意。」

　　張良只好說：「如今只能將所有希望寄託在項伯身上了，願他能在項羽那邊，替您解釋一下，說您從未有背叛之心。」

　　在生死關頭，項伯能跑來報信，劉邦覺得此人看重情義，頓時心裡有了主意，便問張良：「論年齡，先生與項伯孰長？」

　　張良回道：「他比我大。」

## 2. 迷失、夜訪和鴻門殺局

「好好好，那我就按兄長之禮待他，趕緊請他進來見見面。」

張良出來請項伯進去，項伯本不想見劉邦，但也不好駁張良面子，只好進去相見。

劉邦態度異常殷勤，親自為項伯斟酒，主動提出兩人結為兒女親家。這樣一來，酒也喝了，親也攀了，雙方的氣氛開始有所緩和了。

背著姪子向敵方通風報信，項伯頗有些尷尬，但事已至此，便當面問劉邦，外面都傳言您想關起門來做關中王，可有此事？

劉邦立刻拍著胸脯，信誓旦旦地說：「項將軍一家對我有恩，我絕非那種忘恩負義之人，自入關後，便對吏民登記造冊，統計人口，對府庫財貨一律封存，未動絲毫，專等上將軍前來接收。至於派人去把守函谷關，是為防盜賊作亂，絕非針對項將軍的，我可是盼著上將軍早日到來，哪有反叛之心，其中曲直和誤解，還望項伯兄在上將軍面前代我澄清一下！」

話都說到這分上了，項伯再也不好意思推辭，便叮囑劉邦：「該說的我一定轉達到，成與不成，尚未可知，但明天您務必親自上門向上將軍道歉和解釋。」

說完，項伯不敢再多停留，急匆匆回去了。

回到營中，他忙去找項羽，將此行經過及劉邦原話複述了一遍，並幫腔道：「不管怎麼說，沛公還是有功的，若非他提前入關，我們哪能如此輕鬆進的來，現在反去攻打人家，怎麼都說不過去吧，不如給他個請罪機會，看他怎麼說。」

項羽本來就耳根子軟，經項伯一蠱惑，態度開始出現鬆動，便答應接見劉邦。

第二天天剛亮，劉邦攜百名護衛騎兵，與張良和樊噲、夏侯嬰等人一

## 第六章　歷經挫折，再啟征程

起前往項羽營中請罪。

劉邦知道項羽為人，與他對抗，怕不會有什麼好下場，若是放低姿態，或許還有一線轉機。

對劉邦來說，為了保命，賣乖服軟，從來都不算什麼。

來到項羽大軍駐地後，劉邦讓樊噲帶著衛隊留在外面，他則在張良陪同下進去參見項羽。一進入大帳，他立刻趴在地上，面朝項羽高聲請罪：「我和上將軍一起反擊暴秦，將軍轉戰河北，我奮戰於河南，不過僥倖先一步入關，一別半載，在關中再與上將軍重逢，實在令人歡喜，只是沒料到，有小人從中作梗，使上將軍與我產生隔閡，讓在下惶恐不安。」

劉邦一席話，項羽臉色緩和了不少，如實說：「是沛公的左司馬曹無傷捎信給我，不然我何以知內情。」說完安排酒宴，請劉邦和張良入席。

宴席席位安排也頗有用意，項羽、項伯坐西朝東，范增坐北朝南，對面便是劉邦，張良卻安排到項羽對面。

張良雖侍從劉邦，但論身分，他還是韓國臣子，與劉邦是盟友關係，讓他獨坐一面，以示尊重，本無可厚非。不過，如此安排真正的目的，是想分開張良和劉邦。

與張良各居一席，劉邦內心有些惴惴不安，一旦遇到突發之事，想讓張良幫他拿個主意都很難了，他用眼角餘光觀察了一下項羽，見他只顧飲酒，難以看出他內心裡想些什麼。

再看看對面的范增，已有些焦躁不安了，不斷輕聲咳嗽，然後頻頻擺弄腰間玉玦，聽得出來，他似乎在暗示什麼。

劉邦猛地明白過來，范增在催促項羽早下決斷，不過，項羽看上去還在猶豫，一時下不了決心。

## 2. 迷失、夜訪和鴻門殺局

劉邦有些坐臥不安，有一口沒一口的喝酒。

范增按捺不住了，出來找項羽堂弟項莊。

「上將軍心腸太軟，被劉邦花言巧語所矇蔽，我們這些做臣子的卻不能這樣坐視不理，待會兒你進去向大家敬酒，然後以助興名義舞劍，尋找時機殺掉劉邦！要是今天讓劉邦逃脫了，將來你我都會為他所擒，不得善終。」

項莊答應下來，跟隨范增一起入帳。

劉邦見項莊佩劍執盾走了進來，感到有些不妙。

項莊向眾人敬完酒後說：「軍營中缺乏娛樂活動，如此飲酒甚是乏味，請容許我為大家舞劍助興一番如何？」

項羽也感到有些沉悶，當即表示同意。

項伯馬上反應過來，站出來說：「一人舞劍，哪比得上二人並舞，我願和項莊一起為大家助興！」說完，拔劍與項莊對舞起來。

項莊舞劍之際，劍鋒屢屢直指劉邦，皆被項伯巧妙化解，使他一時沒法得手。

張良一看不對，立刻溜出大帳，一路小跑，跑到軍營門口找樊噲。

劉邦進去半天了，半晌毫無動靜，樊噲正在著急，見張良有些慌張地跑了出來，便迎上去問道：「裡面狀況如何，沛公沒事吧？」

張良喘著氣說：「現在情況萬分緊急，來不及細說，項莊正在舞劍，恐怕意圖對沛公不利，你趕緊進去看看！」

樊噲急了，大聲嚷嚷道：「形勢如此危急，快讓我進去，我要與沛公生死與共！」說完操起盾牌和利劍，就往裡衝。

## 第六章　歷經挫折，再啟征程

　　門口衛兵想攔住樊噲，怎奈樊噲力大無比，執盾用力一擋，衛兵們紛紛被撞倒在地。樊噲趁勢闖入大帳，一眼就看到坐在西面主位的項羽，便面西而立，鬚髮皆張，怒目圓睜，雙眼直直盯著項羽，似乎就要冒火。

　　突然闖進一位不速之客，項羽出於本能，坐直了身子，伸手下意識按到腰間劍柄上，問道：「來者何人？」

　　張良馬上介紹道：「是沛公參乘（貼身侍衛）樊噲。」

　　項羽看樊噲非常豪壯，用略帶讚賞口氣說：「樊噲正乃壯士也！賞賜一杯酒給他。」

　　左右人員遞上一大杯酒，樊噲接過一飲而盡。

　　項羽笑道：「再賞給壯士一條豬腿下酒。」

　　左右人員端上一條沒煮過的豬腿，樊噲滿不在乎，將盾牌倒扣在地上，把豬腿放在盾牌上，直接用劍割生肉，放在嘴裡大嚼起來。

　　項羽被樊噲的豪邁所感染，問他：「壯士，還能再喝酒不？」

　　樊噲一邊嚼著肉，一邊說：「死都不怕，一杯酒算什麼！」然後一抹嘴慷慨陳詞道：「秦王有虎狼之心，殺人唯恐殺不完，對人處刑恐刑罰不夠重，以至於天下大亂，海內豪傑都起來反抗。當初在彭城，懷王和眾將領們約定『先攻破秦地，進入咸陽之人為關中王』。如今，沛公先一步攻破了秦地，進入咸陽後絲毫不取，下令封閉宮室，返回駐軍霸上，一心只等您的到來。」

　　樊噲語鋒一轉，說：「沛公為防止發生意外，特派人把守函谷關，立下這麼大的功勞，就算封侯也不為過，誰知上將軍入關伊始，非但沒有任何賞賜不說，只因小人閒言蜚語，就要殺有功之臣，請問這是什麼道理？假如您執意如此，怕是要步暴秦後塵了，我實在為您不值，還望您多加考慮！」

## 2. 迷失、夜訪和鴻門殺局

項羽沒想到，樊噲表面粗獷，實則粗中有細，一番說辭有禮有節，實在無懈可擊，一時不知如何反駁，只好說：「壯士且坐下說話。」

樊噲順勢在張良身旁坐了下來。

樊噲意外攪局，使得范增的刺殺行動，一時無法進行下去了。

劉邦心想，此時不走，更待何時，便藉口去上廁所，順便把樊噲也叫了出來。

「我想趁現在直接離去，可沒來得及跟項羽辭別，怕有些不合禮數。」劉邦多少還有些顧慮。

樊噲馬上說：「都到了什麼時候，那顧得了那麼多，自古做大事者不拘小節，現在人為刀俎，我為魚肉，一走了之便是！」

劉邦便讓張良暫時留下來，代他向項羽致歉。

張良覺得總不能空手說話，提醒劉邦：「沛公來的時候，隨身可帶禮物？」

剛才在席上，劉邦亂了方寸，都忘了送禮給項羽，經張良一提醒，才想起來，說：「我來的時候，帶了一只白璧，本想獻給項羽，另外一只玉斗，送給范增，只是剛才無暇提到，你就替我獻給他們吧！」

劉邦隨後又囑咐張良：「現在原路返回恐怕來不及了，我打算經驪山下，取道芷陽，從小路返回，你且別急著跟項羽打招呼，待我們差不多到營後，再進去也不遲。」

劉邦來的時候由夏侯嬰駕車，現在情況緊急，為了盡快返回，他決定不再乘車，改騎馬返回，樊噲、夏侯嬰、靳彊、紀信等四人，無馬可騎，便握劍持盾步行，從小道返回。從鴻門到霸上，相去四十里，改走小道，節省不少路程。

## 第六章　歷經挫折，再啟征程

項羽等了半天，不見劉邦返回，派都尉陳平來催，張良估計劉邦差不多已到軍營，便跟著陳平進去。進入大帳後，張良向項羽致歉：「沛公喝醉了，沒法親來辭別，只得讓在下替他向上將軍獻上禮物。」

項羽問：「沛公現在在哪裡？」

張良據實回答：「沛公覺得您對他有些誤解，怕被責備，只好先回去了，現在大概已到了霸上營地了。」

項羽心中雖有些不快，但還是接下玉璧，放在坐席上。

范增得知劉邦已逃脫，心中非常惱火，又恨項羽優柔寡斷，錯失良機，在接過玉斗後，放在地上，拔出劍狠狠地擊碎，而後衝項羽憤憤道：「唉！跟你這臭小子，無法共謀大事，將來與你爭天下者，必是沛公，錯過今日機會，看來我們這些人，早晚都會淪為沛公階下之囚。」

項羽一時無言以對，只好默不作聲。

項羽放走劉邦，並非是不知其中利害關係，而是他不屑於搞陰謀詭計這一套，他與劉邦不同。劉邦為達到目的，根本不顧臉面，什麼招數都能使得出來。但項羽是名將世家出身，自幼受貴族教育薰陶，寧願在戰場上真刀真槍比拼，若使下三濫招數，他下不了手。

項羽是英雄，劉邦是無賴，英雄往往糾纏不過小人，英雄做事有底線，而小人做事沒下線。劉邦正是看準了項羽這一弱點，步步為營，逐漸由弱到強，轉敗為勝。

鴻門宴上放走劉邦，是項羽他一生中最大失誤。

而劉邦回去後，立即下令將叛徒曹無傷斬了。

## 3. 焚城、分封和暗藏禍根

漢高帝元年（西元前 206 年）十一月，鴻門宴後沒過幾天，項羽率大軍進入咸陽。

項羽入咸陽後，接連做了兩件事，一是殺了秦王子嬰，二是火燒咸陽宮。項羽親自點燃第一把火，然後命令將士們四處放火。秦國數代君臣精心營建的咸陽化為一片火海，大火整整燒了三個月，昔日帝京，淪為一片焦土。

而後，項羽又去刨掘始皇帝陵寢，只因驪山陵墓太過龐大，士卒們挖了許久，也沒找到墓道口，便將陵園地面建築破壞殆盡後，收手作罷。從這兩件事不難看出，項羽缺乏一個成熟政治家的氣度和策略眼光。

項羽志得意滿，以為大仇已報，只想帶著財物東歸。此時，有個姓韓的書生站出來勸他說：「關中有山河之險，易守難攻，且沃野千里，是定都和建立千秋霸業的絕佳之地，您就這樣放棄了，實在可惜。」

只是咸陽經此浩劫，已破敗不堪，項羽實在不想留在這裡。

現在他只想返回故鄉，炫耀自己的豐功偉業，便對韓生道：「人生在世，若是富貴了不回到家鄉，讓家鄉父老得知，就如同穿了錦繡衣服在黑夜裡走路，有誰看得見？」

韓生沒想到項羽眼界竟然如此狹窄，目光如此短淺，大丈夫當建立萬世功業，揚名於後世才對，怎可只想著如何在鄉鄰面前炫耀？他無奈的搖了搖頭，揚長而去。

一出門，韓生逢人就譏諷道：「我以前聽人說，楚人就像戴了帽子的獼猴一樣，徒有人形罷了，本來還有些不相信，今天和項羽一談話，才知

## 第六章　歷經挫折，再啟征程

道說的一點沒錯，太沒出息了！」

沒幾天，韓生的話傳到了項羽耳中。

項羽勃然大怒，腐儒竟敢背後中傷我，立刻下令搜捕韓生，抓住後也沒審判，直接投入鍋中給活活煮殺了。

秦朝滅了，未來天下怎麼辦？按照懷王之約，先入關者為王，當然是讓劉邦做關中王。項羽自己不想留在關中，可也不情願劉邦得了便宜。只是，他也不想背負違約惡名，便派人到彭城請示懷王。

明明有約在先，還裝傻派人去請示，項羽就是想借懷王之口廢除約定，然後按自己的想法辦事，也就顯得名正言順了。

項羽很自信，懷王若不傻，肯定會識趣，做個順水人情。

但令項羽感到意外的是，使者從懷王那裡帶來的只有兩個字「如約」——就是依照既定方針辦事，意思是讓劉邦關中稱王。

這一來，可算把項羽徹底惹惱了，既然你不知趣，就休怪我無情。

項羽當即召集各路諸侯將相一起商討：「懷王本是我叔父項梁所立，沒什麼功勞，只不過天下大亂之初，立他就是為了樹立討伐暴秦的旗子，三年來衝鋒陷陣，消滅秦朝者，還不是我項羽和在座諸公！為何讓他來主持約定？裂土封王是你我之事，與懷王毫無關係。」

諸侯將相們只在乎自家利益，其他的根本沒人在乎，在場之人紛紛贊成項羽主張。於是，項羽遙尊懷王為義帝，名義上抬高了懷王身分，實則完全架空了他。

各路諸侯都在摩拳擦掌，準備分享勝利果實。

對關中之地，項羽絕不願交給劉邦，奈何世人都知劉邦是首位入關滅秦之人，眾目睽睽之下言而無信，若招來諸侯不服，背上不履行約定的罵

## 3. 焚城、分封和暗藏禍根

名，便無法約束天下諸侯，實在得不償失。

項羽和范增商量一番後，決定詭辯稱漢中也是屬於關中之地，封劉邦到漢中、巴蜀之地做漢王，建都南鄭（今陝西漢中市）。

自秦時起，巴蜀就是流放犯人之地，當地民風彪悍，管理不易，范增意在使劉邦被地方治理事務纏住，無餘力與項羽爭奪天下，此計可謂實在歹毒。

至於關中，項羽以秦都咸陽為界，一分為三，封給章邯、司馬欣、董翳三位秦朝降將，咸陽以西之地封給章邯，稱雍王，建都廢丘（今陝西興平東南），咸陽以東到黃河地方封給司馬欣，稱塞王，建都櫟陽（今陝西西安閻良附近），咸陽北面的上郡之地封給董翳，稱翟王，建都高奴（今陝西延安）。

章邯被封王道理很簡單，只因他在秦楚對峙關鍵時期主動卸甲投降，大大減少了楚軍的傷亡，縮短了楚人滅秦的時間，不然項羽也不會這麼快就能率領諸侯聯軍殺入關中。

而董翳原本是秦軍的一名都尉，在秦軍降楚過程中，章邯正是在他的勸說下，才下定決心投降，所以封王也不為過。

至於司馬欣被封王，完全是項羽為了報答他的救命之恩。原來，項梁早年遊歷關中，不知何故扯上人命官司，按秦律難逃一死，幸虧遇到了時任櫟陽獄掾的司馬欣從中周旋，項梁才逃過一劫，項羽是個恩怨分明之人，這份情義他一直沒有忘。

另外，項羽將關中封給章邯、司馬欣、董翳，看似獎勵實為甩包袱。秦人生性剛烈，本就不好管理，何況項羽先在新安坑殺二十萬降卒，入關後，又在關中燒殺搶掠，種種新仇舊恨之下，關中父老怎肯甘願臣服楚

## 第六章　歷經挫折，再啟征程

人？最好的辦法就是以秦人制服秦人。

在秦人眼中，章邯、司馬欣、董翳三人投敵叛國不說，又引狼入室，將咸陽化為一片焦土，關中父老早對他們恨之入骨。

項羽不用擔心三位降王和秦人能上下同心，起來反叛他。

假使劉邦不老實，想從漢中重返關中，必先經過三秦之地，他們為保住地盤，不敢不拚命。如此一來，三降王和劉邦相互制衡，無力反對項羽。

將關中、漢中、巴蜀等秦國故土分封完後，項羽又打亂山東六國舊疆界，劃分為十四國，加上三秦和漢，天下封為十八個王國，分別如下：

魏國一分為二，分為西魏和殷國，魏王豹改封為西魏王，建都平陽，稱王於河東之地（今山西臨汾西），原趙王武臣部將司馬卬，因平定河內之功，封為殷王，建都朝歌（今河南淇縣）。

原趙國國相張耳寵臣申陽，在鉅鹿之戰後，搶先攻下洛陽，在黃河邊迎項羽南下，受封為河南王，建都洛陽（今河南洛陽東）。

韓國沒有變動，仍舊歸韓王成，以陽翟（今河南禹縣）為都。

張耳追隨項羽入關，封為常山王，下轄原趙國之地，建都襄國（今河北邢臺），原趙王歇改封為代王，定都代縣（今河北蔚縣東北）。

黥布追隨項羽後，在救趙滅秦過程中，戰功卓著，受封九江王，建都六縣（今安徽六安北）。

鄱君吳芮率百越之兵與諸侯並肩作戰，後又追隨入關，封為衡山王，建都邾縣（今湖北黃崗北）。

楚國柱國共敖率兵攻打南郡，功績卓著，封臨江王，建都江陵（今湖北江陵）。

## 3. 焚城、分封和暗藏禍根

燕國將領臧荼曾參與救趙，又追隨項羽入關，故封為燕王，建都薊縣（今北京西南）。原燕王韓廣沒參加鉅鹿之戰和入關滅秦，被遠徙遼東，建都無終（今河北薊縣）。

齊國將領田都和前末代齊王田建之孫田安俱參戰救趙，後又參與滅秦，故封田都為齊王，建都臨淄（今山東臨淄東），封田安為濟北王，建都博陽（今山東泰安東南），齊王田市被改封為膠東王，建都即墨（今山東平度東南）。

吳芮部將梅鋗奉命配合劉邦作戰，在攻取南陽郡析縣和酈縣等地戰鬥中屢立戰功，入關之戰中更是功勛卓著，按理也該封王，只是他站錯了隊，只封了個十萬戶侯。

另外，考慮到陳餘在反秦戰爭中影響頗大，項羽將南皮縣（今屬河北）周圍三縣封給他。

項羽自立為西楚霸王，下轄九郡，建都彭城。

只是彭城目前仍是楚懷王的都城，名義上他還是諸侯總盟主和項羽上司，兩人共居一城，項羽覺得不自在。項羽誅殺宋義奪權後，懷王僅有的支持者也沒了，就剩下空頭銜罷了。

他之所以不放棄入關約定，不外乎想利用諸侯和項羽之間的矛盾，為自己爭取生存空間，只可惜沒有任何實力，單憑一張約書，就想束縛項羽手腳，根本不可能。

戲下（今陝西臨潼東）封王後不久，項羽和諸侯各自歸國，在返回彭城途中，他捎信給楚懷王——您已被尊為義帝，自古帝王擁地千里，必身居上游，再居住彭城實有些委屈了，提議懷王搬家至長沙郴縣。

## 第六章　歷經挫折，再啟征程

義帝捨不得彭城繁華，不想動身。但經不住項羽再三催促，只好上路了，半路上，身邊近臣和侍從們因不想去郴縣吃苦受累，偷偷跑了不少。

義帝走後，項羽還是沒放過他，派九江王英布追到郴縣將其殺死。

韓王成沒什麼戰功，項羽不肯讓他就國，將他帶到彭城，降級為候，沒過多久就被殺了。

自秦二世元年（西元前 209 年）秋，陳勝吳廣首義以來，歷時三年的滅秦戰爭至此結束，統一的大帝國不再存在，項羽無心也無力重建統一王朝，他只滿足於做類似齊桓晉文般的諸侯霸主。天下重回諸侯並立的戰國時代。

戰火結束，天下人本可安享太平了，然而，項羽分封諸侯，建構的天下秩序，卻難維持長久和平。

項羽此次分封，是以滅秦之戰中軍功和貢獻大小為依據，看似公正公平，實則為了使諸侯相互掣肘，保住自己諸侯霸主的優勢，處處充滿算計，步步設下陷阱。

項羽此舉看似高明，卻不知是在替自己挖坑。

項羽返回彭城，沒過幾天安分日子，戰亂又起，他不得不再次上馬，開始新的戰鬥。

# 第七章

## 勝負難測的亂世局

## 第七章　勝負難測的亂世局

### 1. 驟變、蟄伏和胯下之辱

項羽在戲下封王時，最提防的就是劉邦，不料，第一個跳出來挑戰他的霸主權威的竟然是齊國。

戰爭起因是田都奉項羽之命去齊國就國，可齊國國相田榮拒絕承認他為新齊王，直接率兵攻擊田都，田都倉皇逃離齊境，跑到楚國避難。

田榮不懼怕項羽，可是齊王田市膽小，主動將齊王的位子讓出來，瞞著田榮偷偷跑去當膠東王。

田榮沒想到田市爛泥扶不上牆，一怒之下，索性派人截殺了田市，自立為王，然後，招安在鉅野澤為盜的彭越，而後借彭越之手，滅了濟北王田安，統一齊、濟北、膠東三齊之地。緊接著，田榮又派彭越伐楚，項羽命蕭公角應敵，反被彭越擊敗。

田榮在不斷壯大之時，陳餘派人和他結盟，相約共進退。

陳餘自恃與張耳功勞相當，張耳被封王，他卻只封數縣，實在嚥不下這口氣。他聽說齊國反楚，隨即祕密派遣張同、夏說來遊說田榮：「項羽做人實在不公，原來諸侯王都改封到窮山惡水，自家部下卻封到最好地方，實在令人氣憤，聽聞大王已拒絕項羽之命，望大王也支援我一些兵馬，我要攻打張耳，幫趙王歇復位，事成之後，趙國願為齊國屏障，兩家攜手共同抵抗項羽。」

田榮正缺少幫手，與趙國結為盟友，自是再好不過了，當下同意援助一部分兵馬給陳餘。

陳餘和張耳本是忘年生死交，而今卻淪為死對頭。張耳常山王的位子還沒坐幾天，就被陳餘擊潰，倉皇出逃了。

陳餘重新迎趙王歇回邯鄲來當趙王。趙歇為表達對陳餘的感激之情，封陳餘為代王。不過，陳餘認為目前局勢不穩，讓趙歇獨自留在邯鄲，放心不下，故而不肯去代國就國，僅指派夏說以代國國相身分，替他署理代國事宜，而他依舊留在趙王歇身邊。

再說張耳出逃後，聽說劉邦已重返關中，正與雍王章邯的軍隊在廢丘激戰，覺得自己與劉邦畢竟曾是好友，便帶領殘部去投靠故人。

老友重逢，劉邦很高興，熱情招待張耳。

張耳既感動，又慚愧，同為戲下封王的諸侯，短短數月間，兩人身上發生了天翻地覆的變化，自己亡國流亡，而劉邦卻在拓土開疆，從巴蜀殺回關中。

究竟是什麼原因，使劉邦變化如此之大？

其實，劉邦最開始的處境，遠比張耳難得多，他能有今日，全虧了手下一幫能臣幹將。

劉邦受封巴蜀之初，項羽派兵三萬送他上路，說是護送前往漢中就國，實則形同押送流放。諸侯中有不少人出於同情，主動前來追隨，人數多達數萬。

劉邦心中怏怏不快，此去漢中，看來要終老他鄉了，不過總算保住了性命。劉邦非常感激張良，若非張良幫忙，他或許已命喪鴻門宴了。為了表達感激之情，劉邦特意賞賜張良黃金百鎰，珍珠二斗。

不過，張良並未將珠寶留下，而是轉贈予項伯。

劉邦得知後，又送去一份厚禮給項伯，拜託他在項羽跟前求個人情，希望得到漢中。項羽此前曾答應將漢中封給劉邦，劉邦還是擔心項羽變卦。

項伯收下厚禮後，做了個順水人情，項羽也同意將漢中封給劉邦。

## 第七章　勝負難測的亂世局

劉邦帶著怏怏不快之意，從杜縣（治所今陝西西安市西南杜城）出發，經蝕中（即子午道，從關中通往漢中的古代通道），緩緩向秦嶺深處出發。

劉邦出發時，張良前來送行，自稱他也要返回韓國。

張良看人獨具慧眼，覺得劉邦此人，看似大大咧咧，渾身毛病也不少，但為人豁達，氣度不凡，將來必成一番大事。

自陪伴入關以來，在並肩征戰中，張良與劉邦之間情誼有了進一步深化。臨別之時，頗有些不捨，遂陪著劉邦一直送到褒中縣（今陝西漢中市西北褒城鎮東）才分別。

臨別前，張良叮囑劉邦說，您的危險並沒完全解除，現在非但不能流露出任何不滿，反而要擺出終老巴蜀，絕不東出的姿態來。

劉邦問道：「那麼，怎樣才能讓項羽放心呢？」

張良回答道：「最好的辦法就是斷了後路，入漢中後放火燒了沿途棧道。」

從關中到漢中，沿途多是崇山峻嶺，不少地方在懸崖峭壁上鑿上石眼，架上木製棧道，才能勉強通行，燒了棧道，就無法返回關中了。火燒棧道其實有雙重意義，對劉邦而言，是斷了後路，但對項羽來說，也無法入漢中消滅劉邦了。

張良的用意是，劉邦暫時收斂鋒芒，暗中壯大勢力，以待天下有變，再有所作為。

劉邦遵照張良建議，一把大火燒了褒中棧道。項羽得知後，以為劉邦喪失了爭天下的鬥志，也就對他徹底放心了。

張良所言是宏觀策略，但具體問題還要靠劉邦自己去面對。他抵達漢

## 1. 驟變、蟄伏和胯下之辱

中後,發現此地處於環山包圍之中,交通閉塞,環境艱苦,民生艱難,不免有些洩氣。

將士們也士氣低落,意志消沉,無所事事之下,湊在一起借酒消愁。楚人重鄉土,同是從楚地出來的,項羽手下早就衣錦返鄉了,而我們只能守在這荒蠻之地,大夥兒越想越不是滋味,難道這就是歷經九死一生換來的結果?沒過多久,有人實在忍受不了思鄉之情,偷偷跑了。

剛開始,劉邦還派人去追捕,但時間一長,逃跑之人越來越多,實在沒辦法禁止,索性懶得管了。直到有一天,他聽說蕭何也跑了。

劉邦又急又氣,破口大罵蕭何。

自沛縣起兵以來,蕭何一直陪伴在身邊,沒了他,劉邦彷彿被斷了膀臂,一半是憤怒,一半是無助。

可沒幾天,蕭何又露面了。

劉邦又是歡喜,又是惱恨,邊笑邊罵他:「你這些日子死到哪裡去了?」

蕭何解釋說:「我去追趕逃亡之人了。」

劉邦感到有點意外:「這些天,逃亡之人多了去了,也沒見你去追誰,怎麼突然去追人了?分明找理由為自己開脫!」

不過,蕭何看上去卻不像撒謊,他沒有繼續辯解,反問劉邦道:「大王想長居漢中,還是打算東出爭奪天下?若您打算就此終老漢中,我這趟算白跑了,但您想重返關中,我追趕之人您一定用得著,並且還須重用!」

劉邦聽完,又罵道:「漢中這地方,我一天都不想多停留,你倒是說說,去追趕的究竟是什麼人物?」

「我追趕之人名叫韓信。」

## 第七章　勝負難測的亂世局

韓信這個名字，劉邦聽了很陌生，既然蕭何看重，相信也有點本事，便順水推舟說：「看在你的面子上，封他做一名將軍吧！」

蕭何搖了搖頭，說：「如按普通逃亡將士對待韓信，注定是留不住的。那些人的去留，對大王大業不會有多大影響，也很容易求得，至於韓信，是當今真正的無雙國士，對待國士，當以大禮待之才行。」

聽蕭何如此稱讚，劉邦感到很好奇，倒想看看韓信究竟是何方神聖。

韓信，淮陰（江蘇省淮安市淮陰區）人，出身落魄，家境貧寒，早年經常三餐難以為繼。雖然空有一身本領，但沒有人脈資源，沒人推薦，就無法躋身仕途，他又不會經商謀生，只得混跡市井，到處蹭飯。

韓信與下鄉南昌亭長有點交情，常跑去他家蹭飯。剛開始，人家也沒太計較。但韓信一連數月，天天去蹭飯，亭長老婆開始討厭他了，一個大男人天天來蹭飯，還吃的理直氣壯，毫無愧色，便不給好臉色看。

有一天，韓信又跑去蹭飯，可坐了半天，仍然不見飯菜上桌。

原來，女主人做好了飯，一家人在內屋，早已吃過了。

許久之後，韓信才明白過來，頓時羞愧不已，只得起身離去。

飢腸轆轆之下，他到城下壕溝釣魚，但釣魚看運氣，時好時壞，韓信就這樣在半飢半飽中煎熬度日。時間一長，一位常來漂洗衣物的老太太注意到了韓信，看他可憐，好心將自己飯菜拿出一部分給他吃。

韓信很感激，但身無分文，無以回報，遂對老太太說：「待我將來發跡了，定不會忘記您老人家今日一飯之恩，必會重謝於您。」

老太太聽後，不以為然地說：「算了吧，小夥子，男子漢大丈夫連自己都不能養活，想必遇到了難處，我只是可憐你，可沒圖回報！」

## 1. 驟變、蟄伏和胯下之辱

雖混得很慘，但韓信意志沒有消沉，很在意自己的形象，一柄利劍從不離身（佩劍加冠是貴族身分的象徵），但這卻成了周圍人的笑柄。

一個連肚子都填不飽之人，還死端著架子不放，實在滑稽可笑。淮陰市井間有個屠夫少年，想讓韓信當街出醜，顏面掃地，省的他整日窮炫耀。

某日，韓信走在路上，屠夫少年攔住了他，滿臉鄙夷的對韓信說：「臭小子，別看你長得人高馬大，腰間掛著一口破劍，一副人模狗樣，實際上，不過是膽小怕事的鼠輩，要真有本事，現在一劍殺了我，否則就從我褲襠底下爬過去！」

說完，他便衝著韓信撩起外衣，岔開雙腿。

街市上的人們覺得有戲看了，都圍了上來，將韓信圍在中間，等著看他出醜。在眾目睽睽之下，遭受如此羞辱，凡有點血性的漢子，誰忍受得了！

眾人既緊張，又興奮，覺得韓信肯定會拔劍與屠夫少年拚個死活。

然而，韓信站在那裡，始終一言不發。

片刻安靜之後，周圍之人開始起鬨了。

韓信大腦飛快地在轉，怎麼辦，怎麼辦？

對付一介市井無賴，再容易不過了，可劍一出鞘，就很難掌握了，輕則使人受傷，重則鬧出人命，按秦法，無論是何理由，私鬥之人，一律斬首。

短暫的憤怒之後，韓信漸漸冷靜下來，跟眼前這樣卑汙之人鬥氣不划算，與豎子嘔氣而攤上官司，丟了性命，更是不值，大丈夫就是死，也要死得**轟轟**烈烈，絕不死得如此輕率！

於是，令人瞠目的一幕發生了，韓信整理好衣冠，爬到地上，如同鑽狗洞一般，從容地從屠夫少年褲襠下鑽了過去。

139

第七章　勝負難測的亂世局

那些看熱鬧的人失望了，沒想到韓信竟是如此懦弱，自此更加看不起他了，而韓信依然如故，照舊四處蹭飯，走在大街上仍然高昂著頭，腰裡依舊掛著那口劍，彷彿什麼事都沒發生過一樣。

## 2. 拜將、奇兵和平定三秦

就這樣，又過了幾年。天下局勢驟變，群雄起義，項梁渡過淮河北上，經過淮陰，韓信得知消息後，攜劍前去投奔。

韓信懷著滿腔赤誠前往，以為從此可以施展生平所學，大展宏圖了，然而，他很快心灰意冷了。

項梁只重用吳中子弟，他人哪有嶄露頭角的機會。

項梁死後，項羽接班，韓信又主動自薦，向項羽獻策，闡述作戰方略。項羽為人剛愎自用，哪容得下一介無名小卒在他面前指手畫腳，根本聽不進去。

不經意間，數年時間又過去了，韓信追隨楚軍來到關中。

秦朝滅亡了，戰爭結束了，但韓信依舊出頭無望。得知漢王劉邦將要遷往巴蜀，他便投奔漢營碰碰運氣，跟隨大軍進入漢中。

韓信似乎注定命運多舛，入漢營後，依然未受重視，僅被授予一個接待賓客的小職位，不知何故，上任不久便被控犯法，送上了刑場，與韓信同上法場的，還有另外十三人，監斬官正是夏侯嬰。

劊子手手起刀落，轉瞬之間，十三人已命赴黃泉，馬上就要輪到韓信了。

## 2. 拜將、奇兵和平定三秦

死到臨頭了，韓信覺得自己這輩子過得太窩囊和委屈，空有一身本事，就這樣死了，實在不甘心，反正橫豎都是一死，不如豁出去一搏。

他鼓足勇氣對夏侯嬰大聲吼道：「漢王難道不想與項羽爭天下了嗎？就這樣處死一名壯士嗎？」

一個死囚有這般膽色，夏侯嬰覺得此人不同尋常，立刻下令暫停行刑，讓人將韓信帶到面前，見韓信儀表堂堂，相貌不凡，和他隨意聊了幾句，感到韓信談吐不凡，是個人才，就下令放了韓信，然後推薦給劉邦。

劉邦一時也沒看出韓信與常人有何不同，替他安排了個治粟都尉（負責生產軍糧的官員）的職位，打發了事。韓信志在統率千軍萬馬，好在戰場上建功立業，不想整日做後勤工作，因此，倍感鬱鬱不得志。

後來，韓信無意中結識了蕭何，兩人談話很投機，蕭何認為韓信有大將之材，本想找機會向劉邦推薦他，可韓信已等不下去了，失望之餘，沒打招呼就跑了。

聽到韓信逃亡，情急之下，蕭何沒顧上跟劉邦說一聲，直接騎馬去追，幸好韓信還沒走遠，蕭何馬不停蹄，終於追上，好說歹說，將他勸了回來。

對蕭何的識人眼力，劉邦還是很相信的，既然蕭何如此推崇，便讓他帶著韓信前來，表示願意拜為大將軍。

戰國以來，各國設上將軍一職，直接聽命於國君，諸將都歸其節制。楚懷王被擁立復國以來，先後拜宋義、項羽為上將軍。

上將軍一職地位崇高，軍權極大，故而，國君拜將都是慎之又慎，不肯輕易授權與人。劉邦起兵後，只因大小戰役都是他親自指揮，另外，未遇到能夠獨當一面的大將之才，所以上將軍一職虛席以待。

## 第七章　勝負難測的亂世局

眼下，劉邦若想重返關中，與項羽爭奪天下，急需要一名節制眾將的大將，出於對蕭何的信任，他同意由韓信出任大將軍一職，職權與上將軍同。

蕭何勸告劉邦，像大將軍這樣崇高職位，豈能隨隨便便任命，必須舉行隆重任命儀式才行。劉邦本來不太注重繁冗禮節，經蕭何一提醒，想想也對，當即命人築造一座拜將臺。他獨闢一室齋戒數日，然後占卜選好吉日，準備登臺拜將。

眾將領聽聞漢王要拜將，興奮異常，一個個磨拳擦掌，皆以為大將軍位子非自己莫屬，只等拜將典禮那一天早點到來。

拜將之日，劉邦宣布大將軍人選為韓信時，眾人面面相覷，不知突然從哪裡冒出來這號人，大夥兒都沒聽過這個名字。

面對眾人的驚詫、質疑和不滿，韓信絲毫不感到意外，他很從容地從劉邦手中接過大將軍印信。

拜將儀式結束後，劉邦讓韓信留了下來。雖然他相信蕭何的眼力，但還是想親自了解一下新任大將軍的真實能力究竟如何。

劉邦久經沙場，將軍權交給一個作戰資歷幾乎空白之人，必須要拿出令他信服的理由。

韓信並未急著說出自己的策略規劃，卻反問劉邦：「大王想要爭奪天下，主要對手自然是項羽了，還望大王如實回答，與項羽相比，孰弱孰強？」

劉邦沉默不語，半天後，低聲說：「我的確是不如他。」

韓信聽後，立刻站起來，向劉邦行大禮，高聲恭賀道：「大王能夠正視自己短處，便是勝利的開端，實事求是地說，臣下也認為您不如他。不

## 2. 拜將、奇兵和平定三秦

過,臣下曾侍奉項羽,深知他的缺點,與他的優點一樣突出!」

劉邦聽後,當即感到很振奮,「不妨說說。」

韓信不再隱藏,對劉邦如數家珍般分析起項羽來。

「項羽作戰勇猛無比,千人陣列之前,一聲怒吼,無人敢動。可他為人剛愎自用,不懂唯才是用。兩軍對壘,靠千軍萬馬齊心協力,而項羽卻唯知逞匹夫之勇,不懂發揮屬下之長,如此之人,焉能長久?

項羽看似彬彬有禮,說話和氣,屬下中有人生病,他常常淚流滿面,親自送吃食給病人,看似體恤下屬,與將士們同生共死。然而,對立下戰功將士,本該厚賞重金,賜予高官顯爵之時,他手握印章反覆磋磨,幾乎快要磨掉印角,遲遲捨不得放手。他只願小恩小惠,卻不懂賞罰分明,典型婦人之仁。」

劉邦聽到這裡頻頻點頭,示意韓信繼續說下去。

「項羽背叛懷王之約,依仗強大軍力,迫使諸侯臣服,分封之時,驅逐原有諸侯王,倒是那些本是諸侯手下將相,由於改換門庭投奔項羽,成了他的親信,全被封王,破壞了天下秩序,惹得天怒人怨,對項羽背信棄義的做法,諸侯們無不恨之入骨,早已人心盡失。」

這番話,正好說到劉邦心坎裡,正由於項羽背約,自己稱王關中的夢想成空。

「項羽看似聰明,實則不懂天下大勢,放棄關中四塞之地,建都彭城,等於主動放棄制約天下有利地勢;他流放義帝,失去道義;他動輒屠城,經過之地,百姓飽受荼毒,民心喪盡,世人只是迫於淫威,不敢公開反對罷了。

總而言之,項羽空有霸主之名,不過徒有其表而已。盛衰之勢,成敗

# 第七章　勝負難測的亂世局

之道,從無一成不變的,強者會衰敗,弱者可變強。大王想打敗項羽並不難,只需反其道而行之即可。只要您重視人才,將士用命,再強大的敵人,也會被擊敗。占領之地,盡可封給有功之臣,必然人心歸附,心悅誠服。

如今,駐紮關中三王章邯、司馬欣、董翳,原是秦朝降將,他們率領秦人子弟出關作戰,數年之間,傷亡無數,後來,又哄騙部下投降,卻被項羽在新安坑殺二十多萬人,只有他們自身得以苟活,安然無恙,秦人對他們恨入骨髓,一旦形勢有變,定無人願為他們賣命。

反觀大王您,自入武關起,廢黜秦朝嚴刑峻法,與關中父老約法三章,對百姓秋毫無犯,秦地之人無不盼望您做關中王。按懷王之約,大王您本該稱王關中,由於項羽背叛,被封到漢中,關中百姓無不替您憤憤不平。

我敢斷言,只要大王傳檄關中,沿途之人定然聞風而降,秦地父老必將簞食壺漿夾道歡迎,平定關中是早晚之事。」

韓信一席話,條理清晰,言之有物,將楚漢雙方形勢利弊分析的頭頭是道,劉邦聽後,大有相見恨晚之感。

與韓信會談結束後,劉邦責令蕭何徵收巴蜀租稅,保證後勤糧食等軍需供給,要求諸將領做好準備,隨時返回關中。

漢高帝元年(西元前206年)五月,劉邦為分散敵人注意力,命樊噲攻擊西城縣(治今陝西省安康市西北),擺出要從子午谷返回關中架勢,而自己親率大軍西出陳倉道。

陳倉道是從關中通往漢中的一條要道,大致從今陝西寶雞市西南出大散關,沿故道水穀道至鳳縣,再折東南入褒谷,出谷抵漢中。

關於劉邦從漢中重返關中之事，有種說法稱明修棧道暗度陳倉，大意是劉邦為迷惑項羽，明面上在褒中大張旗鼓修建被焚毀的棧道，暗中卻從陳倉道出兵，出其不意重返關中。此類說法，多出自元朝戲文，《史記》、《漢書》並無記載，經不起推敲。

劉邦採用迂迴戰術，出其不意從咸陽西數百里處陳倉殺回關中，擊潰守護陳倉的雍國守軍。樊噲帶領的漢軍突破章邯弟弟章平的防線，攻下好時縣（今陝西乾縣東），雍軍殘部逃回雍國都城廢丘（今陝西興平市），漢軍乘勝追擊，包圍了廢丘。

漢軍重圍之下，明知突圍無望，但章邯依然拒絕投降。

廢丘被圍一年後，漢軍久攻不下，失去耐心，引河水灌城，一代名將章邯俯劍自殺，終不再降。

章邯死後，眼看大勢已去的塞王司馬欣、翟王董翳選擇了投降，劉邦自此平定了三秦，盡得關中之地。

## 3. 東征、獻計和兵敗彭城

劉邦坐穩關中後，命將軍薛歐、王吸出武關，會合南陽王陵軍隊，前往老家，迎接太公、妻子呂雉和兩個孩子。

得知漢軍東出後，項羽立刻派人到陽夏縣（河南太康縣）攔截，劉邦迎接家人行動以失敗而告終。

王陵出身沛縣豪族，劉邦當年還要叫王陵一聲大哥。只是王陵性子耿直，不太看得起劉邦。

劉邦沛縣起兵後，王陵也召集了數千人馬，在南陽一帶活動，以待時

## 第七章　勝負難測的亂世局

機。劉邦經過南陽時，王陵尚在觀望，並沒有加入漢軍隊伍。

劉邦自漢中重返關中後，劉項二人之間，王陵最終選擇歸附劉邦。項羽將王陵母親接到楚營，表面上禮遇有加，其實是扣為人質，脅迫王陵歸降。

得知老太太被扣押，王陵非常焦急，派使者前來探望。

王陵母親為人通情達理，不想讓兒子因自己為難，她淚流滿面地對使者說：「你回去後，捎句話給我兒子，我看漢王為人寬厚，將來定能奪得天下，不要因為我而分心，盡心為漢王效命，我就以死為你餞行吧！」

說完後，還沒等使者反應過來，老太太當場自刎而死。

老太太自殺，項羽惱羞成怒之下，將老太太遺體給煮了。

不過，王陵母親的死，並沒有感動劉邦，他對王陵沒有早來歸順一直耿耿於懷。多年後，劉邦稱帝，諸將功臣皆已封侯，就連大仇人雍齒都封侯了，獨遲遲不封王陵。

就在王陵歸降劉邦之時，張良也重返漢營了。

張良生平最大願望就是復興韓國。他和劉邦分別返回韓地後，四處張羅，為重建韓國做了許多準備，可沒想到項羽殺了韓王成，派鄭昌為韓王。

張良之所以對韓國念念不忘，除了韓國是他的父母之邦外，也因他祖先數世在韓國為相，對韓國宗室有著深厚感情，現在韓氏一脈已斷，他也就徹底斷了念想。

張良回想起與劉邦共處的那些時光，覺得還是劉邦值得追隨，所以從偏僻小道趕到關中漢營。

臨行前，張良還特意寫信給項羽，為劉邦占領關中之事做解釋：「漢王只想按懷王之約拿回關中，得到關中後，他已心滿意足，不會再向東擴

## 3. 東征、獻計和兵敗彭城

展了,大王大可放心,倒是齊國和趙國需要多加提防才是,田榮、彭越、陳餘等人才是楚國心腹之患。」張良在信後還附上田榮、彭越在梁地鼓動策反的文書。

項羽接到張良書信時,部將蕭公角正好被彭越打敗,於是決心暫且放過劉邦,先北上攻打齊王田榮。張良憑藉一封書信,為劉邦爭取了寶貴的策略空窗期。

張良的到來,讓劉邦喜出望外,從此一直讓他留在身邊,陪伴左右,只可惜張良身體多病,只能做些參謀工作。

漢高帝二年(西元前205年)正月,項羽率軍攻打齊國,在城陽縣(今山東菏澤東北)大敗齊王田榮。田榮逃至平原縣(今山東平原南),死於當地老百姓之手。

田假當初從齊國逃離出來後,一直在楚國避難,得知田榮已死,項羽就立他為新齊王。不過,項羽並未結束戰爭,繼續向北一直打到北海郡(下轄今山東青州、壽光、昌樂、濰坊等地),沿途燒殺劫掠,城郭被夷為平地,抓獲田榮舊部後就地活埋。

楚軍暴行徹底激怒了齊國百姓,紛紛聚集起來反抗入侵者。

田榮之弟田橫,立田榮兒子田廣為新齊王,糾集數萬人馬,從楚軍手中奪回城陽,並擋住了楚軍的反撲,項羽準備進一步加大攻城力度時,卻得知彭城被劉邦攻陷了,一時進退失據,不知如何是好。

項羽畢竟久經戰事,很快冷靜下來,決定留下部分部隊繼續攻齊,自己帶領楚軍主力,星夜趕回楚國,從劉邦手中奪回彭城。

此時的彭城,劉邦正在享受勝利的喜悅。沒想到,勝利來得如此之快,輕鬆拿下了項羽大本營。

## 第七章　勝負難測的亂世局

原來劉邦得知項羽出征齊國，料定楚國後方空虛，如此天賜良機，豈能坐失，迅速出函谷關東征。河南王申陽實力弱小，難以抵抗漢軍，只得向劉邦投降。

韓襄王之孫韓信曾追隨劉邦入關滅秦，此次東征，劉邦授予他韓國太尉，前去征討韓國，韓王鄭昌是項羽空降到韓國稱王，在國內沒有任何基礎，項羽又遠在齊國，無法救援，內外交困之下，除了投降，別無選擇。

占領韓國後，劉邦就讓韓信擔任韓王。

為區別與他同名同姓的大將軍韓信，歷史上稱他為韓王信。韓王信感激劉邦幫他奪回韓國，決定繼續追隨劉邦作戰。

而後劉邦返回關中，暫以秦舊都櫟陽（今陝西西安市閻良區武屯鎮一帶）為都城，向關中外圍地區擴展，沒費多大功夫，便將隴西郡（治今甘肅臨洮縣南）和北地郡（治今甘肅慶陽市西南）收入囊中，在攻占北地戰爭中，俘虜了章邯之弟章平，雍國最後據點也被徹底剷除。

同年三月，劉邦從臨晉關（陝西大荔縣朝邑鎮東黃河西岸）渡過黃河，兵臨西魏國，西魏王魏豹平庸無能，主動投降。劉邦繼續北上，攻占殷國，俘虜殷王司馬卬，改殷國為河內郡。

滅殷之戰中，有個名叫陳平的楚國官員前來投奔漢營。劉邦初見陳平時，眼前一亮，面前之人身材修長，面如冠玉，實在太漂亮了。不過，陳平絕非金玉其外敗絮其中之人，而是胸懷韜略的大才。

陳平，陽武縣戶牖鄉（今河南原陽）人。幼年時，陳平家境貧困，但他心不在務農，而是專心讀書，尤其喜歡研究黃老之學。

陳平到處遊學，不理農事，兄長陳伯獨自扛起了家庭重擔。幸虧陳伯通情達理，無怨無悔獨自一人支撐著家庭，讓弟弟安心鑽研學問。

## 3. 東征、獻計和兵敗彭城

家中出了個遊手好閒的小叔子，嫂子心疼老公，心中怨恨陳平。

陳平平日不下地種田，免遭風雨之苦，自然生得白白淨淨，根本不像個農家子弟，與滿面風霜的陳伯一比，哥倆反差太大，以至於外人心生疑惑，問：「陳平日常都吃些什麼，發育這麼好？」

嫂子心中有氣，譏諷說：「不過吃糠嚥菜罷了，家有如此小叔子，還不如沒有！」

陳伯聽後很惱火，將老婆攆回了娘家。

待到陳平成年，到了婚配年齡，只因高不成低不就，就把婚事耽誤了。

不過，陳平憑藉出色的形象和口才，常在戶牖當地幫助他人打理喪禮，由於辦事幹練，深受鄉鄰歡迎。也是機緣巧合，在一次喪禮上，一位名叫張負的大戶人家，注意到了陳平的與眾不同。

張負家境優渥，衣食無憂，只是家中有個孫女命不好，嫁了五次人，新郎婚後不久，都莫名其妙地死去。發生如此蹊蹺之事，世人懷疑張家大小姐是個不祥之人，再無人敢上門提親。

孫女年紀輕輕歷經五次不幸婚姻，孀居在家，飽受流言蜚語困擾，張負心裡很煩惱。一直想幫她再覓得一位佳婿，重新過上正常人的家庭生活。

張負看陳平做事很得體，對這位年輕人有了不錯的印象，頗有些好感，想進一步了解他的家世。等喪禮結束後，張負尾隨陳平身後，想看個究竟。

陳平渾然不知，像往常一樣，穿市過街，往城外家中走去。

張負跟隨著陳平背影出城，摸進城牆附近一條簡陋小巷，見他影子一閃，走進巷子盡頭一家寒酸民居。

## 第七章　勝負難測的亂世局

陳平住處太破舊了，連個像樣的門都沒有，僅以一張破席權作門扇。

然而，張負細心地發現陳平門前車轍縱橫，看得出來，他交遊廣泛，往來之人不乏富貴之人，頓時心裡有了底，馬上轉身回家。

張負一到家，就找來兒子張仲，商量將孫女嫁給陳平。

張仲覺得父親是否老糊塗了，陳平又窮又懶，除了有一副好皮囊外，還有什麼？將女兒嫁給他，不是往火坑裡推嗎？便堅持不同意。

但張負固執己見，認為像陳平這樣的人將來不發達，那才沒天理。張仲拗不過老父親，只得同意。

知道陳家家境不好，張負資助錢物和酒肉給陳平，盡量把婚禮辦得風光體面一些。孫女出嫁前，張負還特地叮囑她，過門後，切不可嫌棄陳家貧寒，在禮數上，敬重兄嫂如侍父母。

陳平婚後，獲得妻家資助，家庭生活逐漸寬裕起來，在鄉鄰之間聲望逐漸抬高，被推舉為里中社祭主持之人。祭祀儀式結束後，他將胙肉分得非常公正，得到鄉鄰們的交口稱讚：「陳家的小夥子做事真的很公平啊！」

祭祀在古代社會是極其隆重的大事，能夠主祭的都是德高望重之人，分胙肉看似小事，其實考驗一個人辦事能力。胙肉，不僅僅是一塊肉，而是關係到能否得到祖先神靈的庇佑，豈能大意？

主持社祭儀式，是陳平人生中第一次大考，辦事能力得到了鄉鄰們的正式認可。然而，陳平不滿足於做一名社祭主持，而是志在天下，受到大家讚譽後，他只是輕輕嘆了口氣：「如果有一日，讓我治理天下，也能做到跟現在分肉一樣公正合理。」

等陳勝吳廣起義後，周市立魏咎為魏王。陳平得知後，覺得建功立

## 3. 東征、獻計和兵敗彭城

業的機會來了，前去投奔魏王咎，被任命為太僕（負責管理君王車馬的官員）。

在魏王咎身邊的那些日子，陳平提了很多建議，但多被束之高閣，無一採納，反而招來一些人的不滿，他們在魏王面前不停搬弄是非，誣陷陳平。

陳平自知這樣下去，恐怕凶多吉少，便逃離魏國。

項羽興起後，陳平又投奔楚國，再後來，隨楚軍入關滅秦。

項羽戲下罷兵，返回彭城不久，聽說殷王司馬卬背叛了自己，大怒之下，任命陳平為信武君，帶領他的魏國舊部攻打司馬卬。

司馬卬兵弱將寡，想趁漢、趙、齊等諸侯叛楚之際，擺脫項羽自立門戶，沒想到項羽反應如此神速，驚慌失措，沒有做任何抵抗，就向陳平投降了。

司馬卬老實了，陳平決定返楚覆命。途中，項羽任命他為都尉，賞賜黃金二十鎰。然而，陳平尚未到彭城，又接到消息，司馬卬又改降漢王劉邦了。

幾乎與此同時，陳平又聽聞，項羽知道司馬卬先降後叛後，遷怒於自己，放出話來，包括陳平在內的同行之人，一回到彭城都要處死。

陳平當然不願自去送死，當即決定不再回楚，派人送還官印和黃金給項羽，獨自一人沿小道逃亡。此時聽說漢王劉邦在修武縣（今河南獲嘉縣），陳平打算渡河北上投奔漢營。

趕到黃河渡口，情急之下，陳平不及細想，就跳上一艘擺渡船。船行至河中央時，陳平察覺船夫總有意無意打量著他，覺得有點不對勁，忽然明白誤上賊船了。

## 第七章　勝負難測的亂世局

　　估計船夫看他服裝華麗，料定他是私藏金銀珠玉的逃亡貴人，如果船夫起了歹意使壞，滔滔急流怕就要成為葬身之地了。陳平只顧逃命，身上早無餘財，相信現在如何解釋，船夫都不會信，反而會誤認為他要錢不要命。

　　好在陳平抗壓性強，儘管心中千般煎熬，但表面上故作鎮定，一副若無其事的樣子。忽然他有了主意，很自然地脫掉身上衣服，赤裸上身，對船家笑說，看你一人搖櫓太累，讓我也來幫忙吧！

　　見陳平並無錢物，船夫死了心，也就沒了圖財害命之心，不再看他，只管用力搖船。憑藉機智，陳平終於安然渡過黃河。上岸後，他一路趕到修武漢營，經魏無知介紹，終於見到了劉邦。

　　劉邦出關東征以來，各地人才源源不斷前來歸附，僅僅與陳平一起求見的就有七人。人見的多了，劉邦也見多不怪，象徵性的接見一下後，吩咐左右帶他們去客舍休息。

　　其他人出去後，陳平並未離開，而是抓緊機會對劉邦說：「我有非常重要的事，必須現在就要對漢王說，情況特殊，不能耽擱。」

　　劉邦本已起身，準備離開，聽到後只好坐下來。

　　陳平歷仕魏楚兩國，見多識廣，相貌好，口才又不錯，所以一番暢談後，贏得了劉邦的好感。他聽說陳平在楚營擔任都尉，便同樣任命他為都尉，擔任參乘（與君主同乘一車，負責保衛或擔任顧問）。

　　劉邦的老部下們聽說從楚營來了一名逃兵，靠花言巧語就與漢王同車出入，不由地憤憤然了。虧得劉邦對陳平很信任，不為旁人非議所動，漸漸地，眾人也自感沒趣，就無話可說了。

　　劉邦離開修武後，南下渡過平陰津（黃河古渡，今河南孟津縣東

## 3. 東征、獻計和兵敗彭城

北），入駐洛陽新城縣（今河南伊川縣西南），下馬伊始，有位董姓三老上門來拜見他，一見面就問道：「敢問漢王興師動眾，與項王開戰，是何原因？」

劉邦可以說，依據懷王之約，關中應當歸屬自己，但占領關中後，依舊不滿足，出關東征，志在爭奪天下。但如今卻缺乏正當理由，自知有些理虧，半晌不知作何回答。

董三老說：「自古作戰講究師出有名，若師出無名，氣勢就弱了許多，想戰勝敵人，必須在輿論上使敵人陷於被動，項羽倒行逆施，暗殺義帝，是亂臣賊子所為，人人得而誅之，大王當為義帝舉哀發喪，通告諸侯，如此像當年商湯王、周武王討伐夏桀、商紂一樣，興弔民伐罪仁義之師，海內誰人不仰慕您的義舉，天下諸侯定會紛紛站到你這邊，何愁不勝項羽？」

劉邦聽完，覺得茅塞頓開，深感董先生說的在理，當下下令漢營三軍將士身穿白色孝服，為義帝發喪三天。

發喪那天，漢軍將士們都穿上孝服，劉邦親自披麻戴孝，露出左臂，痛哭不已，整個漢軍大營哭聲震天，哭聲傳至數里之外。

喪禮結束後，劉邦向各諸侯遣使稱：「當初天下諸侯共擁義帝，向他稱臣，如今項羽竟然殺害了君王，實屬犯上作亂，大逆不道，是可忍孰不可忍，我決定徵發全部兵馬沿長江、漢水東下，征討項羽，願意追隨我的，就請派人前來！」

使者先到了趙國，找到陳餘，遞上劉邦書信。

陳餘非常恨張耳，提出一個條件，只要劉邦殺了張耳，他就願意派兵參戰。

# 第七章　勝負難測的亂世局

　　張耳是劉邦多年好友，出賣朋友的事他不願意做，不過，他又不想和陳餘鬧僵，趙國乃大國，是一定要爭取的。於是，他找了一個跟張耳外貌相似之人，殺死後，將頭顱送給陳餘。

　　陳餘難辨真假，信以為真，隨漢軍一起征討西楚。

　　如此一來，劉邦共彙集了漢、西魏、韓、趙等諸侯聯軍，軍力共計達五十六萬人。待大軍抵達外黃縣時，彭越也帶領屬下三萬人馬前來歸順。

　　劉邦曾與彭越有過短暫交往，故人重逢，很是高興。

　　彭越奉齊王田榮之命入梁地（魏國在魏惠王時遷都大梁以後，又稱作梁）以後，勢力不斷壯大，已占據十餘座城池，有兵有地盤，猶如小國諸侯。

　　劉邦不想再多個對手，勸彭越與西魏國合併，由魏豹當魏王，彭越任國相，彭越同意了。達成協議後，劉邦帶上魏王豹一起出征彭城，留下彭越仍去平定梁地。

　　項羽率楚軍主力出征齊國，彭城防守空虛，所以劉邦很輕鬆攻占了彭城。劉邦在諸侯簇擁下，湧入彭城。

　　三年前，劉邦離開彭城時，身邊不過數千人，三年後歸來，統率五十六萬大軍，在諸侯和將士們的一片歡呼聲中，他志得意滿地進入城內。

　　歷史經驗一再告訴我們，勝利來的太快太容易，從來不是什麼好事。

　　劉邦此次出關，基本上沒遇到太大阻力，輕輕鬆鬆占領了大半天下，於是他產生了一種錯覺──以前將敵人想像得太強大了，現在看來也不過如此，按目前進度看，徹底平定天下的日子也不遠了。

　　近些年來，劉邦幾乎都在打仗，沒過幾天舒坦日子，進了彭城後，開始大宴賓朋，通宵飲酒作樂，對將士們也不嚴加約束，由著大家肆意狂歡。

　　殊不知，越接近最後勝利的時刻越危險，低估敵人就要付出慘痛代

## 3. 東征、獻計和兵敗彭城

價,特別是像項羽這般強大的對手。

劉邦自我放縱時,項羽率領楚軍正星夜兼程向彭城趕來。

天色微亮之時,項羽經過千里奔襲後,悄然包圍了彭城附近的蕭縣,漢軍將士沒料到楚軍會突然冒出來,被打了個暈頭轉向。

論人數,漢軍占優勢,但項羽率領三萬精壯士卒,多是身經百戰以一當百的勇士。漢軍來不及排兵布陣,就被楚軍騎兵徹底碾壓,一時傷亡無數,其餘嚇得四處逃散。

突破彭城外圍防線後,項羽不做任何停留,率領將士們急速行軍,待到當日中午時,已抵達彭城之下。

劉邦此時尚未酒醒,只好匆忙迎敵。

楚軍雖不過三萬,但皆是戰鬥力強悍的騎兵,而漢軍人數雖占優勢,但步兵居多,經不起楚軍衝擊,很快敗下陣來。

至於各路諸侯軍,都是倉促拼湊到一起,缺乏協同作戰經驗,況且諸侯們各懷鬼胎,大敵當前,只想保全實力,無心與項羽殊死一搏。

一看前方戰敗,漢軍士卒立刻亂了陣勢,四下逃竄,慌亂之中,被逼跳入濲水和泗水,另有漢軍士兵企圖往南山跑,楚軍在後緊追不捨,一直追到靈壁以東睢水邊,十餘萬漢軍將士一起擁擠在河邊,在楚軍追殺下,紛紛跌入水中,河面上漂浮著死屍,堵塞了河道,睢水為之不流。

就在此時,突然狂風大作,風從西北吹來,頓時天地一片昏暗,許多樹木被連根拔起,不少房屋被掀了屋頂,一時間飛沙走石,難辨南北,而楚軍恰好處於風口,被風吹得無法睜眼。

劉邦趁著慌亂之時,帶著幾十名貼身護衛逃了出來,總算撿了一條命,此戰漢軍將士死亡十餘萬之眾,實在慘不忍睹。

# 第七章　勝負難測的亂世局

# 第八章

## 楚漢爭鋒定乾坤

# 第八章　楚漢爭鋒定乾坤

## 1. 險途、立儲和不白之冤

　　劉邦逃離彭城後，想起家人尚在沛縣老家，趕緊派人去接，誰知楚軍已先一步到沛縣了。

　　呂雉聽到劉邦消息，忙帶上太公和兩個孩子出逃，慌亂之中，孩子們走丟了，又遭遇楚軍，被押往彭城。

　　父親和老婆被捉，好在兒女劉盈和魯元公主（名字不詳）意外找到了，劉邦帶孩子們上車一起逃亡。

　　沒多久，楚軍追兵又到了。

　　劉邦催促夏侯嬰加快速度，可車馬已是極限奔跑，無法更快了。劉邦急於逃命，為減輕車載量，竟然一把將兩個孩子推下車，然後逼夏侯嬰加快速度。

　　夏侯嬰一聽不對，回頭看見孩子們已甩出老遠了，急忙停下車，把劉盈和魯元抱回來放在車上，繼續趕車。沒跑出幾步，劉邦又好幾次將兒女推下車，夏侯嬰又反覆將孩子們抱了回來。

　　劉邦只顧自己逃命，拔劍威脅夏侯嬰說：「你要是再敢將他們拾回來放車上，我現在就宰了你。」夏侯嬰心疼孩子，不服氣地答道：「就算再急，也不能拋棄孩子們不管！」

　　劉邦又急又怒，可真殺了夏侯嬰，又無人趕車，實在無奈，只得帶上孩子們，好在夏侯嬰駕車技術高明，最終甩掉了敵人，沿偏僻小道趕去下邑（今安徽碭山縣），有驚無險地趕到妻兄呂澤軍營。

　　各地漢軍潰兵，聽聞漢王在下邑，也陸陸續續趕來。

　　劉邦已被項羽嚇壞了，不敢久留下邑，稍作休整後，就率領部下離開。

## 1. 險途、立儲和不白之冤

彭城兵敗後，降漢諸侯們紛紛臨陣倒戈，背叛了劉邦。塞王司馬欣、翟王董翳馬上降楚，陳餘聽說張耳根本沒死，覺得自己被騙了，宣布與漢斷交。

待劉邦抵達滎陽時，魏王豹藉口回家探親，等回國後，立即派兵嚴守黃河渡口，宣稱魏國不再摻和楚漢紛爭，只願關起門來過自家小日子。

劉邦毛病不少，但不似項羽那般剛愎自用，能自我反省，檢討失敗原因，這也是他能夠數次走出人生谷底，贏得最終勝利的根本原因之一。

劉邦讀書少，知識不足，但善於洞察人心。他深知，現在漢軍上下士氣低落，身為君主，他的一言一行直接影響將士們的鬥志，此刻絕不能洩氣。要振奮士氣，唯有利誘部下，激發他們心中的野心。除了會罵人，劉邦從來懶得講大道理。

「大家都說說吧，就目前我們的處境，接下來該怎麼辦？我打算將函谷關以東之地，封賞給那些與我共建大業之人，只是不知誰堪擔當大任？」

劉邦語氣很誠懇，環視著手下謀臣和將領們。

開出條件看似誘人，只是如今關東之地多在項羽手中，拿別人的東西做人情，就看你有沒有本事將它變為現實了。

見在場的眾將領無人站出來應聲，張良說，「要打敗項羽，消滅楚國，有三人可堪大任，一人可爭取，一人可聯盟，一人可重用。」

劉邦料定張良已成竹在胸，頓時來了精神：「請子房為我細說。」

「九江王英布雖早年追隨項家叔姪，他自恃勇猛，滅秦之戰中又戰功赫赫，與項羽表面上尚未破裂，實已貌合神離。項羽曾要求英布一起攻齊，卻被英布託病拒絕了，這一次，英布又坐觀大王您率諸侯軍攻破彭城，卻不肯對楚軍施以援手，已惹怒了項羽，兩人翻臉是早晚之事。

## 第八章　楚漢爭鋒定乾坤

　　項羽還沒對英布下手,是因他已與齊、趙鬧翻,唯一能依靠的也就剩下英布了。趁英布搖擺不定之際,大王應趕快派人爭取英布,只要英布歸附,無疑斷了項王膀臂。

　　彭越在梁地配合齊王對付楚國,可引為外援。能獨當一面的將領,在漢軍之中自然非韓信莫屬了。大王只要允諾將關東之地,分封給這三人,擊敗楚國、平定天下,指日可待!」

　　和張良談話後,劉邦派謁者隨何出使九江國,去遊說英布。

　　臨行前,劉邦替隨何安排了二十名隨從,跟著他同往。

　　隨何離開不久,出使魏國的酈食其回來了,稱魏王豹已鐵了心,要與漢分道揚鑣,他特意捎話給劉邦:「漢王為人傲慢自大,習慣目中無人,動輒就罵人,訓斥諸侯大臣就像罵自家奴才一般,我實在受夠了,再也不願看到他。」

　　劉邦聽完,氣得破口大罵,但此時漢軍與楚軍零星衝突不斷,還顧不上教訓魏豹。

　　劉邦在彭城敗給項羽,除策略上嚴重犯錯外,漢軍裝備不如楚軍也是一大原因,比如漢軍中多步兵,缺乏騎兵。秦人李必、駱甲,在楚軍中擔任騎兵將領,因項羽仇視秦人,二人經常忍受種種差辱,忍無可忍之下,他們趁混亂趕來滎陽投奔漢營,順手還帶來了一支騎兵團給劉邦。

　　李必、駱甲在楚軍多年,頗熟悉項羽作戰方式,他們加入漢軍後,漢軍開始扭轉被動挨打局面,有效遏制住了楚軍的進攻。漢軍趁勢修築通往黃河岸邊的運糧甬道,從敖倉運來大批糧食,緩解了軍中糧荒。

　　與此同時,蕭何從關中徵發兵丁,押送到滎陽,為漢軍補充了大量兵源。人和糧都到齊後,漢軍重整士氣,軍力大增了。

## 1. 險途、立儲和不白之冤

漢高帝二年（西元前205年）六月，劉邦返回櫟陽。

連年戰亂，關中到處鬧饑荒，穀價飛漲，拿著真金白銀，也未必得能買到糧食，不少地方出現人相食的慘劇。

為了穩住人心，劉邦宣布六歲的兒子劉盈為太子，丞相蕭何輔佐太子，坐鎮關中。蕭何謹慎穩重，野心和魄力不足，將大後方交給他，比較放心。

劉邦剛到滎陽，周勃、灌嬰等人就來狀告陳平。劉邦讓陳平負責監察臣僚，他們很不服氣，但又不能抗命不從，最好的辦法就是設法讓陳平聲名狼藉，在人前抬不起頭，只要陳平名聲臭了，就算不滾蛋，也沒臉再繼續做監察了。

周勃、灌嬰等人對劉邦揭發陳平的緋聞逸事：「別看陳平人模人樣，其實就是繡花枕頭，中看不中用，沒有什麼才學，他看似一本正經，實則齷齪不堪，聽說在老家跟嫂子通姦，東窗事發後，只好逃了出來。」

周勃、灌嬰也沒指望靠花邊新聞就扳倒陳平，接著他們又控訴陳平不忠，表裡不一。

一個說：「陳平先投奔魏王咎，沒幾日，又改投楚國，在楚國混不下去了，只好來我們漢營，到底是魏王和項王難容人，還是他陳平有問題，本身就是個反覆無常的小人！」

另一個說：「聽說陳平利用大王授予的督查權，大肆受賄，收納眾將領的財物，誰給錢多就給好評，誰給錢少評等就低。」

劉邦聽後，不由得起了疑心，找來當初舉薦陳平的魏無知，想問個究竟。

魏無知是個聰明人，並未忙著替陳平解釋開脫。

## 第八章　楚漢爭鋒定乾坤

　　因為像陳平和嫂子之間的緋聞，根本無法查清，總不能傳喚陳平嫂子來對質。陳平受賄之事，無論有無，若追查起來，漢營上下必然人人自危，軍心不穩。目前楚漢對峙，軍心穩定壓倒一切，贏得戰爭才是根本目標。

　　魏無知很從容地答道：「推薦陳平之時，我只看重他的才能是否對國家有用，沒有考慮他私人品德，若他於國無益，即使道德如尾生（古代守信的典範人物）般完美無瑕，大王要他又有何用？眼下楚漢對峙，大王用人首先考慮能否為您出謀劃策，擊退敵人，至於他是否私通嫂子、收受賄賂這些，又何必在意呢？！」

　　魏無知沒有正面回答，以特殊時期用人重才不重德，巧妙化解了陳平的尷尬處境，同時，也避免了得罪周勃、灌嬰。

　　魏無知的話無懈可擊，但劉邦可不想就這樣不了了之，決定找來陳平，親自問個究竟。

　　「當初，你在魏王敗亡之時，棄他投楚國，發現諸侯與楚離心，又來投奔於我，守信之人會如此朝三暮四嗎？來我這裡沒幾天，就開始收受賄賂，是正直之士該做的嗎？」

　　從劉邦憤怒面孔的背後，陳平察覺出漢王的焦慮不安——彭城之戰潰敗後，劉邦接二連三遭到諸侯背叛，現在更怕部下也背叛他。

　　生逢亂世，穩住人心才是首要任務，而非苛責個人道德操守，其中道理，劉邦何嘗不懂，其實，陳平先前離開魏楚的動機究竟為何，劉邦根本不關心，他只憂慮陳平以後會不會背棄自己。

　　令劉邦感到意外的是，陳平沒有反駁和否認對他的指控，反而大大方方地承認了，並解釋說，我離開魏王咎，是因他不聽建言，魏王敗亡實乃咎由自取，我不想做不值得為之犧牲之人的犧牲品，遂去投奔項羽。可項

羽重用之人，不是宗親，就是姻親，外人就算有再大本事，也無出頭之日，所以才來投奔大王您。之所以不停變換效忠對象，非我陳平見異思遷，是因為魏咎和項羽有眼無珠，不肯重用人才！

我獨自來到大王帳下效力，舉目無親，但要吃飯穿衣，生活開支樣樣少不了，哪一樣不花錢？不接受眾人金錢，日子怎麼過？如果大王覺得我有用，就留帳下出謀劃策，若大王認為我毫無用處，錢全在這裡，我走人就是。

陳平說得很坦然，沒有任何掩飾和託辭，直接把話挑明了。

如此一來，劉邦反而覺得有些不自在了，連忙向陳平致歉，並當場宣布由陳平出任護軍中尉，負責對漢軍上下所有將領的督查工作。

不過有些話，陳平沒有說出來。

他在漢營資歷短，朋友少，想要站穩腳跟，能依靠的就是漢王的信任和支持。如何贏得劉邦的信任，單憑道德和才能遠遠不夠，最好的辦法就是讓他手中有自己把柄，唯有如此，才能讓上級對你徹底放心。

至於周勃、灌嬰等人，誣陷陳平沒有得手後，覺得自討沒趣，便再也不吭聲了。

## 2. 滅魏、敗趙和生死兩清

穩住內部後，劉邦決定是時候教訓一下魏王豹了。

酈食其出使魏國時，特意打聽了魏國主要將領名單：大將為柏直、騎兵統領將軍為馮敬、步卒統領將軍為項它。

# 第八章　楚漢爭鋒定乾坤

韓信平定關中後，趕到滎陽與劉邦會合，聽完酈食其彙報後，他問酈食其：「你確定魏軍主將不是周叔（具體事蹟不詳，大概是魏軍中較有威望的將領）？」

酈食其肯定道：「絕對沒錯，是柏直！」

韓信聽後道：「柏直不過豎子耳，不足為慮。」

劉邦也笑道：「魏王必敗無疑，柏直不過是乳臭未乾的毛頭小子，馮敬雖出身名門，是秦朝名將馮無擇之子，也算有些本事，但不是灌嬰對手，至於項它，是個平庸之輩，定然難敵曹參。」

於是，劉邦以韓信為左丞相，與灌嬰、曹參一起去攻打魏國。

自脫離劉邦後，魏王豹篤定漢軍若攻魏國，必從臨晉（今陝西大荔朝邑鎮）黃河渡口擺渡，所以早早在臨晉對岸的蒲坂津（今山西永濟市西南蒲州鎮）部署重兵，嚴防漢軍渡河。

韓信下令漢軍在河面陳列船隻，擺出一副強渡開戰的架勢，成功牽制了魏軍的注意力，魏軍全神貫注緊盯對岸漢軍的一舉一動，以防漢軍偷襲。

而在此時，在夏陽（今陝西韓城市南）黃河河面上漂浮起許多特大號木罌，悄然飄向河對岸，木罌中潛藏著漢軍戰士們，上岸後，將士們快速集結完畢，殺向魏國都城安邑。

韓信採取聲東擊西戰術成功騙過了魏軍，漢軍大軍兵臨城下時，魏王豹才反應過來，但已經無法集結兵力抵抗了，漢軍很快攻破安邑，俘虜了魏王豹。

至九月時，漢占領魏國全境，將其劃分為河東、上黨、太原等郡。

劉邦雖恨魏王豹反覆無常，不過出於政治需求，並未處死，反而放了

## 2. 滅魏、敗趙和生死兩清

他，與御史大夫周苛、樅公一起負責滎陽城防。

攻占魏國後，韓信主動請命，提出乘勝出擊趙國和代國。

張耳熟悉趙國情況，劉邦讓張耳跟隨韓信一起北上。

代國弱小，趙國強大。趙國居南，代國處北。

韓信決定先消滅代國，再攻取趙國。

滅代之戰可以說非常輕鬆，國相夏說在閼與（在今山西省和順縣西北）被漢軍生擒。

韓信正準備攻打趙國，劉邦派人來傳命令，滎陽戰事吃緊，從韓信軍中調走主要精銳之師。雖然所率部隊戰鬥力銳減，韓信攻趙計畫並未改變。

想要進入趙國，必須要突破井陘口（今河北井陘縣北井陘山上）。

井陘口是太行山著名的八大隘口之一，它設在一條穿越太行山的狹窄驛道上，可謂易守難攻，歷來是兵家必爭之地。

趙軍重兵把守井陘口，居高臨下，後勤保障充足，兵力號稱有二十萬，無論地理、人力都占盡優勢。

漢軍方面兵力不過數萬，且部隊精銳已被調走，自渡河作戰以來長期作戰，沒有好好休息整頓，士卒皆已疲憊不堪，而且漢軍遠離大後方作戰，軍需輜重後勤供應也很困難。

在短短不到兩個月時間，漢軍滅掉魏、代兩國，趙國舉國震驚，成安君陳餘親自率軍趕來，想將漢軍狙擊於井陘口。

陳餘屬下廣武君李左車是趙國名將李牧之孫，深諳兵法，面對當前戰局，他建議說：「韓信自渡河以來，滅魏亡代，俘虜魏豹，生擒夏說，氣勢如虹，軍中有對趙國瞭如指掌的張耳出謀劃策，其勢不可小覷。不過，

## 第八章　楚漢爭鋒定乾坤

漢軍客場作戰，井陘道峽谷內道路崎嶇狹窄，運糧勢必艱難，請將軍給我三萬人馬，先沿偏僻小道奔襲，切斷漢軍糧食供應。而您深挖壕溝，築高壁壘固守，絕不出兵與敵人交戰，使漢軍進退兩難，不出十日，我必將斬韓信、張耳人頭，獻於將軍帳下！」

可惜的是，李左車如此良策，陳餘聽不進去。

陳餘儒生出身，博覽群書，自以為滿腹韜略，聽李左車在他面前大談作戰戰術，很不以為然，「閣下沒聽過《孫子兵法》云，『用兵之法，十則圍之，五則攻之，倍則戰之』，我軍數倍於漢軍，且漢軍已是疲憊之師，不敢與之正面交鋒，豈不令天下人恥笑，以為我趙人皆膽小怯懦之輩。況且，不趁著漢軍疲弱之際開戰，等漢王派來大批援軍再交戰，恐怕對我不利！」

陳餘覺得自己占盡天時地利人和，完全可以與漢軍正面交戰，沒必要使詭詐之術。然而，陳餘或許忘了，孫子還有句名言「兵者，詭道也。」

身為一軍主將，一念之差，關係到數以萬計士卒的生死安危，豈能以世俗仁義道德來做決策依據，戰場之上，唯有輸贏，沒有正邪，為了贏得勝利，可以不擇手段。

由於陳餘的自負，沒有聽李左車的意見，趙國輸掉了戰爭，也直接影響了楚漢之爭的歷史大局。

趙軍高層的策略決策，很快被漢軍細作得知，迅速傳到韓信耳中。李左車能想到的，韓信也早已考慮到了，在發起井陘口之戰前，他沒貿然深入井陘狹道，就是思慮如何破解趙軍。

得知陳餘拒絕李左車建議，韓信大喜過望，悄然率軍進入井陘狹道，在距離井陘口還有三十里處，停下腳步。

## 2. 滅魏、敗趙和生死兩清

　　戰爭是雙方軍事力量的較量，更是兩軍主將作戰智慧的博弈。縱然得到了趙軍策略意圖的情報，但韓信依然不敢大意，他派人從井陘狹道兩邊山崖尋找隱蔽山道，攀援上最高處，隱藏於樹木之間，俯瞰趙軍動靜，以偵查敵情。

　　確定趙軍無異樣後，韓信抽調兩千名輕騎兵，要求每人手執一面紅旗，夜半時候集結。

　　韓信對大家做戰前安排：「你們今夜從小道上山隱蔽好，暗中觀察趙軍一舉一動，待天明時，我軍發起衝鋒，與敵較量一番後，待我軍佯敗，趙軍必會傾巢而出，前來追擊，屆時你們務必趁機衝入趙軍壁壘，拔掉趙軍軍旗，插上漢軍軍旗！」

　　兩千將士按照韓信軍令，悄然潛入井陘口兩邊大山，很快消失在夜色中。

　　韓信又召集眾將領，宣布待天明擊敗趙軍後，為全軍將士舉行慶功宴。大家嘴上都滿口應承，實則心中都不太相信。因為就目前局勢來看，趙軍完全處於有利地勢，無需急於開戰。若漢軍主動發起攻擊，不見得會占多大便宜，想短期內全殲趙軍主力，根本不可能。

　　韓信早就猜出眾人心思，便解釋道：「趙軍占據有利地形，當然不會輕易主動出戰，可只要我們處於沒有退路的地帶，亮出主將旗幟，使趙軍感到有必勝把握，求勝心切促動下，他們定會按捺不住，出營作戰。」

　　眾將領依然面面相覷，不知韓信究竟作何打算。

　　第二天，天剛發亮，韓信派萬餘漢軍走出井陘口，沿河擺開陣勢，讓儀仗兵吹吹打打，高高亮出主將旗幟。

　　背水作戰乃兵家大忌，趙軍從關隘高處看到漢軍竟然選擇如此列陣，

## 第八章　楚漢爭鋒定乾坤

大笑不止，嘲笑漢軍主將不懂兵法，分明是自尋死路，遂打開營壘，衝出來對漢軍發起攻擊，漢軍全力反擊，雙方陷入激烈廝殺。

兩軍激戰半天後，韓信佯裝不敵，命漢軍丟盔卸甲往河邊跑，把軍旗和戰鼓隨意丟在地上。

趙軍求勝心切，在後面緊追不放，一直追到河邊漢軍營寨外。

關隘內的趙軍，居高臨下，俯瞰漢軍陣型凌亂，狼狽逃竄，為了搶功傾巢而出，邊搶奪漢軍丟在地上的戰利品，邊向漢營撲來。

兩軍再次廝殺，漢軍重整旗鼓後，死死咬住趙軍，剎那間殺得天昏地暗，一時難解難分。此時，韓信早早安排的兩千執旗騎兵，趁著關隘空虛之際，快速衝入敵軍營壘，拔掉趙軍旗幟，將漢軍的紅旗豎了起來。

待趙軍反應過來，明白了漢軍真實意圖時，為時已晚，井陘口關隘城牆已飄揚起漢軍旗幟來。趙軍不知實情，誤以為漢軍已徹底占領營地，陷入進退兩難之間，再也無心戀戰，不由得軍心大亂，士卒們四處流竄，只想逃命。

趙軍將軍氣急敗壞，為了阻止手下將士潰逃，拔劍砍殺了不少逃兵，但依然難以扭轉兵敗頹勢，潰兵如洪水決堤一般，哪裡攔截得住，最後連他本人也被裹挾逃亡去了。

井陘口之戰，在短短半天時間，敵我之勢互相移位，本來追擊漢軍的趙軍，反被漢軍徹底擊潰，不是被殺，就是被俘。此戰後不久，陳餘本人也在泜水（在今河北元氏縣西南）河邊，死於混戰之中。

身為生死好友，張耳和陳餘曾患難與共，不離不棄，誓言共同肩負起復興趙國的重任。重建趙國後，兩人一人封相，一人拜將，本當將相攜手，一起壯大趙國，可人一旦掌握了權力，想再保持布衣之交就很難了，

很快由於政見不合，猜忌和懷疑取代了信任與真誠。

鉅鹿之戰後，兩人終究無法冰釋前嫌，最終分道揚鑣。

與權力和利益相較，友誼和誓言顯得一文不值，刎頸之交變成生死仇敵。先是張耳奪取陳餘的軍權，陳餘委屈憤怒，遠遁江湖，後有陳餘攻取張耳領地，逼得張耳無容身之地，唯有遠走關中，投靠劉邦。

陳餘驅逐張耳後，對他的怨恨並未就此釋然，甚至向劉邦提出要張耳的人頭！

不知當張耳看到陳餘屍首時，是否會回憶起當年在陳縣里門外桑樹下，他拉著渾身鞭傷的陳餘之手，語重心長說的那些話。俱往矣，昔日大梁名士張耳、陳餘，從今唯一人苟活於世。

井陘口之戰中，趙國將領李左車也被漢軍俘虜。戰後清點俘虜時，有人認出了李左車，由於韓信提前叮囑，務必活捉李左車，切不可傷害他，所以很快李左車被押送到韓信面前。

韓信知道李左車是個難得的人才，有意將他留在身邊為我所用，故而，當李左車出現在帳中時，親自替他鬆綁，並讓他坐在首位，禮數很周到，猶如執弟子禮。

李左車淪為階下囚後，本以為難免一死，沒料到韓信對他如此禮遇，感激之餘，就答應願為韓信效勞。

## 3. 招降、離間和李代桃僵

韓信如約兌現了慶功宴的承諾，將士們在輪流向韓信敬酒時，仍然對背水一戰這樣有違兵法常識的作戰方式有點不理解，如此近乎自殺式的賭

## 第八章　楚漢爭鋒定乾坤

徒行為，萬一戰敗，就不怕全軍覆滅嗎？韓信熟讀兵書，其中道理不會不懂，為何還要執意如此啊！

面對眾人的疑問，韓信哈哈大笑說，兩軍作戰乃是生死相搏，應以實際情況隨機應變，豈能為兵法教條束縛？況且兵法不還說「陷之死地而後生，置之亡地而後存」嗎？若不是我軍處於毫無生路的境地，能激發出拚命廝殺的鬥志嗎？所以唯有不給將士們留任何退路，才能贏得最後勝利！

將士們聽後，又喜又怕，對韓信不由多了幾分欽佩之情。

宴會結束，眾將散去，韓信特意留下李左車，就下一步消滅燕國方略，徵求他的意見。

李左車感到有些意外，身為敗軍之將，指點勝利者如何作戰，聽來實在有點諷刺和滑稽，便推辭說：「我不過是一介敗軍降俘罷了，怎敢在將軍您面前妄談軍機大事，實在不敢當。」

韓信明白李左車的顧慮，便勸慰說「趙之覆滅，非足下之過也，恰是陳餘不聽你的意見所致。百里奚在虞國，虞國國君淪為他人俘虜，在秦國，秦穆公卻稱霸西戎，一個人的智商在不同國家會有所不同嗎？當然不是，國君待臣下態度不同罷了，你有再好的計謀，遇到愚蠢上級，也沒法子！如果陳餘聽了你的建議，怕今日淪為階下囚之人是我，而不是足下了。」

韓信把話說得如此明白，李左車便也不再有所保留，不過，他並未順著韓信的話題抹黑陳餘，反而說：「成安君陳餘兵敗泜水，並非無能，他是一個富有韜略，能夠做到百戰百勝之士，而我當時提出的策略，雖然現在看來正確，卻並非有多麼聰慧，只是『智者千慮，必有一失；愚者千慮，必有一得』罷了。」

## 3. 招降、離間和李代桃僵

李左車的冷靜和客觀，使得韓信對他的為人更加敬重了。

李左車繼續說：「將軍您自渡河以來，俘魏王、擒夏說，井陘口一戰滅趙軍二十萬，誅殺陳餘，名震四海，為天下所矚目。河北百姓生恐哪天淪為刀下鬼，無不膽顫心驚，那有心思從事生產，如今多數人吃好喝好，一門心思在等死。漢軍已疲憊不堪，此時不顧將士勞苦，貿然繼續開戰，怕一時很難攻克燕國，若陷入長期拉鋸戰，糧食供給殆盡，兩難之時，齊國看我們連弱小燕國都搞不定，就會更加頑固抵抗到底，如此，勢必影響楚漢爭奪天下的大局！」

韓信覺得李左車說的有理，便問道「那麼，依你之見當如何應對目前局面呢？」

李左車建議韓信，趁暫無戰事時籠絡民心，撫卹陣亡將士遺孤，讓民眾休養生息，使趙國盡快恢復正常社會生產秩序，藉機犒勞將士、休整部隊，恢復漢軍戰鬥力。同時，要擺出一副時刻準備攻打燕國的架勢，對燕國製造戰爭壓力。

李左車以為，漢軍在極短時間內消滅了魏、代兩國，又重創趙國，必然對積貧積弱的燕國造成了極大震撼，因此，趁燕國惶惶不安之際，遣使赴燕，進行威逼利誘，相信重壓之下，燕國別無選擇，唯有投降。燕國一降，孤立無援的齊國，就不難對付了。

韓信聽完擊掌叫絕，馬上依計而行。

果如李左車所料，在漢軍虛張聲勢之下，燕國投降了。

韓信在趙國北線作戰時，劉邦也曾帶領靳歙等將領在趙國南部開闢戰線，先後攻破朝歌、邯鄲等城池，邯鄲周圍的六縣望風而降。靳歙一路窮追不捨，追及平陽，斬殺了趙國代理國相。

## 第八章　楚漢爭鋒定乾坤

沒多久，逃到信都的趙王歇，也被韓信誅殺。

韓信向劉邦推薦張耳為趙王，劉邦因楚軍圍攻滎陽，無暇顧及其他，便同意了。

漢軍在河北一路過關斬將，滅魏、代、趙，迫降燕國，但在滎陽，楚軍攻勢有增無減，對劉邦造成極大壓力。在軍事上無法有所突破，唯有期望在外交戰線能夠另闢戰場，扭轉目前不利局面。

隨何出使九江後，劉邦天天在期盼，希望他能說服九江王英布，從後方掣肘項羽，分散一下滎陽方面的壓力。

然而，隨何的九江之行並不順利。

隨何抵達九江國都城六縣後，被安置在驛館，一晃三天過去了，連英布影子都沒見到。

隨何急得不行，向負責接待的官員太宰打聽，英布究竟作何打算？太宰顧左右而言他，套不出半句實話。

隨何急了，拽住他袖子說：「希望足下不要再糊弄我，九江王心思我知道，怕得罪項羽，但又拿不準楚漢誰能最後勝出，所以尚在觀望，還望勞駕轉告九江王，我願陳情楚漢目前局勢，如說的不在理，在下及二十名隨從任由大王處置，就算將我等當街斬首，也絕不二話！他也好向項羽有個交代，以擺脫嫌疑。」

太宰將隨何的話，如實轉達給了英布。

英布之所以避而不見，是因為隨何抵達六縣之時，項羽使者也到了。

對項羽，英布很不滿，但對劉邦，也沒什麼好感，他本想在局面未明朗之前保持中立，誰也不幫，不過，聽完隨何的捎話，他思考一番後，改變了主意，決定還是見見隨何。

## 3. 招降、離間和李代桃僵

隨何見到英布後，先不急於遊說，反而問英布道：「我有些疑問，願大王予以澄清，敢問大王和項王是何關係？」

英布隨口說：「這還用問，項王是君，我是臣。」

隨何搖搖頭，不以為然地說：「我看不太像。」

英布有些不悅：「此話怎講？」

隨何見英布已上鉤，便說：「大王您和項王俱為諸侯，本就平等，何來君臣之說？就算北面向他稱臣，也不過是懼怕楚國強大，絕非心甘情願。」

英布不傻，才不會輕易上當，馬上制止隨何：「寡人追隨項王渡河北上，破釜沉舟，鏖戰鉅鹿，滅章邯二十萬秦軍，後又從項王西進入關，每有作戰必當衝鋒在前，共同誅滅暴秦，可謂出生入死，情誼深厚，先生之言也未免太荒謬了！」

隨何平靜地答道：「此一時彼一時也，戲下罷兵以來，諸侯紛爭不斷，項王以傾國之兵北上攻打齊，大王僅僅出兵四千虛應故事。漢王率諸侯大軍攻入彭城，項王遠在千里之外，而大王您不過一水之隔，卻不肯發一兵一卒渡過淮河，前往救援，坐視彭城淪陷，以上種種，是為人臣之本分嗎？」

英布一時無言以對，不知如何回答。

隨何不容英布反駁，加大攻心力度，說道：「大王您若真心做項王臣子，就該為楚國效命，唯項王之命是從，抑或徹底擺脫楚國，自立門戶。但您既想依仗楚國庇護，又要獨立自主，實不可取。項王背盟自立，殺害義帝，在天下人面前，早喪失了道義，注定難以長久。眼下諸侯怨言四起，項王敗亡不過遲早之事，您卻與項王為伍，與諸侯對立，難道沒考慮過後果嗎？」

## 第八章　楚漢爭鋒定乾坤

　　英布繼續保持沉默，但臉色愈發難堪，隨何知道，他被說中要害，內心開始搖擺了，但礙於面子，嘴上還不肯承認而已，就趁機說：「項王尚未拿您開刀，只因要先對付漢王，得穩住您，可一旦擊敗漢王，諸侯勢必見風使舵，重新歸於楚，屆時您覺得項王會放過您嗎？」

　　英布不甘心就這樣認輸，反駁道：「先生所言固然在理，但楚強漢弱，彭城一戰，項王以區區數萬之師擊潰漢五十萬之眾，漢王僅以身免，如今被楚軍困於滎陽，城破不過旦夕間，先生雖口舌厲害，然於事無補耳。」

　　自有戰爭以來，戰爭固然拚的是敵我雙方將士的戰鬥力，但更是雙方財力的消耗比拚，軍糧是戰爭的關鍵因素，軍隊後勤保障能力直接決定戰爭結局。

　　隨何以從糧食保障切入，反擊英布：「漢王回守成皋（今河南省滎陽市氾水鎮西）、滎陽後，蕭何從巴蜀和漢中將糧食源源不斷送到前線，同時深挖壕溝，加強營壘，死防要塞。楚軍軍糧需要從千里大後方運輸，途中八九百里要經過反楚彭越的梁地，請問項王的糧，有多少送到自己人手中？時間一長，飢腸轆轆的士卒們，怕是連兵器都拿不穩吧！到那時，楚軍想從戰場全身而退都難了。

　　等漢取得勝利，漢王會寬恕您今日坐觀成敗嗎？就算楚軍贏了，項王也不會饒過大王吧？眼前是與漢結盟的絕佳機遇，就看大王如何決斷了，漢王當然沒指望借九江之兵消滅楚軍，只要您拖住項王幾個月就足夠了。待漢王奪得天下，除了九江依然歸您管轄外，我還可向漢王為大王爭取另外一塊封地。言盡於此，何去何從，願大王熟察之！」

　　英布心理防線徹底被擊垮了，他神色黯然，沉默了良久，最後嘆口氣說：「好吧，事已至此，唯有歸漢了。」

## 3. 招降、離間和李代桃僵

事後，英布又再三叮囑，九江國叛楚歸漢之事，是兩家祕密協定，暫且還是保密為好。

隨何知道，英布其實還在猶豫，必須斷了他的騎牆念頭才行。

楚使此時仍矇在鼓裡，對九江與漢的祕密交易，一無所知，還在不停催促英布出兵。

一日，楚使又來催，隨何突然闖進來，直接坐在楚使上席，厲聲喝道：「九江王已歸漢，貴使又有何資格催促出兵？」

隨何意外攪局，英布大驚失色，一時不知所措。

楚使察覺形勢不妙，轉身就走。

隨何對英布說：「為封鎖消息，大王絕不可讓他活著回去，趕緊下令殺掉楚使，立刻投奔漢王。」

英布不得已，只得派人殺掉楚使，出兵攻打楚國。

項羽得知英布叛變，派項聲、龍且來攻打九江國，英布苦苦與楚軍抗爭了數月。

英布雖英勇善戰，只是手下兵少將寡，苦苦支撐了數月後，九江還是淪入楚人之手。

英布想帶上殘部去投奔劉邦，但又擔心目前這點兵力，無力突圍，後來決定讓他們潛伏在九江，自己跟著隨何抄小道投奔劉邦。

英布原是一名刑徒，數年間從囚徒逆襲為王，誰料不到一年，又一無所有。等到十二月，在宛縣（今河南省南陽市）、葉縣（今河南葉縣南二十八里舊縣）一帶，英布終於見到了劉邦。

劉邦正坐在床邊洗腳，一副愛理不理的樣子。

## 第八章　楚漢爭鋒定乾坤

　　英布羞愧交加，當場就想拔劍自刎，幸虧周圍之人好說歹說總算把他勸住了。不過，待到安排食宿時，英布發現自己的待遇和劉邦一樣，心裡才稍稍平衡，看來漢王還是將自己視同一位諸侯王。

　　要論英勇，天下諸侯中，除了項羽，估計就是英布了。因此，他也養成了目中無人的壞習慣，劉邦故意冷落他，就是想殺殺他的傲氣。

　　幾日後，英布派人去九江聯繫舊部，同時迎接家人約數千人陸續來到漢營，只是，他的妻子兒女已慘遭項羽毒手，被悉數殺害。

　　對英布此人，劉邦既要利用，還要防範，他將英布九江舊部編制打亂後，進行重新改編，然後又調撥部分兵力給英布，駐守於成皋。

　　劉邦現在最頭痛的事，還是缺糧。

　　儘管蕭何從巴蜀、漢中將糧食源源不斷送來，可常被楚軍截斷，致使漢營中常鬧糧荒。軍中缺糧，不僅削弱將士戰鬥力，更嚴重打擊了士氣，處理不好，還會出現士卒叛逃，乃至譁變。

　　劉邦找來酈食其，讓他拿個主意。

　　酈食其擅長縱橫術，他建議劉邦，為扭轉當前被動局面，最好重新扶持六國王室後裔，恢復各諸侯國，替自己多找幾個盟友，達到孤立項羽的目的。

　　劉邦病急亂投醫，一時昏了頭，未加細想，就命人刻諸侯印璽，只等印璽製作完工後，立刻讓酈食其到各國，重立六國後裔為王。

　　酈食其尚未動身，張良從外地趕來。

　　劉邦正在吃飯，拉著張良說：「子房來的正好，有人給我出了個削弱項羽的主意，你幫我參謀一下。」然後將酈食其的話對張良複述了一遍。

　　張良聽完非常生氣，忙問誰出的主意，這要毀掉大王統一天下的大計！

## 3. 招降、離間和李代桃僵

劉邦也似乎覺得有點不對勁了，請張良解釋一下。

張良從飯桌拿起筷子，對劉邦比劃著說：「先借一下您的筷子，替大王分析一下目前局勢。當年商湯滅夏、周武王滅商後，可以分封前朝後裔，但大王您卻不能，為何？因為他們已絕對掌握了時局，將前朝王室命運操弄於掌中，完全有自信這樣做，請問大王您有把握徹底消滅項羽嗎？」

劉邦連連搖頭，要是有把握滅掉項羽，還需分封六國後裔嗎？

張良又向劉邦列出了許多周武王滅商後的善後舉措，如表彰商朝的箕子、比干，達成敵我和解；將商紂王巨橋糧倉的糧食、鹿臺府庫金錢散發給百姓，用來收買人心；把戰馬放養在華山之南，將牛牧於桃林（地名，又稱桃原，相當於今河南省靈寶市以西至陝西省潼關縣東）之北，以示不再有戰爭，天下安享太平。

請問大王，這些您能做到嗎？張良反問道。

劉邦承認，現在無力做到。

張良說，這就對了，有些事並非僅有美好願望就能做到，周武王時代能做的，現在未必能行得通，為何？只因時代不同了，舊制度無法解決新問題。

張良繼續指出，大王與項王爭奪天下，依靠的就是身邊這些臣子，他們拋家捨業，丟下父母妻兒，不懼生死為您衝鋒陷陣，為的是什麼？

還不是希望您完成大業，論功行賞之時，能封到一片土地，倘若您現在將天下封給了六王後裔，那麼，他們跟著您還有何希望？估計大多數人失望之餘，都會捨您而去，到那時您又靠什麼與項羽爭？如今楚遠比漢強，假使六國復辟，他們必然選擇依附楚，而非漢，如此一來，您等於親手為自己又樹立一大批敵人而已！

## 第八章　楚漢爭鋒定乾坤

　　劉邦聽完，又驚又氣，連飯都嚥不下去了，直接吐了出來，連聲大罵酈食其：「這個腐儒，差點壞了老子大事！」立即傳令，將正在刻製的印璽全部毀掉。

　　陳勝起義之時，秦帝國是天下人共同的敵人，陳勝只不過在道義上給與支持罷了，實際地盤還是在秦人手中，六王後裔想要復辟，還要靠自己。如今，形勢大不一樣了，魏、趙、代、燕等河北諸侯國已經被漢軍拿下，如果想要立六王後裔，就等於將到手的地盤讓出去。

　　如果復辟六國成功，那麼劉邦得到的最多也就是一些虛名和空頭讚譽罷了，而失去的卻是實實在在的土地控制權。

　　幸虧張良及時制止了這一計畫，不然後果不堪設想。

　　而此時，楚軍對漢的攻勢愈加猛烈，劉邦每天都在煎熬中度過。楚國方面，項羽首席謀士范增對漢軍情況瞭如指掌，他早就打探得知，漢軍大部分主力部隊被韓信帶去平定河北，駐守滎陽的漢軍，兵力上對楚不占優勢，只要楚軍不洩氣，攻下滎陽是早晚之事。

　　正當劉邦一籌莫展之際，陳平建議說，漢軍從正面戰場要戰勝項羽實在太難，何不另闢戰線，從敵人內部下手，分化瓦解對手，只要楚營內部人心散了，我們就有機會了。

　　劉邦讓他說說具體辦法，陳平道：「項王看似強大，但對他忠心不二的臣子並不多，也就亞父范增、鍾離昧、龍且、周殷數人罷了，只要設法使他們君臣離心離德，相互猜忌，人心渙散，就等於成功了一半。項王耳根子軟，疑心強，只要捨得花錢，讓他身邊親信不停說這些重臣們的壞話，難保他不會起疑心。」

　　劉邦問，大概需要多少錢。

## 3. 招降、離間和李代桃僵

陳平說，需要數萬金。

劉邦現在也缺錢，但還是馬上調撥了黃金四萬斤，並特意叮囑陳平，錢怎麼花，不用時時彙報，一切由他說了算。

沒多久，楚營中開始流傳，大將鍾離眜勞苦功高，但項王卻遲遲不分封土地給他，心生怨恨，於是私下與漢軍竄通，圖謀滅掉項羽，均分楚國，各自稱王。

項羽在疑心病促使下，疏遠了鍾離眜等人。

不用問，陳平的金子生效了。

但離間鍾離眜是第一步，范增才是楚營的靈魂。只是范增在楚營中德高望重，項羽尊他為亞父，想要扳倒如此重量級人物，僅僅靠金錢收買和散布謠言是遠遠不夠的。

一日，項羽派使者赴漢營，接待官員正是陳平。

楚使落座後，面對豐盛招待宴席，正要動筷子，陳平從外面急匆匆趕進來，對負責上菜的侍者低聲喝斥幾句，然後致歉說：「實在抱歉，手下人辦事馬虎，讓貴使見笑了，錯把您當成亞父的使者了。」

楚使本以為，陳平賠禮是因宴席禮遇不周，正要客套時，桌上酒席被侍者們撤下去了，然後，換上幾碟寒酸簡陋的酒菜。

陳平的態度，也從最初的殷勤備至，變得很冷淡。

楚使很惱火，回去後，立刻向項羽彙報了在漢營的見聞，項羽開始對范增起了疑心。此後，無論范增再提什麼建議，項羽一概不聽。

陳平的手段談不上高明，騙得了項羽，卻瞞不過范增。

范增氣項羽沒腦子，如此簡單伎倆就讓他上了當，我已七十多了，拚

## 第八章　楚漢爭鋒定乾坤

著老命為你效力,沒想到你小子卻如此不信任我,既然如此,待在這裡有何意義,不如早點收拾回家,剩下的事,你自己看著辦!

范增本來有點賭氣,假如項羽服個軟,挽留一下,或許兩人還能重歸於好,令范增寒心的是,項羽很快批准了他的辭職請求。

范增一氣之下,獨自一人乘車離去。

返回彭城路上,范增回想往事,這些年來,為了項羽,他可謂嘔心瀝血,不料最終卻被攆回老家,越想越生氣,急火攻心之下,背上生了一個毒瘡,一病不起。

范增已年屆古稀,拖著病軀哪經得起長途車馬勞頓,人還沒到彭城,就撒手人寰了。范增死訊傳來,項羽心中多少有些悔意,但人死不能復生,一切為時晚矣。

轉眼間就到了五月,漢軍軍糧已盡,而楚軍攻城愈加猛烈,滎陽城岌岌可危。劉邦赴鴻門宴時,將軍紀信曾與樊噲護送他脫身,眼看滎陽就要守不住了,紀信再次站出來,請求做劉邦替身,掩護他突圍。

夜半時分,陳平下令,將兩千餘婦女放出滎陽東門,紀信坐在劉邦的車駕上一起出城,逕自駛向楚營,大聲說:「我們糧食已經吃完,實在走投無路了,願意向楚軍投降。」

楚軍看城中冒出許多人,夜色太黑,一時難以分辨得清,還以為漢軍深夜偷襲,便去圍攻那些婦女。後來見到漢王車駕,紀信在車中傳話,願意投降,都以為劉邦親自來乞降了。眾人大喜過望,不停地高呼萬歲。

等後來,才發現車中所坐者不是劉邦本人,而是紀信假冒,項羽明白上當了,惱羞成怒之下,命人將紀信活活燒死。

而劉邦趁著紀信牽制楚軍之際,摸黑逃出了滎陽城。

# 第九章

## 反敗為勝成帝業

## 第九章　反敗為勝成帝業

### 1. 奪兵、分羹和意外負傷

劉邦逃離滎陽後，城內主事之人就剩下周苛、樅公、魏王豹三人。周苛覺得魏王豹反覆無常，不值得信任，便殺了他。魏王豹一輩子碌碌無為，不過他死後，他的一位小妾替劉邦生下一子，就是漢文帝劉恆，而漢朝一脈都是出自文帝，這恐怕是無論劉邦還是魏王豹都沒料到的事。

再說劉邦逃回關中集結兵馬後，想重返滎陽，與楚軍決戰。

一名叫轅生的儒生勸劉邦：「楚漢在滎陽相持不下已有數年，現在重返滎陽，短期內怕是依舊很難突破，何不南下武關佯攻楚國，項羽得知後定會前來圍堵，大王只需固守不戰，牽制楚軍兵力即可，如此可減輕滎陽、成皋的壓力。韓信可以趁機安撫燕趙民心，使河北一帶化為漢的一部分。到那時，大王再北上滎陽，與楚軍展開決戰，如此，既能拖垮楚軍，又能壯大漢軍，進而一舉擊敗敵人。」

劉邦覺得轅生的主意很不錯，便下令出武關，駐軍宛城。果不其然，項羽害怕劉邦偷襲自己大後方，率兵前來堵截。劉邦下令大軍堅守不出，不理睬楚軍的挑戰。

進攻沒法突破漢軍壁壘，撤退又擔心被劉邦抄了老窩，兩難之下，楚軍只得賠著漢軍一起耗著。

楚漢雙方對峙滎陽以來，楚軍糧草輜重常被彭越劫道，現在項羽又接到壞消息，本在梁地活動的彭越，渡過睢水，攻擊下邳城，楚將項聲、薛公率軍迎戰，卻被擊潰，薛公也戰死沙場。

項羽勃然大怒，撇下劉邦去攻打彭越。

劉邦迅速北上，重新奪回成皋。

## 1. 奪兵、分羹和意外負傷

得知項羽率領大軍前來，彭越迅速撤走了。項羽有勁使不上，只好返回，再次圍攻滎陽。

滎陽防衛力量很薄弱，難以長期抵抗楚軍強攻，不久便被項羽破城，周苛、樅公被俘，韓王信也落入楚軍手中。

項羽勸降周苛失敗後，將周苛投入鍋中活活給煮殺了，樅公也被項羽處死。韓王信一看嚇壞了，立刻向項羽投降。不過，他後來找機會逃了出來，重回漢營。

占領滎陽後，項羽又出兵包圍了成皋。

劉邦擔心成皋也難以守得住，讓夏侯嬰駕車，孤身逃了出來，渡過黃河，夜宿在小修武（今河南獲嘉縣東）驛站客舍中，由於太過緊張，劉邦徹夜失眠了。

現在他唯一的辦法，就是赴韓信大營搬救兵。

可如今的韓信、張耳握有數十萬兵馬，坐擁燕趙，他們得知自己兵敗隻身來投，是否還會聽自己的？萬一他們翻臉不認人，又怎麼辦？

思考了一晚上，劉邦還是沒想出個好辦法，等天明時，他最終決定豁出去賭一把，命夏侯嬰駕車一路狂奔，趕到韓信大營後，直接馳入軍營，在中軍大帳門口才停下車，直接闖入韓信、張耳臥室，奪走了兵符印信，揮動軍旗召集諸將集合，快速調換了眾人職位。

此時，韓信和張耳剛睡醒，等反應過來時，劉邦已掌握了局勢，牢牢操控了軍權。劉邦當眾宣布解除兩人軍權，命韓信以趙國國相身分從趙國徵集兵員，前去攻打齊國。

劉邦以身犯險，從孤身逃亡之人，重新擁有了數十萬大軍。

劉邦出逃後，成皋很快淪陷，落入項羽手中。從成皋逃出來的漢軍將

## 第九章　反敗為勝成帝業

領們，得知劉邦下落後，也陸續趕來會合。

劉邦移師駐於黃河邊，計劃與項羽再戰。後聽從郎中鄭忠建議，暫時韜光養晦，另待戰機，再戰不遲。

劉邦為了削弱楚軍士氣，謀劃切斷楚軍後勤補給線，擾亂項羽作戰部署，命族人劉賈和好友盧綰帶領數百騎兵和兩萬步兵渡過白馬津，深入敵後方，配合彭越，破壞楚軍的糧草補給。

楚軍察得劉賈、盧綰動向，前來圍攻漢軍，但劉賈堅守不出，與彭越遙相呼應，減輕了彭越壓力。彭越趁勢奪取了梁地的睢陽、外黃等十七座城池。

為防止被彭越徹底切斷後路，當年九月，項羽留下大司馬曹咎守成皋，親征彭越。臨行前，項羽特意交代曹咎：「我走後，若漢軍來攻，切不可交戰，只需保住城池，阻止漢軍東進即可，只要為我爭取十五日時間，我便可滅了彭越，重新返回。」

項羽率大軍很快重新奪回了陳留、外黃、睢陽等地。

數年來滎陽、成皋數易其手，劉邦有點灰心了，打算放棄成皋以東之地，只要遏制楚軍不再西進，稱王西部半壁江山，已心滿意足了。

不過，劉邦的想法遭到酈食其反對。

他指出楚漢並立，雙方長期和平共處根本不可能，必須要打出個勝負才能罷休，而滎陽在楚漢爭奪天下中具有決定性作用。這是因為滎陽不但是策略要地，還有天下最大糧食儲備庫——敖倉。

自秦朝起，從各地徵集來的糧食，源源不斷運到敖倉，敖倉作為軍糧和王朝儲糧中心，具有無法替代的策略地位。項羽佔領滎陽後，僅派一些老弱士兵把守敖倉。

## 1. 奪兵、分羹和意外負傷

酈食其建議劉邦，趁著項羽率楚軍主力東去，滎陽防守薄弱之際，趕緊出兵奪回滎陽，占據敖倉。

劉邦覺得酈食其言之有理，馬上改變主意，派人攻打成皋。

成皋楚軍守將大司馬曹咎起初按照項羽臨行前交代，任由漢軍叫罵，就是裝聾作啞，不肯出戰。為了激怒曹咎，漢軍辱罵言辭越來越難聽，到後來，曹咎實在不堪忍受，怒火上升後，不顧項羽軍令，率兵殺出城來。

漢軍見楚軍上鉤，立刻撤退，渡過汜水，楚軍緊追不捨，跟在後面強渡，大軍剛渡過一半，漢軍伏軍突然殺出，將楚軍打了個措手不及，死傷無數。

曹咎才明白上當了，悔不該違令擅自出戰，遂自殺身亡。

此戰楚軍潰軍內，塞王司馬欣也在其中，他先降漢，後又叛漢，為免被漢軍俘虜後，再蒙受羞辱，他與曹咎一起自殺了。

漢軍攻占成皋後，快速收復了敖倉，不再為軍糧發愁，士氣頓時大增。

項羽聽說成皋丟了，又急又氣，忙率軍回撤，駐軍廣武，與漢軍形成對峙。項羽糧食補給嚴重不足，想速戰速決，而漢軍緊閉壁壘，不肯出戰，一晃就是數月。

項羽氣急敗壞之下，命令在漢軍壁壘前支起肉案，架起鍋子，將劉邦老父置於砧板之上，命令楚軍衝著漢營喊話，讓劉邦趕緊出來投降，要不然就把太公扔到鍋裡煮了。

劉邦站在軍營壁壘之上，遠遠看見被按在肉案上瑟瑟發抖的老父親，非但沒有驚慌失措，反而笑嘻嘻地衝項羽喊道：「你我二人曾同為懷王之臣，結盟約為兄弟，所以我父親就如同你父親，你既然想煮殺自己老父，吃肉的時候，別忘了也留一杯肉羹給我啊！」

## 第九章　反敗為勝成帝業

　　項羽沒想到劉邦如此流氓無賴，一怒之下，準備將劉太公投入沸水滾滾的鍋中，此時，項伯站出勸道：「爭奪天下之人，多心如鐵石之輩，劉邦也不例外，用家人性命安危要挾他，估計用處不大，即使殺了太公，也於事無補，反而給天下人留下殘暴不仁的話柄，實在不值得。」

　　鴻門宴後，項伯就與劉邦私下往來，收了不少好處，眼看劉太公要被下鍋，自然要站出來說幾句。由於項伯多次暗中傳遞情報，並保住了劉邦家眷，劉邦一統天下後，他非但沒有被株連，反而賜姓劉，官拜射陽侯。

　　項羽求戰不得，後退又不甘心，便捎話給劉邦：「你我相爭，已有數年，何必因為我們二人，攪得天下不得安寧，我正式向你挑戰，你要是個英雄好漢，就不要像烏龜般躲於壁壘後，不敢出城，請勇敢站出來，與我決鬥，結果無論誰勝誰負，失敗者向勝利者投降，好讓天下百姓不要因我們二人再遭苦難！」

　　項羽是個英雄，喜歡用個人英雄主義來思考問題，然而，劉邦本是個流氓無賴，他才不會單打獨鬥。接到項羽提議後，劉邦感到項羽幼稚的有點天真可愛，笑著回話道：「真英雄鬥智力，而非拚蠻力，我寧可鬥智，也不願鬥狠。」

　　項羽沒招了，只好命楚軍將士前去罵戰，但稍微接近漢營，就被劉邦手下一名叫樓煩的神射手所射殺，項羽勃然大怒，親到陣前挑戰。

　　相傳項羽天生重瞳，雙目怒睜，目光猶如閃電，一聲怒吼，仿若平地起驚雷，樓煩在項羽逼視之下，剎那間雙眼似乎被灼傷一般，嚇得幾乎站立不穩，竟忘了張弓搭箭，踉踉蹌蹌下了壁壘，躲了起來，再也不肯出來。

　　劉邦得知項羽親自上門，也有些惶恐，但又不甘被項羽勢壓一頭，讓

## 1. 奪兵、分羹和意外負傷

將士們恥笑,便提出兩人隔廣武澗(位於今河南滎陽市黃河南岸廣武山上一條巨大溝壑)對話,項羽答應了。

項羽再次提出,為了百姓免遭戰亂荼毒,願與劉邦一對一單挑分勝負,然後消弭爭戰,令天下共享太平。項羽知道劉邦不敢迎戰,但當著兩軍將士,在陣前再度提出,就是有意羞辱劉邦。

不過,劉邦也不甘示弱,立刻反擊,當場宣布了項羽的十大罪狀:

一、違背懷王先入關中者為王的約定;

二、假託懷王之命,殺害卿子冠軍宋義;

三、鉅鹿之戰後,沒請示懷王,就裹挾諸侯軍入關;

四、焚燒咸陽宮室,盜秦始皇陵墓,取其財物據為己有;

五、誅殺本已歸降的秦王子嬰;

六、在新安坑殺二十萬秦降卒;

七、驅逐原諸侯王,分封給親信;

八、驅逐義帝,奪韓王封地;

九、派人弒殺義帝;

十、執政不公,主盟不義,大逆不道。

羅列完項羽罪狀後,劉邦說:「與你這等不仁不義的逆臣賊子決鬥,對我而言是恥辱,才不屑為之。我身後有數十萬正義之師,隨便派個刑徒就可與你見高低,哪用得著我親自動手!」

項羽一氣之下,暗中張弓搭箭,一箭衝著劉邦射來,劉邦來不及躲閃,被射中胸口。為避免動搖軍心,劉邦急中生智,顧不上疼痛,躬下身子握住腳說:「這傢伙射到我腳了。」

## 第九章　反敗為勝成帝業

　　為了穩定軍心，免得謠言四起，張良提議劉邦帶傷去勞軍，劉邦只好強忍著疼痛，抱病到各營安撫將士。由於傷情嚴重，沒堅持多久，便被送到成皋療傷。

　　待到箭傷稍癒後，為了穩定大後方，劉邦又返回關中，在櫟陽市口，將塞王司馬欣的頭顱高懸示眾。

　　四天後，他又重返廣武前線。

## 2. 辯客、假王和鴻溝分界

　　自出關作戰以後，劉邦將關中大後方和太子劉盈託付給蕭何，蕭何善於後勤工作，兢兢業業，為劉邦保住了大後方的穩定，將源源不斷的兵源和糧草送到前線，使得劉邦能心無旁騖的與項羽作戰。

　　但是，劉邦心中還是有顧慮。人心難測，誰能保證時間長了，蕭何就不會有其他想法？一旦蕭何起了野心，封閉函谷關，如此，前有項羽大軍壓境，後無可退之地，必將死無葬身之地！

　　但有些話不能明說，他重返關東前線後，無論多忙，都不忘派人到後方慰勞蕭何。

　　蕭何起初還沒反應過來，不過，有位鮑姓書生窺察到劉邦用意了，他找到蕭何說：「漢王在前線戰場上風餐露宿，浴血奮戰，卻常派人來慰勞您，不覺得這事有點蹊蹺嗎？」

　　聽鮑生一提醒，蕭何也感到劉邦此舉有點不合常理，遂問他，這是怎麼回事啊？

　　鮑生說，漢王是對您有點不放心，只是暫時離不開您，想設法穩住

## 2. 辯客、假王和鴻溝分界

您,但長期以往,您恐怕就危險了。

蕭何有點慌了,忙向鮑生請教,怎樣才能讓漢王徹底放心。

鮑生說,趕緊將家中子弟送到前線去,到漢王軍營效力,如此一來,君臣沒了猜忌,您也可保平安無事。

蕭何立刻照做,將家中子姪等人全送到滎陽漢營,聽候劉邦差遣。果然,劉邦再未派人來慰問蕭何。

廣武澗楚漢兩軍對峙已久,劉邦精神高度緊張,常常難以入眠,就在這時,他接到韓信從齊地送來的書信,請求任命他為假齊王(即代理齊王)。

劉邦不由得火大了,破口大罵:「我在這裡焦頭爛額,你不替我分憂,反想自己稱王!」

在場的張良和陳平一聽,忙暗中踩了一下劉邦的腳,低聲在耳邊提醒他,現在可不是得罪韓信的時候,萬一惹惱了,豈不是將他推到項羽一邊。

劉邦立刻反應過來,將計就計,順勢繼續罵道:「韓信這小子太沒出息了,大丈夫要稱王,就要做堂堂正正的王,何必做假王!」當下命令張良帶上印信,前往齊地,正式冊封韓信為齊王。

為平定齊地,劉邦本有兩套方案,一是軍事方式,由韓信率軍從趙入齊,二是外交手段,派酈食其出使齊國,遊說齊王田廣歸降。

酈食其從成皋出發,一路車馬疾馳,搶在韓信前面抵達齊國都城臨淄。

齊王田廣得知韓信率兵東來,派華無傷、田解帶重兵駐於歷下(今山東濟南市西,南對歷山,城在山下,故名),做好抵禦漢軍入侵準備。

得知酈食其奉命前來談和,田廣抱著試試看的態度接見了他。

## 第九章　反敗為勝成帝業

見到田廣後，酈食其開門見山就問道：「齊王只要稍加留意，就會明白，漢王深得人心，而項王已被天下人唾棄，項羽違反義帝先入關者為關中王的約定，將漢王遷到漢中，後又殺死了義帝，就是個毫無信義之人。

漢王為替義帝復仇，聯合諸侯，討伐項羽，凡有功之人，悉數封賞，毫不吝嗇，海內英雄都爭先恐後投靠漢王。反觀項羽，有功不賞，嫉賢妒能，只信家人親信，屬下與他離心離德，他眾叛親離、徹底失敗是早晚之事。

漢王已平定三秦，擊敗魏、趙，河北之地業已屬漢，並奪得敖倉，手下兵強馬壯，糧食充足，吃喝不愁，成皋、白馬津等策略要地皆已被漢軍占據，天下終究歸誰，這不是明擺著嗎？您現在搶先歸漢，可保全齊國，富貴無憂，但若遲疑不決，等楚漢之爭結束，齊國宗廟社稷恐怕就難保了，何去何從，還望早做決斷！」

韓信用兵如神，如今親自引兵前來，田廣知道但憑齊國兵力，根本無法與之抗衡。思前想後，田廣決定與漢談和，為表示誠意，還特地下令解除歷下城的戰備防守。

國家大事已了，田廣請酈食其留下來和自己好好痛快喝幾杯。

酈食其沒有理由拒絕，便留了下來，兩人天天在一起開環暢飲，喝的酩酊大醉。

然而，酈食其高興地實在有點早了。

酈食其勸降齊國，免除了一場戰爭，於國於民都是一件好事，不過，韓信身為一名將軍，如今仗還沒打，就已經結束了，使得他此次東征變得毫無意義，淪為酈食其外交行動的陪襯，他心中很不痛快。但也只能承認現實，打算取消此次軍事行動。

## 2. 辯客、假王和鴻溝分界

不過，有人表示反對，持反對意見之人為蒯通。

自勸范陽令徐公歸降趙王武臣以後，蒯通事蹟不詳，他是如何出現在韓信軍營，也不得而知，但韓信後半生命運與蒯通的出現有莫大關係。

蒯通早看出韓信是個有野心之人，勞師動眾而來，卻要無功而返，他是很不甘心的。

蒯通道：「將軍奉漢王之命攻打齊國，就算酈食其勸降了齊王，可將軍接到漢王取消進攻的命令了嗎？沒有！那為何要停下來，不繼續向前呢？

況且酈食其不過是一介說客罷了，單車入齊，搖唇鼓舌，靠三寸不爛之舌，就讓齊國七十餘城歸降，與他一比，將軍您率領數萬大軍，歷時一年才攻占趙國五十餘城，這難免會讓世人產生一種錯覺，將軍您反而不如一個腐儒，這對您不公平！」

在蒯通鼓動下，韓信最終決定，不理會酈食其與齊王達成和平協議，下令大軍繼續攻打齊國。

齊國上下皆以為兩家已和解，就放鬆了戒備，沒料到韓信率漢軍在夜色掩護下渡過平原渡，突然發起攻擊，齊軍沒來得及抵抗，歷下城就被攻破，漢軍長驅直入，攻到臨淄城下。

齊王田廣以為被酈食其騙了，認為漢王一方面讓酈食其用花言巧語矇騙自己，另一方面卻讓韓信發起偷襲，氣憤不已，找來酈食其，斥責道：「你現在還想活命的話，就趕緊讓漢軍停止進攻，否則，我就煮了你！」

酈食其沒料到韓信會來這一手，但現在說什麼都晚了。

他明白，戰車既然已啟動，想要阻止韓信停下，已無可能。

箭在弦上，不得不發，刀已出鞘，不可無功而返。

## 第九章　反敗為勝成帝業

　　事已至此，再多解釋也是枉然，索性就不必再費唇舌了，便對齊王說：「成大事不拘小節，有大德無懼口舌，老子我也懶得替你往韓信那裡跑一趟，你自己看著辦吧！」

　　田廣一時悔恨交加，當即下令將酈食其活活煮了，而後帶領部下，逃離臨淄，向東逃往高密一帶去了，慌亂之間，君臣各奔一方，田橫奔博陽，守相田光赴城陽，將軍田既駐於膠東。

　　在逃亡途中，田廣派人向項羽求救。

　　得知漢軍入齊，項羽派將軍龍且引兵趕來救援，對外號稱二十萬大軍，與齊王田廣會師於高密。

　　龍且是項羽手下一員猛將，英布叛楚後，正是龍且打敗了英布。此戰龍且志在必得，他盤算取勝後，將齊國一半國土作為自己封地。

　　有人建議龍且：「漢軍遠道而來，必然急於求戰，最好避其鋒芒，先高築壁壘、深挖壕溝，以消耗漢軍糧草。同時，將楚軍趕來援齊的消息盡快散播出去，告訴齊國百姓，齊王田廣還活著，鼓動降漢城池的軍民暴動。漢軍沒了本地人支持，物資難以保障，定會寸步難行，只有投降一條路可走。」

　　龍且自以為驍勇善戰，驕傲自大，很看不起韓信，他有點不屑一顧地回答道：「對付漢軍哪用如此麻煩，我很了解韓信，他早年連自己都養不活，靠蹭飯才活了下來，性子怯懦，連鑽褲襠這種羞辱都能忍得下去，根本毫無勇氣，與他作戰，無需過多憂慮。我們來救援齊國，連仗都沒打，就接受漢軍投降，還談什麼功勞，若在戰場上擊敗，大半齊國就可以名正言順歸我了。」

　　漢高帝四年（西元前 203 年）十一月，龍且率領的齊楚聯軍與漢軍在

濰水（今山東境內濰河）隔河相望，決戰時刻來臨。

天色將晚，韓信命漢軍全軍出動，扛起沙袋急行軍，在濰水上游，用沙袋堵塞河道，製造人工堰塞湖，隨著水位逐漸上升，濰水下游流量逐漸減小。

韓信下令一半人守在上游，另一半人趁著夜色渡河對楚軍發起攻擊。楚軍遇襲後，龍且命令出擊，交戰沒多久，漢軍佯裝戰敗，紛紛泅水向河對岸逃去。

黑夜中四下無光，龍且未察覺河水變化，便下令全軍出動，務必全殲敵人。

韓信在河對岸，觀察漢軍大概已上岸，而楚軍正涉水而來，於是下令上游將士決堤，濰水猛然大漲，暗夜中向下游咆哮而來，一時間，正在半渡的楚軍來不及上岸，被洪流裹挾而去，淹死無數。

而先一步上岸的楚軍早慌作一團，韓信趁勢發起反擊，多數人非死即傷，餘者皆做鳥獸散，一代猛將龍且也死於混戰之中。

此戰後不久，齊王田廣、齊相田光皆為漢軍俘虜。

田橫遂自立為王，但很快被灌嬰打敗，只好逃到梁地，歸順了彭越。

齊地平定後，韓信野心也膨脹了，開始想稱王，就派人向劉邦求封。如今韓信占據齊國全境七十餘城，手握重兵，與楚、漢兩家並立，呈三足鼎立之勢。

名義上，韓信現在還是劉邦部屬，但心態有了微妙變化，在趙國時，被劉邦乘其不備，強奪兵權，他心中肯定有不滿。

滅齊之後，韓信一下子變得天下矚目，楚漢雙方都在積極爭取他。劉邦已派張良冊封他為齊王，而楚國方面，也派武涉出使齊國來拉攏韓信。

## 第九章　反敗為勝成帝業

　　武涉是著名策士，他自信能說服韓信降楚，退而求其次，至少讓韓信在楚漢之爭中保持中立。

　　武涉來到齊國，拜見韓信，希望韓信在楚漢兩家之間選擇時最好想清楚，他說道：「秦末以來，天下人飽嘗戰爭之苦，秦朝滅亡後，本可共享太平了。對漢王，項王本已論功行賞，封了土地，但他貪得無厭，主動挑起戰爭，占了三秦不說，又東出函谷關，攻打楚國，他是不吞併天下誓不罷休，一個如此貪婪之人，能信得過嗎？再看看項王為人，稱得上胸襟寬廣，大仁大義，漢王好幾次落入項王手中，完全可以殺掉他，只是項王不忍，放過了他，可漢王非但不感念，反而撕毀盟約不認帳，這樣的人信得過嗎？」

　　武涉的意思是劉邦人品很差，根本靠不住，評價完劉邦後，他還特意提醒韓信，不要對劉邦心存任何幻想，要為自己的未來做好打算：「以漢王的貪婪，他絕不會與人分享天下，大王您早晚要被他除掉，到目前為止，他還未對您下手，只因項王還在。楚漢成敗全繫於大王一念之間，何去何從，還望深思熟慮，只是我要提醒您，一旦楚國被滅，下一個就輪到您了！」

　　對韓信分析完利害關係後，武涉又對他誘之以利：「其實，大王與項王也是故人，為何不與楚聯手，平分天下，各自為王呢？如此天下太平，皆大歡喜，何樂而不為？以您的聰慧睿智，我想一定會做出明確的選擇！」

　　不得不說，武涉說話邏輯清晰，將當前天下局勢剖析的頭頭是道，各方利弊都說的明明白白，口才實在出色，就連韓信都不得不承認，他說的有理。

　　韓信身為一名統帥，可謂戰無不勝，攻無不克，殺伐決斷雷厲風行，

但他有個致命的弱點，就是太重感情。

然而，韓信為人太看重感情，做不到冷酷無情，劉邦在他人生谷底之時擢拔他，拜為上將軍，委以重任，才有了今天，這份情義他沒法忘懷。

聽完武涉之言後，韓信內心很矛盾，但經過一番掙扎後，最終還是拒絕了他的提議：「當年我在楚營，不過是個執戟衛兵罷了，曾多次對項王提建議，項王都不予理睬。後來，我改投漢王，漢王對我信任有加，恩重如山，授以高位，委以重任，才有今天地位，我現在叛漢歸楚，有何面目立足於天地間，還望您待我向項王致謝，項王的情我領了，但恕難從命。」

韓信終究還是忘不了劉邦的知遇之恩。身為尋常人，重情義，不忘恩負義，值得讚譽，但身為政治人物，感情用事，就會付出沉重的代價。後來的事實證明，韓信在軍事上是一名優秀的將領，但在政治上他是不成熟的，甚至可以說有點幼稚，性格決定命運，韓信的人生注定要以悲劇而結束。

武涉無法打動韓信，只得無功而返。

韓信會見武涉時，蒯通也在場，對武涉的建議，他深以為然，只是韓信已拒絕與項羽結盟，所以，他提議韓信保持中立，不偏向楚漢任何一方。

「楚漢之爭已過三年，天下戰火不休，生靈塗炭，百姓困苦，白骨遍野，而今楚人兵困京縣、索城，受阻成皋，再無力前行。同樣，漢王率十萬大軍，布防於鞏縣、洛陽，空有山河之險，卻無尺寸之功，反而屢屢受挫，難以自保。就目前這種局勢，再僵持下去，除了增加無辜百姓的傷亡外，短期難以打破僵局。

解開這場死局的決定權，就掌握在大王手中，無論您倒向那一方，另

## 第九章　反敗為勝成帝業

一方必敗無疑。我認為，您誰也不幫，保持中立即可，雙方皆不得罪，與楚漢兩家鼎足而立，三分天下。以齊國強大勢力，迫使趙、燕兩國歸順，牽制楚漢，成為中間人，調節他們之間的紛爭，上可在天下諸侯間樹立威望，下可爭取民心，必然大有作為。上天把大好機遇擺在您面前，休要錯過，否則將來悔之晚矣！」

韓信依舊猶豫不決，說：「漢王待我不薄，豈可貪圖富貴，做忘恩負義之人！」

蒯通頭腦很冷靜，勸韓信切不可感情用事：「世間最靠不住的便是情義，只因人心會變，遠的不說，就說張耳和陳餘，他們當初可是生死之交，但最後又如何呢？陳餘還不是死在張耳手中？這可是您親眼目睹之事。當初他們情真意切時，會料到最終結局是這樣嗎？到底是何原因，使得這對刎頸之交變成勢不兩立的仇敵？是人的欲望！人世間最難以捉摸的便是欲望，在欲望面前，友誼會變得一文不值！

請問您和漢王的情誼，比得過張耳和陳餘嗎？我認為沒法比，但你們涉及的利益，卻是遠超過他們二人的，因為張耳和陳餘，充其量不過是爭奪趙國一隅之地而已，但您和漢王面對的將是整個天下！

或許大王認為，只要您對漢王忠貞不二，他絕對不會對您下手，如果您這樣想，就過於天真了，春秋之時，文種幫越王勾踐復國，重新稱霸諸侯，功勞夠大吧，文種對越王始終忠誠如一，但最後還不是兔死狗烹！大王您捫心自問，您對漢王的忠誠比得過文種嗎？

論情誼，您和漢王之間，沒法與張耳、陳餘比，論忠心，您比不上文種，面對古今血淋淋的先例，您真有信心能確保全身而退嗎？

臣下建立的功勞，若大到讓君王坐立不安，無賞可賞時，他就相當危

## 2. 辯客、假王和鴻溝分界

險了,如今您無論歸漢,還是降楚,都必將無法容身,怎麼還不早下決斷呢!」

韓信無言以駁,感到心中很亂,聽不下去了,便打斷蒯通,說讓他再考慮考慮。

幾天後,蒯通再次上門,勸韓信不要再患得患失,趕緊下決斷,否者當斷不斷反受其亂。

韓信仍拿不定主意,認為自己有大功於漢,劉邦不至於太無情無義吧,最終還是沒聽蒯通的建議。

蒯通明白了,韓信始終對劉邦抱有幻想,再留在他身邊,恐怕自己都不會有好下場,便悄然離韓信而去,此後為了自保裝瘋賣傻,在民間化身為巫師,替人驅鬼辟邪,而他縱橫家的身分漸漸不為人知。

韓信下定決心後,便發兵攻楚。

由於彭越在背後搗亂,楚軍後勤供給一直不暢,軍中普遍缺糧,已經夠讓項羽頭痛,現在又遭到韓信攻擊,一時首尾難以兼顧,疲於應付。正在此時,劉邦派使者侯公到楚營,向項羽提出,希望歸還自己的家眷。

扣押劉太公、呂雉後,項羽本指望能使劉邦投鼠忌器,有所顧忌,誰料對劉邦根本沒有用,反而殺也不是,放也不是。既然漢營派人來了,就乾脆做個順水人情,答應放人。

藉此機會,項羽提出,楚漢就此罷兵,以鴻溝(戰國時,魏惠王開鑿的運河,自今河南滎陽市北引黃河水向東,至淮陽縣東南入潁水)為界,西歸漢,東歸楚。

連年征戰,漢軍也已疲憊不堪,將士普遍厭戰,得知項羽願意罷兵言和,劉邦自是求之不得,馬上表示贊同。

第九章　反敗為勝成帝業

## 3. 美人、英雄和離別曲

　　漢高帝四年九月，項羽派人將太公、呂雉送了回來，漢軍將士悉數列隊歡迎，高呼萬歲，聲徹雲霄。然後，楚漢約和，項羽領兵東歸而去。

　　在侯公之前，劉邦曾派謀士陸賈跑過一趟楚營，遊說項羽放了太公和呂雉，但是遭到項羽一口回絕，陸賈碰了一鼻子灰，垂頭喪氣回來了。

　　論名氣和地位，侯公遠不如陸賈，但他辦成了陸賈沒有辦成之事。

　　劉邦大喜過望，封侯公為「平國君」，只是冊封詔書送達時，侯公早已不見蹤影，室內空無一人。

　　侯公這位連名字都沒有留下的辯士，辦事不邀功，事成則隱身，實在是一位高人，但世上之人，又有幾人能不為名利所累？

　　再說劉邦，一家人劫後重逢，夫妻團圓，父子相聚，本該高興才是，可惜數年的分別，家人之間已變得有些陌生，再也回不到從前了。

　　在楚營數年人質生活，使呂雉身心備受創傷，變得憔悴不堪，現在一家子好不容易重聚，但她發現再也找不到家的溫馨。

　　如今的劉邦，已不是泗水亭長，而是貴為漢王，他身邊早已鶯歌燕舞，多了許多年輕貌美的女人，呂雉在歲月煎熬中，已是人老珠黃。

　　聊以欣慰的是，為了彌補呂雉，劉邦很快宣布立她為王后。

　　不過，呂雉雖然回到劉邦身邊，但丈夫的心已不在她身上了。劉邦有個定陶戚夫人，生的花容月貌，令劉邦魂不守舍，而劉邦對戚夫人所生的兒子劉如意視若掌上明珠，幾乎形影不離，而對呂雉所生兒子劉盈，卻留在櫟陽，不聞不問。

## 3. 美人、英雄和離別曲

呂雉仔細打量著眼前這個陌生的家，開始學著轉換身分，以王后的身分在世人面前公開亮相。

與劉邦分別的日子，呂雉已被歲月磨礪的堅韌不拔和剛毅決絕，早就不是當初嬌滴滴的呂家大小姐了，在楚營的人質生涯，使得她學會了隱忍。

她知道，劉邦家業有多大，其中危險就有多大，現在可不是發怒使性子的時候，女人的一哭二鬧三上吊，對於解決當前的家庭危機毫無幫助，她現在能做的就是暗中蓄積力量，利用王后的身分，鞏固手中的權力，在此之前，絕不能意氣用事。

至於劉邦，目前主要忙著與項羽和談，根本無暇顧及呂雉，在他看來，立她這位原配夫人為王后，也算是對得起她這些年吃的苦了。

楚漢達成談和協議後，項羽就撤兵返回楚國了。

這些年來，劉邦一直在打仗，也太累了，如今得了半壁江山，也滿足了，他只想早點返回關中，享幾天清福。

但是，張良和陳平表示反對。

他們指出，項羽之所以主動和談罷兵，是因為兵疲糧盡，不得已而為之，待他緩過神來，必會捲土重來，何不乘勢追擊，一舉滅楚，否則後患無窮。

劉邦遂改變主意，率兵追擊項羽。

漢高帝五年（西元前202年）冬十月，劉邦率兵抵達陽夏南，派人去通知彭越和韓信，命他們前來會師，共殲項羽。

可直到劉邦抵達固陵（今河南太康縣南）時，仍然不見彭越和韓信蹤影。

## 第九章　反敗為勝成帝業

　　援軍沒等到,卻與楚軍遭遇,一仗下來,劉邦被楚軍擊敗,吃了敗仗後,只得修築壁壘,固守不出。可這麼耗著也不是辦法,劉邦讓張良趕快拿個主意。

　　張良說:「按照路程算,彭越和韓信早該到了,但遲遲不見人,大王可知其中緣由否?」

　　劉邦哪有心情猜,催促張良別賣關子,直接說原因。

　　張良答道:「楚國滅亡在即,他們想趁機和大王討價還價,為自己爭取最大利益。韓信知道您封他為齊王,只是迫於現實,不得已點頭應允,所以還是有點不放心,韓信本是楚人,他想回家鄉為王,大王何不許諾,只要打敗項羽,就封他為楚王。至於彭越,梁地本是他打下的,大王礙於魏王豹面子,封他做國相,而今魏王豹已死,何不順勢封他做梁王?我相信只要大王滿足了他們要求,他們會立刻引兵前來。」

　　劉邦聽完張良分析後,大罵彭越、韓信言而無信,但罵歸罵,現在可不是撕破臉皮的時候,還是立即派人傳詔給二人,答應打敗項羽後,從陳縣以東到海邊之地,俱歸韓信,睢陽以北至穀城,為彭越之地。

　　不出所料,韓信和彭越接到詔書後,立刻前來增援。

　　漢高帝五年(西元前202年)十一月,劉邦堂兄劉賈渡過淮河,至壽春(在今安徽省壽縣西南),策反了楚國大司馬周殷。

　　周殷調動舒縣(今安徽省廬江縣西南)兵力,屠戮六縣,鼓動九江士兵叛楚,迎接舊主英布,而後與劉賈會合。

　　漢軍彙集齊、梁、九江等諸侯軍後,兵力大增,僅齊王韓信就有三十萬之眾。反觀楚軍,雖說尚有十萬之眾,可士卒不斷減員,糧草供應不濟,使得士氣普遍消沉低落。

## 3. 美人、英雄和離別曲

此後日子，項羽發起數次反擊，但已無法扭轉大局，終於被漢軍困於垓下（今安徽靈璧南沱河北岸）。

時值十二月，天氣逐漸嚴寒。

為防止廣武澗被項羽射傷之事重演，劉邦命韓信做前衛，孔將軍（姓名不詳）布兵在左，費將軍（姓名不詳）布兵在右，周勃、柴將軍（姓名不詳）殿後，將自己置於重重護衛之下。

漢軍人數比楚軍多數倍，但面對項羽這樣的戰神，想要一舉擊潰，也是很難。韓信率先對楚軍發起了試探性進攻，結果被項羽擊退，只得暫時後退。

為配合韓信作戰，孔將軍、費將軍從兩翼攻擊楚軍，韓信再次從正面發起反擊，楚軍難敵漢軍三面攻勢，只得退入壁壘。

重重包圍之下，楚軍糧盡人乏，軍心渙散，士氣不振，四下一片唉聲嘆氣。項羽在愛妾虞姬陪伴下，坐在中軍大帳，飲酒消愁。

項羽正喝悶酒之時，忽然遠處傳來楚歌，起初還聽不太清楚，漸漸地，歌聲似從四面八方傳來，歌聲充滿悲情，如怨如慕，訴不完遊子思鄉之情，唱不盡萬家離別心聲。

項羽以為是楚營將士離家久了，在思鄉心切，以歌解愁，可當他走出帳外時，卻發現歌聲從遠處漢營傳來。

徹骨的寒風，夾雜著零星飄落的雪花，落在楚軍將士身上，楚歌起四方，征人心悲傷，幾經離亂苦，何日歸故鄉。

將士們原地駐足側耳傾聽，慢慢的，觸動心弦後，開始抽泣起來。

漢營怎麼冒出這麼多操楚音之人，難道楚地全境已被漢占領？項羽心中亂了方寸，不由得胡思亂想。

## 第九章　反敗為勝成帝業

　　直到此刻，項羽終於明白大勢已去，已無力回天，追昔撫今，江山、功業與英雄的功績終將化為烏有，伴隨清風流逝，現在他唯一割捨不下的還是心愛的虞姬，返回軍帳內，看著楚楚動人的美人，執手語噎，一時無言以對，於是將萬般愁緒化為一曲楚曲——

*力拔山兮氣蓋世，*

*時不利兮騅不逝。*

*騅不逝兮可奈何，*

*虞兮虞兮奈若何！*

　　項羽慷慨悲歌，周圍之人都被感染，眾人皆淚流滿面，莫敢仰視。

　　項羽高歌，虞姬起舞，曲終人散時，美人自刎身亡，項羽想要阻攔，已是來不及了，只能燈下悲戚，眼睜睜看著虞姬香消玉殞。

　　臨近拂曉，夜色尚濃之際，項羽集結八百精銳騎兵，跨上烏騅馬，衝出壁壘，從南面成功突圍出來。

　　天色大亮之時，劉邦才得知項羽逃遁，急令灌嬰率五千騎兵追擊。

　　烏騅馬風馳電掣，騎士騎乘多為普通馬匹，難以追上，不少人走散了，等渡淮河時，項羽身邊只剩下一百多人。

　　項羽只顧倉皇逃跑，抵達陰陵縣（今安徽省定遠縣西北）時，不小心迷了路，向一個農夫問路，農夫認出項羽，故意往錯的方向指路，讓他沿左邊道路跑。

　　項羽不明就裡，一時來不及仔細分辨，催馬狂奔，不料，在路盡頭恰是一片大沼澤地，項羽來不及勒馬，一頭栽了進去，在沼澤淤泥中掙扎了好久，才得以脫困，爬上岸來。

## 3. 美人、英雄和離別曲

為此誤了不少時間,被漢軍追上。

項羽只好帶領僅剩下的二十八名騎士,一路向東狂奔,抵達東城。漢軍追兵越來越近,有好幾千人。項羽一路逃亡,已人困馬乏,不想再跑了,便回過頭對貼身騎士們笑道:「我起兵至今,征戰已有八年,身經大小戰鬥不下七十餘次,從未曾打過敗仗,故而才霸有天下。沒想到,今日被困於此,看來上天有意亡我,而非我用兵出錯。自然天意如此,何不痛快決一死戰,我願率諸公斬敵將之首級,砍倒漢軍軍旗,連勝三次,也好讓你們明白,非我項籍不會打仗,實乃天要亡我!」

言畢,項羽率二十八騎士立於一高崗之上。漢軍見狀,將他們圍困在中央。項羽身陷重圍,卻毫無懼色,命手下騎士們分為四個小隊,約定從四個方向殺出去,而後在山東面分三處會合。

部署完畢後,項羽衝眾騎士們笑道:「諸公且看,項籍為君等斬殺漢軍一員大將!」說完催馬執戟,呼嘯而下,所到之處,漢軍非死即傷,無不聞聲倒地,餘者聞風喪膽,紛紛避讓,無人敢向前。

漢郎中騎楊喜試圖靠近項羽,誰知項羽回過頭來,怒目圓睜,衝他一聲怒吼,嚇得楊喜魂飛魄散,人馬受驚,調轉馬頭就跑,狂奔幾里地才停住腳。

項羽橫衝直撞,約百名漢軍士卒皆死於他戟下,其中包括一名漢軍都尉。等重新聚攏時,項羽清點人數,發現二十八人僅折損兩人而已。

項羽傲然問眾人說:「諸公剛才看見了,覺得怎麼樣呀,我所言非虛吧!」

眾騎士皆為項羽神勇所折服,在馬上躬身致敬道:「大王真乃神人也,一切正如大王所言!」

## 第九章　反敗為勝成帝業

　　雖然暫時脫困，項羽不敢過多停留，率最後二十六騎一路南馳，打算東渡烏江（今安徽和縣東北四十里烏江鎮附近）。等趕到烏江浦時，烏江亭長早早在渡口泊船候著。

　　見項羽到來，亭長便催促說：「江東雖然土地狹窄，但好歹方圓千里，民眾雖寡，亦有數十萬，足以稱王一方了，請大王趕快上船，我幫您擺渡過江，漢軍即使追上來，他們沒船，一時半會兒也難以渡江。」

　　項羽本急於逃命，可聽完亭長一席話後，卻有些遲疑了。

　　自追隨叔父項梁渡江以來，數年間率江東子弟縱橫天下，救趙、滅秦、分封諸侯，是何等威風！然而如今卻孤身一人，追隨者不過二十餘人，縱然平安渡江稱王，後半生定會在背負愧疚中度過。

　　大丈夫在世，與其窩窩囊囊，苟延殘喘，還不如光明磊落的死去。

　　這一刻項羽想通了，心中的一切執念也就放下了！

　　項羽遂對亭長笑道：「自然天要亡我，我又何必渡江，想當年，我率江東子弟八千餘人渡江西來，而今無一生還，就算父老憐憫不嫌棄，擁我為王，可我又有何臉面去見他們，就算他們不對我說什麼，但我良心上能過得去嗎，難道就不會慚愧嗎？」

　　面對烏江滔滔東流，項羽沉吟片刻後，嘆了口氣，將手中烏騅馬韁繩遞給亭長，然後道：「看得出來，您是個忠厚長者，是值得託付之人，這匹馬伴我五年，戰場上所向無敵，曾日馳千里，實不忍心殺牠，還是將牠送給你吧！」

　　見項羽態度堅定，烏江亭長無奈之下，只好牽著馬上了船，渡江而去。

　　不多時，漢軍至，項羽招呼眾人下馬，與敵人近身肉搏，數百漢軍士兵死於他劍下。

## 3. 美人、英雄和離別曲

在混戰中,項羽也渾身是傷,創傷不下十餘處。

漢軍雖將項羽層層包圍,但懾於他神威,無人敢向前。項羽在人群中看到了一張似曾相識的面孔——騎司馬呂馬童,便笑道:「你也算是我的故人吧!」

呂馬童認識項羽,不敢正眼對視,回頭對郎中騎王翳說:「這就是項王。」

項王慨然對呂馬童說:「聽聞漢用千金、萬戶封邑,購我人頭,今天我就給你送份人情吧!」說完拔劍自刎而死。

眼看項羽已死,漢軍將士們猶如豺狼般撲向項羽屍體,極力撕扯,在爭奪過程中,眾人相互踩踏,大打出手,還發生了火拚,死了數十人,而後肢解了項羽屍體。

最後,王翳割了項羽腦袋,郎中騎楊喜、騎司馬呂馬童、郎中呂勝、楊武各搶得一節殘肢。五人拿著殘肢去請功,劉邦還有點不信項羽就這樣死了,五人便將屍體拼湊起來,才確認是項羽本人無疑。

心頭大患已除,劉邦總算放下心來。欣喜之餘,封呂馬童為中水侯,封王翳為杜衍侯,封楊喜為赤泉侯,封楊武為吳防侯,封呂勝為涅陽侯。

項羽死後,楚地很快悉數平定。項羽生前,曾被楚懷王封為魯公,得知項羽兵敗身亡後,唯有魯縣(今山東曲阜市東北二里古城村)拒絕投降。

劉邦被激怒了,我已征服整個天下,小小一隅之城竟敢與我作對,當下點集人馬,趕赴魯縣,打算破城後,立刻屠城,狠狠教訓一下這幫不知天高地厚的傢伙。

漢軍抵達魯縣時,眼前情景卻讓劉邦有點疑惑。

## 第九章　反敗為勝成帝業

　　魯縣上下絲毫看不出大戰在即的緊張氣息，反而從城內不時地傳來絃樂和誦讀詩書之聲。

　　自春秋以降，數百年來，魯縣深受詩書浸融，禮樂之風遍布朝野。劉邦素來瞧不起儒生，但當他面對這樣一座城市時，或許受到文明力量的感染，本來氣勢洶洶的劉邦有些遲疑了。

　　魯縣父老忠於自己的君主，有什麼錯！況且自己馬上將要成為整個天下的王，也需要海內百姓的忠誠和順從，是時候表現出王者的寬容大度了。於是，劉邦取消了攻城命令，派人向魯縣父老展示項羽頭顱。魯人確信項羽已死，再為他守節，沒任何意義了，只好開城投降。

　　隨後，劉邦依照魯公禮遇，替項羽舉行隆重葬禮，下葬之時，劉邦親到靈前致祭。葬禮儀式上，劉邦哀傷不已，追念往事，淚流不止。

　　劉邦流淚有政治表演的需求，但也不完全是。

　　項羽為人殘暴，但也耿直、率性，縱橫天下，所向無敵，僅三年時光，就滅了大秦帝國，哪怕他是自己的敵人，劉邦也不得不承認，項羽是個頂天立地的大丈夫，舉世無雙的大英雄！

　　劉邦是個流氓無賴，但同時他身上也有俠義率直的一面。

　　英雄的凋零，總難免讓人傷感，這無關政治立場。以前，劉邦欲對項羽置之死地而後快，如今斯人遠去，內心卻又莫名悵然、失落，沒了對手的孤獨，只有他自己才能體會到。

　　沒有了英雄的時代，注定是流氓無賴橫行的世界。

　　屬於貴族的年代黯然落幕了，一個嶄新時代來臨了。

　　劉邦沒株連項羽尚在世的族人，其中，項羽的叔叔項伯，因為一直為漢營暗中通風報信，因而封項伯等四人為列侯，賜姓為劉。

## 3. 美人、英雄和離別曲

項羽死了，劉邦開始擔心那些手握重兵的諸侯們，尤其是韓信，有勇有謀，始終讓他放心不下，劉邦決定再賭一把，就像當初北上趙國奪韓信軍權一樣，行至定陶縣時，他突然衝入齊王軍營壁壘，接管了韓信軍隊。

而後，劉邦又派盧綰、劉賈俘虜了臨江王共尉（共敖之子），至此，項羽分封的十八位諸侯，或滅或降，天下再次統一。

楚漢戰爭中，韓信和彭越出力最多，一個正面作戰，一個敵後配合，可謂戰功赫赫，功勳卓著。

漢高帝五年（西元前 202 年）春正月，劉邦下詔，齊王韓信改封為楚王，建都下邳，下轄淮河以北之地，彭越被封為梁王，建都定陶，下轄原魏國故地。

隨後，楚王韓信、韓王信、淮南王英布、梁王彭越、原衡山王吳芮、趙王張敖（張耳之子）、燕王臧荼聯名上書勸進，請劉邦即位稱帝。

漢高帝五年（西元前 202 年）春二月初三，劉邦即位於氾水以北的濟陰，是為漢高祖。

高祖即位同日，立王后呂雉為皇后，王太子劉盈為皇太子。

一個嶄新的王朝 —— 大漢王朝，就此誕生。

第九章　反敗為勝成帝業

# 第十章

## 皇帝的新煩惱

第十章　皇帝的新煩惱

## 1. 同袍、鄉黨和功勞簿

劉邦稱帝這一年，已是五十四歲。

即位後不久，他在洛陽南宮宴請群臣，酒席間問道：「今天我向大家請教一個問題，朕為何最終奪得了天下，而項羽卻失掉了江山，大家不要拘束，儘管暢所欲言！」

群臣不知皇帝有何用意，一時間相互張望，誰也不敢貿然接話。

王陵是個直性子，沒想太多，回答說：「陛下厚待功臣，凡是在戰場上攻城略地，開疆拓土之人，從不吝嗇賞賜，總是按功勞大小，賜予土地錢財，願與大家共享好處，項羽為人剛愎自用，不肯重用人才，自取敗亡也是情理之中。」

劉邦一聽，哈哈笑道：「你只知其一，不知其二，運籌帷幄，決勝千里之外，我不如張良；安撫百姓，安排後勤供應，我不及蕭何；統率百萬大軍，戰無不勝、攻無不克，我不如韓信。我能做到用人不疑，這才是我得天下的根本原因。再看看項羽，就連一個范增都做不到完全信任，最終棄之不用，此乃我戰勝項羽之主要原因。」

劉邦的高明就在於他明白自己的位置，從來不與臣下就具體事務爭長短、論高低，只管做好策略方向的掌握，在關鍵時刻，有魄力、有擔當，敢拍板。反觀項羽，每逢作戰衝鋒在前，縱然神勇無敵，然對整個大局並無大用，而在至關重要的策略抉擇之時，比如在鴻門宴，他卻瞻前顧後，猶豫不決，錯過了時機。因此可以說，劉邦的勝利絕非僅僅靠僥倖和偶然，而是歷史的必然選擇。

群臣聽完劉邦一番解釋後，無不心悅誠服。

## 1. 同袍、鄉黨和功勞簿

　　跟劉邦從沛縣一起出來的弟兄們，與他出生入死，君臣間無拘無束慣了，甚至有些人發酒瘋，拔刀砍大殿柱子。

　　剛開始，劉邦尚能容忍，時間一久便感到很掃興，但也不好發火，為此很煩心。有個叫做叔孫通的待詔博士發現劉邦難處後，主動提出為朝廷制定禮儀。

　　叔孫通，薛縣人，在秦朝時就是博士，只因秦二世倒行逆施，他主動辭官，回到故鄉隱居起來。後來，他投奔項梁叔姪。劉邦攻占彭城時，叔孫通降漢。

　　叔孫通初見劉邦時，峨冠博帶，一身儒生裝束，劉邦生平最討厭儒生，沒給好臉色。叔孫通再次求見時，換上楚人短襖，劉邦頗高興，就讓他留在身邊。

　　劉邦稱帝時，登基大典儀式由叔孫通負責。劉邦討厭繁縟禮節，舉行了一些簡單禮儀就結束了。

　　事後，叔孫通被任命為博士，封稷嗣君。

　　如今，看到皇帝被手下這幫無法無天的臣子搞得頭痛不已，叔孫通知道自己的機會來了，便向劉邦提出為朝廷制定禮儀規範，以後無論朝會，還是燕飲，朝臣們都須按照禮儀來。

　　劉邦一聽，覺得可行，但一定要簡單易懂，讓人一看就懂。

　　制定王朝典章禮儀是項大工程，單靠一人之力不行，叔孫通決定走一趟魯地，招攬人才，先後召集了三十餘人。

　　返回洛陽後，叔孫通立刻著手禮儀訓練，經過一個月的練習，大家大致都能做到行禮如儀，劉邦很滿意，下令群臣都去跟著叔孫通學習禮儀。

　　經過叔孫通一番教導，朝堂上風氣為之一變，再無人敢大肆喧譁，酒

## 第十章　皇帝的新煩惱

後鬧事之類的事也沒再出現過，劉邦此時方才體會了一把做皇帝的尊貴。

相對於朝廷禮儀這些錦上添花之事，劉邦心頭有一樁隱患，讓他感覺坐臥不安，那就是齊王田橫。

韓信滅齊之後，田橫曾暫時棲居彭越處，待劉邦滅項羽，天下盡歸於漢，田橫帶了約五百名追隨者，逃竄到一座海島上，打算在荒島上度盡餘生。

但劉邦還是有些不放心，派人到海上去召見田橫，稱只要他去洛陽，以前所有恩怨都可以一筆勾銷，不過，被田橫婉拒了。

劉邦不肯罷休，再次派使者帶上皇帝符節赴海島，傳話給田橫：「如果主動來京城，最高可以封王，至少可封侯，但若依然推諉不來，就等著朝廷大軍前來圍剿！」

田橫如今困守海島，單憑區區五百人負隅頑抗，無疑是以卵擊石，經過一番盤算後，田橫答應漢使，願意趕赴洛陽。

等車輛行至距離洛陽三十里外的屍鄉（在今河南偃師市西），田橫對使者說：「人臣朝覲天子，禮節上不能絲毫怠慢，請容許我先沐浴一番，然後再上路。」

使者答應了。

田橫利用這個機會，將兩位門客召集到身邊，交代完後事，就自殺了。

劉邦得知田橫已死，心頭既有些失落和惋惜，又平添了幾分敬意，不由得流下淚來，命人按諸侯規格安葬了。

誰料田橫葬禮結束後，兩位門客也自刎而死，追隨田橫去了。

劉邦聽說後，非常吃驚，沒想到田橫竟如此深得人心，覺得田橫留在

## 1. 同袍、鄉黨和功勞簿

海島上的五百舊部也是隱患，便下令緊急召他們入京。

這些人抵達洛陽郊外，在田橫墓地祭奠完畢後，悉數慷慨自殺。

寧願為了自由和尊嚴去死，也不願向強權低頭，田橫五百士精神，千百年來一直激勵和感動著後人，為了心中的理想，絕不妥協和退讓，哪怕為之獻出生命，也在所不惜。

接下來，劉邦開始考慮新興大漢帝國的都城選址，他曾想定都關中，但由於項羽火燒咸陽，便改了主意，傾向於定都洛陽。朝堂上，群臣們也是各持己見，眾說紛紜。

此時，一個名叫婁敬的戍卒求見，稱有要事對皇帝說。

估計當時恰好劉邦心情不錯，也就答應下來。一見面，婁敬就問道：「聽說陛下要定都洛陽，這是打算要模仿周朝，想和周朝一樣興盛嗎？」

為了定都問題，劉邦正在頭痛，群臣各執一詞，讓他難下結論。便回答說：「是啊，你有何高見啊？」

婁敬說：「臣以為定都洛陽不可取！」

「為何？」

婁敬道：「相比洛陽，秦地有山河之險，依山瀕河，易守難攻，且關中沃野千里，天府之國，陛下若定都關中，就算關東地區發生叛亂，只要牢牢掌握函谷關，依然可以進退自如，猶如將天下脖子捏在手中，從後背就可以進攻了，定都關中後，陛下完全可以高枕無憂了。」

劉邦聽完，覺得言之有理，就詢問群臣意見。

大臣們多是關東之人，多數人還是堅持定都洛陽，唯有張良贊同定都關中，劉邦當即下定決心，定都長安。

## 第十章　皇帝的新煩惱

婁敬因建言有功，劉邦任命他為郎中，封奉春君，並賜姓劉。由此，婁敬成了劉敬。

劉邦至關中後沒多久，當年七月，燕王臧荼反了。

大漢建立之初，為了安撫異姓功臣，裂土封王者共有七人，分別是趙王張耳、長沙王吳芮、梁王彭越、淮南王英布、燕王臧荼、韓王信、楚王韓信。

這幾位異姓王，情況各自不同。長沙王吳芮實力弱小，年僅四十就英年早逝，其子吳臣襲位，根本不足為慮。趙王張耳亦早死，其子張敖繼位，張敖年輕且膽小怕事，難成氣候。韓王信能力平平，無法與朝廷抗衡。

劉邦最為擔心是楚王韓信、梁王彭越和淮南王英布，這三人身經百戰，手下兵多將廣，且擁有獨立的王國，實力不可小覷。

令人感到意外的是，首先帶頭造反的竟然是燕王臧荼。

當年鉅鹿之戰時，臧荼率領燕軍助陣，後又追隨項羽入關滅秦，由此，項羽封他為燕王。

韓信渡河北上滅趙、魏、代後，臧荼一看形勢不妙，只好降漢。

臧荼能保住封地不變，一方面是燕國偏遠，且北靠匈奴，不宜輕動，另一方面，也是為了穩住大局。

臧荼平日戰戰兢兢，唯恐引火上身。

劉邦即位之初，追查昔日項羽的追隨者，讓臧荼愈加坐臥不安。畢竟，他是諸侯中唯一追隨項羽多年之人，不由得擔心劉邦要對自己下手，於是舉兵造反了。

臧荼謀反消息傳來後，劉邦勃然大怒，決定親自帶兵出征。

## 1. 同袍、鄉黨和功勞簿

平叛戰爭進行得很順利，燕王臧荼被處死。臧荼兒子臧衍卻得以逃脫，逃往匈奴。

滅臧荼之後，劉邦任命自己好友盧綰為燕王。群臣中，論功勞比盧綰大的，大有人在，可論與皇帝的情誼，怕沒人比得上盧綰，因此，盧綰出任燕王，沒有人敢非議。

劉邦得天下，主要靠蕭何、張良、韓信，後世稱他們為漢初三傑。

劉邦稱帝之初，論功行賞，群臣中不少人都認為自己功勞最大，為此爭論不休，但最終冊封結果公布出來後，排在首位的竟然是蕭何，封酇侯，食邑八千戶。

眾人都感到憤憤不平，他蕭何有什麼功勞，整日安居後方，舞文弄墨，動動嘴皮而已，我們可是冒著槍林箭雨，拎著腦袋往前衝，陛下如此封賞，我們不服氣！

劉邦說，打獵得靠獵狗，但獵狗繩子卻操持在獵人的手裡，獵狗們能捕獲獵物是靠獵人安排指揮，而你們的功能就跟獵狗差不多，至於蕭何則相當於獵人，現在你們明白與蕭何之間的差距了嗎？

一時間，眾人啞口無言了。

至於張良，劉邦讓他在齊地任意挑選三萬戶作為自己的封地，卻被張良當場謝絕了，劉邦不再勉強，封他為留侯。

自古帝王，無不視天下為個人私產，為了將江山順利傳至子孫萬世，對所有潛在威脅，必須剷除殆盡。對皇權最容易構成威脅的，便是那些曾經並肩作戰的同袍。

這些人大多功勳卓著，有的甚至功勞大到賞無可賞的地步，那怎麼辦？一勞永逸的辦法就是斬草除根，因為只有死人才不會構成威脅！

## 第十章　皇帝的新煩惱

從古到今，歷朝歷代，開國功臣最終能得以善終者，寥寥無幾。

張良一直體弱多病，無法親上戰場征戰殺伐，唯有躲在帷幕之後出謀劃策。

劉邦幾乎所有重大決策，背後都有張良的影子，而且幾乎可以做到算無遺策。

張良的聰明就在於他懂得君臣之間的微妙分寸，劉邦重返關中之後，他就閉門不出，專心在家修道，練習辟穀之術，自此不聞世俗之事，最終得以善終。

對張良，劉邦多少有些敬重，對蕭何，就有點忌憚了。

蕭何政務能力強，為人謹慎，沒有不良嗜好，但越是這種無可挑剔的臣子，越是讓人放心不下。

劉邦已決定定都關中，但櫟陽狹小，又地處關中偏東，所以，劉邦命蕭何，規劃興建一座新都城。

蕭何在咸陽附近，渭河南岸的原秦興樂宮舊址上，建設一座宮室，取名長樂宮，再後來，他又主持修建未央宮，後世又歷經數十年擴建，城市規模日漸壯大，形成了漢長安城。

漢初三傑中的張良居家修道，蕭何忙著興建長安，而另外一位韓信，楚漢戰爭結束後，就到封地當楚王去了。

回到故鄉淮陰後，他找到對他有一飯之恩的那位洗衣服老太太，厚贈千金，又賞賜百錢給贈過飯的南昌亭亭長。

而後，韓信召見讓他蒙受胯下之辱的屠夫少年，屠夫得知新來的楚王為韓信時，嚇得半死，但沒想到，韓信非但沒有殺他，反而任命他為中尉，並笑道：「這位壯士當年當眾羞辱我，那時候，我真沒有勇氣殺掉他

嗎？不是，只是那樣做毫無意義，我之所以忍受當日的羞辱，就是為了成就今天的功業！所以說，是他成就了我。」

恩也報了，怨也了了，心頭的巨石消除了，現在該過幾日舒適生活了。然而，還沒過幾天，項羽的老部下鍾離眛找上門來，平靜日子注定與韓信無緣了。

韓信在楚營時，與鍾離眛關係不錯。項羽死後，鍾離眛整日東躲西藏，正走投無路，聽說韓信被封為楚王，便來投靠他。

鍾離眛威名顯赫，知名度太高，所以，韓信剛收留了他，就被人發現，告到劉邦那裡，揭發楚王韓信勾結項羽舊部，暗中計劃謀反。

時在高帝六年（西元前201年），冬十月。

消息傳開後，朝堂上群情激奮，眾將領紛紛請求發兵征討，活捉韓信。

劉邦忌憚韓信已久，只是苦於沒有正當理由治罪，而現在機會送上門了，他卻一言不發。

陳平在旁看出來了，皇帝是在為難。

劉邦心裡明白，別看將軍們嘴上義正詞嚴，叫囂得很兇，但真要去攻打韓信，曹參、樊噲、灌嬰等人，都不是韓信的對手。所以沒有輕易表態，因為一旦開戰，朝廷必須得贏，否則後果不堪設想。

韓信出漢中以來，一路滅三秦，轉戰河北，滅魏、代、趙三國，迫降燕國，消滅齊國，垓下一戰，殲滅項羽最後主力部隊，毫不誇張地說，大漢三分之二的江山是韓信打下的。

韓信手下將士，都是身經百戰的精銳之師，朝廷軍隊根本沒法跟他比。

更令劉邦憂慮的是，若與韓信開戰，梁王彭越、淮南王英布態度怎樣，他們原本就與他不同心，假若二人也趁機反叛，又當如何？

## 第十章　皇帝的新煩惱

　　陳平看著一臉為難的劉邦，鄭重說道：「如今，無論士兵，還是將領，朝廷都遠不是韓信對手，朝堂上卻喊著要與楚國開戰，這實在很危險啊！韓信或許還躊躇未定，假使消息傳開，等於逼他造反吶！」

　　劉邦很無奈地問道：「事已至此，又該如何呢？」

　　陳平很自信地說：「對韓信只可智取，不能力敵，陛下可對外宣稱，要仿照古代天子巡遊雲夢澤，傳召諸侯們，到楚地邊境的陳縣會合，韓信見陛下出巡，必然會放鬆警惕，隻身前來，屆時只要一名大力士即可擒拿他。」

　　劉邦覺得此辦法可行，便依計而行，傳令諸侯們彙集陳縣。

　　韓信隱約覺得皇帝此次巡遊，怕是衝著自己來的，一時不知如何是好，可轉念一想，自己又沒有什麼把柄落到皇帝手中，想必劉邦不至於輕易下手。

　　韓信正患得患失之時，有人建議他，為消除皇帝疑心，不妨殺了鍾離眛，如此皇帝也沒理由追究您。

　　韓信聽後，去找鍾離眛。鍾離眛見韓信上門，明白怎麼回事了，便指著他罵道：「你以為只要殺了我，借我頭顱，就會換來平安嗎？大錯特錯！漢王為何遲遲不敢發兵攻楚？是因為我在你這裡，忌憚你我合力，沒想到你卻先打起我主意了，也罷，你只管拎著我腦袋去領賞，但我告訴你，只要我前腳死，下一個就輪到你了！」

　　說完，鍾離眛就拔劍自刎了。

　　韓信有些後悔了，但為時已晚，只好帶上鍾離眛首級，前往陳縣朝覲劉邦。

　　韓信一進漢營，就被武士拿下，讓他戴上刑具，投入隨行車輛。

韓信才恍然大悟，懊惱後悔不已，覺得太冤屈，便賭氣道：「古人說『兔死狗烹，鳥盡弓藏，敵亡臣死』，果然沒錯，現在天下平定，用不到我了，我是時候該死了！」

劉邦也不想多費唇舌，將韓信帶回了洛陽。

## 2. 論兵、賞功和借刀殺人

如何處置韓信，劉邦頗費了一番心思，畢竟並沒有確鑿證據能證明韓信要謀反，無憑無據濫殺功臣，必會招來天下人非議，說不定其他諸侯王兔死狐悲，也被逼造反。

劉邦思前想後，決定採取折中辦法，廢黜韓信楚王封號，降為淮陰侯，讓他留在京城，置於眼皮底下，不許再返回封地。

經此鉅變，曾經意氣風發的韓信，變得心灰意冷，整日把自己關在家中，對外稱病，不與朝臣交往，但他目空一切的毛病，依然改不了。

有一次，劉邦和韓信閒聊，劉邦裝作漫不經心地問道：「依你看，我能指揮多少兵馬？」

若是韓信識相一些，趁機吹捧歌頌一番，或許能緩和一下與劉邦的關係，可惜的是，韓信是個軍事天才，但政治情商嚴重低能，他回答道：「陛下帶兵不過十萬。」

劉邦有些不悅，但臉上不露聲色：「那麼，你能帶多少人馬？」

韓信傲然道：「至於臣下嘛，自然越多越好了。」

劉邦聽後很不痛快，便語含譏諷地笑道：「你既然領兵越多越好，卻為何被我捉住了？」

## 第十章　皇帝的新煩惱

韓信政治嗅覺再差，此時也明白了，馬上改口說：「陛下雖不擅帶兵，但卻善於駕馭眾將，況且陛下有上天賦予的才華，豈是凡夫俗子能相提並論的。」

雖說韓信服軟，但已無法挽回了。

劉邦哈哈一笑，但實際已生殺機。

然而，韓信依舊沒有從中汲取教訓，收斂一下恃才傲物的性子。

人在官場，須多交朋友，少樹立敵人才對。但韓信放不下諸侯王架子，不屑於與周勃、灌嬰等人為伍，此等做法等於自外於同僚，選擇自我孤立。

有一次，韓信估計悶得慌，去樊噲府上串門。

樊噲為人比較憨直，又欽佩韓信的軍事才華，韓信突然造訪，讓他倍感意外，趕緊親自到門口迎接，一見面就下跪，行君臣之禮，說：「沒想到大王能屈駕光臨寒舍，實在不勝榮幸之至。」

樊噲與劉邦是連襟，兩人多年患難與共，他們之間情誼深厚，非一般大臣能比。韓信本該抓緊時機，和樊噲套交情才對，可他坦然接受樊噲跪拜大禮不說，臨出門時，回頭看了一眼門口跪送的樊噲，還不忘自嘲一番：「沒想到啊，我韓信竟然淪落到與樊噲這號人物為伍了。」

說完頭也不回，逕自揚長而去。

樊噲也是戰功赫赫之人，一片盛情，卻遭到韓信如此奚落，試問，當時他作何感想？

韓信在自我找死的道路上，已經越走越遠了，出事只是早晚而已。

劉邦認為異姓王終究靠不住，要想江山坐得穩，還要靠自家人。

韓信被徙為楚王後，齊王空缺，如今韓信再被貶為淮陰侯，楚國亦無

## 2. 論兵、賞功和借刀殺人

王了。劉邦嫡長子劉盈已冊封為太子，其餘諸子都還小，唯有與曹氏私生的庶長子劉肥年齡稍長，便立為齊王。又將楚國分為荊國和楚國，封族兄劉賈為荊王、異母弟劉交為楚王、二哥劉喜（即劉仲）為代王。

經過這番分封，天下大半都已攢在劉家人手中了。

劉邦對自家人大肆裂土封王的做法，招來功臣們的不滿，眾人私下議論紛紛——打天下的時候，是我們提著腦袋往前衝，如今分享成果的時候，卻為何沒我們的份！

幸好張良及時提醒他：「陛下白手起家，從一名平民百姓坐上皇帝寶座，全靠朝中這幫人捨生忘死幫您打下天下，現在您江山還未坐穩，就大肆封賞自己家人和親信，他們覺得有功卻沒封賞，心裡定有怨氣，又怕因功被猜忌（暗指韓信之事），惹來殺身之禍，說不定，真要謀反。」

劉邦頓時緊張起來，忙問張良，該如何處置才好，要設法穩住人心才是。

張良建議他馬上下詔，先對雍齒封侯，人心就會穩定下來。

雍齒當初害得劉邦無家可歸，是劉邦最恨之人。

於是，劉邦宴請群臣，當場宣布封雍齒為什邡侯（封國在今四川什邡縣），並命令丞相、御史等人加快速度，按照功勞大小草擬個封賞名單出來。

群臣一看，連雍齒都被封賞了，我們還有什麼好擔心的，也就放下心來，局面總算穩住了。

首批一級功臣十八人，但誰為功臣之首，爭議很大，多數人認為，曹參應居第一。

沛縣起兵以來，曹參一路攻城略地，立功無數，身上創傷不下七十餘

## 第十章　皇帝的新煩惱

處，首席功臣，理所應當是他了。

此時，有名叫鄂千秋的謁者站出來說：「曹將軍功勛卓著，無人否認，但楚漢對峙五年間，漢軍數次近乎全軍覆滅，就算曹將軍在戰場上取得了一些勝利，但對全局又有多大用處呢？誰在陛下數次大敗後提供了兵源？又是誰在糧草殆盡之際，幫助陛下度過了危機？是蕭何！陛下屢屢兵敗後，全憑蕭何才能東山再起，反敗為勝，蕭何之功關乎全局，建立的是萬世之功，曹參之功不過是一時之功罷了！」

於是眾人不再爭議了。

但是，經過此番爭論，劉邦看出來了，朝中挺蕭派和挺曹派涇渭分明，蕭何和曹參都留在朝堂上，一起共事，估計往後會麻煩不斷，為了維繫權力平衡，他決定，蕭何留在朝廷為丞相，而曹參調出長安，前往齊國，任齊國相國。

功臣之爭告一段落，但天下諸侯中，尚有不少異姓王，他們的存在，始終是劉邦的一塊心病。

異姓王中燕王盧綰、趙王張敖（已是劉邦女婿）屬於自己人，長沙王吳臣弱小不足為慮，淮南王英布、梁王彭越比較強勢，況且剛拿下韓信，最好先不要刺激他們，所以只能向韓王信下手了。

韓王信轄地境內宛城、淮陽等多是軍事要地，屬於歷來兵家必爭之地，交在外人手中，實在難以放心。劉邦決定異地安置韓王信，將北方太原郡三十一個縣，劃為新韓國，建都晉陽，詔命韓王信即刻前往就國。

當然，對外理由說的冠冕堂皇，劉邦宣稱，如今天下未穩，四方多事，像防備北方胡人這樣的重任，必須要韓王信這樣雄才大略的諸侯王扛起來。

## 2. 論兵、賞功和借刀殺人

可全天下誰人不知韓王信雖然與韓信同名同姓，但才華相差萬里，韓王信不過是一介平庸之人，送他到北部邊境，分明就是借刀殺人！

韓王信不傻，但明白也不能說破，造反他沒勇氣，只好擺出一副高高興興，為國戍邊的姿態，他主動要求，將國都遷到邊境附近的馬邑（在今山西朔州市東北三十三里馬邑村），這樣更方便監督敵人，保持大漢邊境的安寧。

劉邦一聽，自然求之不得，馬上批准。

韓王信心裡有苦說不出，只能收拾行囊出發，一路北上，走走停停，等抵達馬邑時，已是深秋。

馬邑原屬於趙國，戰國時，趙國大將趙括曾在此築城養馬，故得名馬邑。它建在一座小山丘上，周圍地勢險峻，不遠處還有一條澗溪，可謂易守難攻。

秦朝大將蒙恬北上驅逐匈奴，修築萬里長城，北部邊疆迎來了短暫的安寧。然而，大秦滅亡後，劉項爭奪天下，中原烽火連天，無暇顧及北疆。

劉邦徙韓王信到北部邊境，固然有權利鬥爭的原因，但也是為了維護新興大漢的邊境安寧。

韓王信大半輩子都在中原，對北方匈奴人一無所知。他不知道將要面對的敵人，遠比以前的對手更加狡猾、殘忍和剽悍。

在長城以北的遼闊大漠草原，自古以來就生活著許多游牧民族。與居住在城郭村落的中原農耕民族不同，他們在大漠草原上逐水草而居，生活飄忽不定，猶如天上的白雲，時而聚居，時而分散，嚴酷的自然環境，造就了他們堅韌不拔的性格。

直到戰國時期，一支強大的游牧民族開始興起於今天內蒙古陰山至河

## 第十章　皇帝的新煩惱

套地區，逐漸進入中原人視野，被稱作匈奴。

關於匈奴的起源，《史記索隱》引張晏之說，稱夏朝末代之王履癸（即夏桀）有一子叫做淳維，國破家亡後遠遁大漠，其後裔後來逐漸演變成匈奴，但其可信度就不得而知了。

匈奴君主被稱作撐犁孤塗單于，意思是天命之子，與中原尊君王為天子類似，撐犁孤塗單于簡稱為單于，單于姓攣鞮氏，現在的單于名叫冒頓。

由於匈奴沒有文字，所以關於它的自身歷史，近乎空白，而單于世系，也只能追溯到冒頓父親頭曼。

頭曼在位時，被始皇帝派大秦三十萬勁旅驅逐出水草豐茂的河套地區，將大秦的邊境推移到草原邊緣，頭曼只得率眾遠遁大漠。

當時的匈奴，南有強秦，東有東胡，西有月氏，都很強盛，匈奴夾在中間喘息，日子過得很艱難。

而頭曼年紀大了，早無雄心壯志，只想得過且過，安度晚年。但當時還是太子的冒頓野心勃勃，一心想振興匈奴。

冒頓之母早死，頭曼非常喜愛閼氏（即王后，讀音胭脂）生的小兒子，想廢掉冒頓，立幼子為太子，便命冒頓前往月氏做人質。

或許頭曼覺得年歲已高，時日無多，想早點斬草除根，冒頓到達月氏沒幾天，頭曼便率領大軍攻打月氏。

月氏沒想到匈奴人如此背信棄義，一怒之下，想殺了冒頓。

幸好冒頓提前得知消息，搶了一匹快馬，獨自一人跑回了匈奴。

兒子從月氏安然無恙歸來，頭曼也只好撤兵。或許心中有愧，頭曼宣稱，冒頓能夠千里迢迢脫離虎口，不愧是匈奴勇士，特調撥一萬騎兵供其調遣。

## 2. 論兵、賞功和借刀殺人

父子二人表面上和好如初，冒頓也若無其事，似乎什麼事都沒發生一般，但暗中加緊訓練私人武裝。

他發明了一種響箭，射出時會發出呼哨聲，稱其為鳴鏑。

冒頓傳下話來，大軍行動以鳴鏑為號令，我射向哪裡，你們也必須射向哪裡，敢有不遵者，定斬不赦。

起初，冒頓率領部下去射獵，將鳴鏑射向鳥獸，發現有跟不上步調者，立刻斬首。經過一段時間演練，部下們大致能做到整齊劃一。

為了檢驗成果，冒頓有一次將鳴鏑射向自己的寶馬，將士中有人不敢張弓，冒頓當即下令，通通殺頭。

又過了一陣子，冒頓又用鳴鏑瞄準了愛妻，部下中有人心中犯嘀咕，寶馬雖貴，畢竟是畜生，但不敢相信冒頓會將自己的妻子做靶子，便沒有拉弓。

這些人無一例外，全被處死。

再後來，冒頓又對著自己的愛馬射出鳴鏑時，將士們毫不猶豫地射出了箭矢。經過一段時間的蟄伏和磨礪，冒頓這隻草原狼覺得是時候亮出獠牙了。

不過，頭曼仍然被蒙在鼓裡，還是跟往常一樣，時常帶領閼氏、小兒子及群臣外出狩獵。

有一次正狩獵時，一支清脆的鳴鏑劃過天空，頭曼尚未明白怎麼回事，就被射成了刺蝟。

冒頓下令，處死後母、幼弟及不服從的群臣，然後，當眾宣布自立為匈奴新單于。

第十章　皇帝的新煩惱

這一年，為秦二世元年（西元前 209 年）。

就在這一年，陳勝、吳廣揭竿起義，大秦走向崩潰，而在北方草原上，匈奴在冒頓帶領下，逐漸結束了分裂，建立起強大的游牧帝國。

## 3. 自信、失敗和白登山的雪

冒頓統一草原之路並非一帆風順，他先要面對強盛東胡的挑戰。

東胡活躍在遼河流域和灤河中上游地區，大致在今天遼寧、吉林、內蒙古東部等地區，因在匈奴之東，故被稱作東胡。

東胡人生產以畜牧為主，兼狩獵生活，作戰驍勇，仗著強大的軍力，東胡時常南下滋擾劫掠燕趙一帶，也不把匈奴放在眼裡。

冒頓經過數年韜光養晦，最終一戰而滅東胡，無數東胡百姓連同他們的牲畜都成了冒頓的戰利品。消除了東部敵人後，冒頓趁勢向西攻擊月氏，迫使月氏人西遷。

緊接著，冒頓率領匈奴大軍南下河套，一舉收復了當年蒙恬從匈奴手中奪去的土地，攻占了漢朝北疆要塞朝那縣（治今寧夏彭陽縣古城鄉）、膚施縣（治今陝西榆林市東南），並不時侵擾燕國和代國。

至此，冒頓基本統一了大漠，建立了匈奴歷史上最強大的草原帝國，其疆域橫跨大漠南北，東至大海，西至西域，麾下控弦之士達三十餘萬。

匈奴騎兵無論機動性，還是戰鬥力，遠遠勝過以步兵為主的漢軍。

然而，韓王信直到前往馬邑前夕，對北方鄰居的了解，依然近乎一片空白。他抵達馬邑城不久，匈奴人突然不知從哪裡冒出來，將小小的馬邑

## 3. 自信、失敗和白登山的雪

圍了個水洩不通。

韓王信只好先派使者前往匈奴大營周旋，為援軍到來爭取時間。

可消息傳到長安後，朝廷中一些人不相信世上竟有如此巧合的事，懷疑韓王信私下與匈奴勾結，迎匈奴南下。

劉邦也一樣，強烈懷疑韓王信，聽匈奴圍困馬邑，心想你前腳剛到，匈奴人後腳就來，誰知道其中有沒有蹊蹺，劉邦第一時間沒有派人去了解敵情，反而派使者斥責韓王信。

韓王信失去了中原封地，被攆到北方苦寒之地，本就夠倒楣了，現在外有敵軍圍困，內有朝廷猜忌，感到走投無路了。當年九月，韓王信絕望之下，索性獻馬邑於匈奴，投降了。

冒頓於是率兵南下，翻越句注山（又名陘嶺、西陘山雁門山，位於今山西省代縣西北），進攻太原郡，前鋒抵達晉陽（太原郡治所，今山西太原市西南）城下。

韓王信降敵消息傳到長安時，已是高帝七年（西元前200年）冬十月，朝廷上下正忙著慶祝長樂宮落成。

聽聞匈奴入侵，劉邦傳令徵發三十二萬大軍，北上抗擊匈奴。

大軍一路北上，天氣越來越冷，很快，下起雨夾雪來，而且愈下愈大，漢軍踩著泥濘不堪的道路艱難前行。

韓王信投降後，匈奴人讓他的軍隊做前導，在前面帶路。

毫無鬥志的新降將士們抵達銅鞮（今山西省沁縣一帶）時，遇到漢軍，一戰就被擊潰，大將王喜也被斬殺，韓王信見勢不妙，一路狂奔，潛逃匈奴境內去了。

## 第十章　皇帝的新煩惱

不過，韓王信部下曼丘臣、王黃不甘心，重新聚攏殘軍敗將，擁立原趙王後裔趙利為王，想聯合匈奴人，與漢軍再戰。

劉邦擊潰韓王信後，乘勝進軍，入駐晉陽。

匈奴派遣左、右賢王率一萬多騎兵與王黃所率殘部集聚於廣武（今山西代縣西南），南下攻打晉陽，結果被漢軍打敗，狼狽逃竄至西河郡離石（今山西離石），又被漢軍擊敗。

漢匈交戰伊始，漢軍缺乏與匈奴作戰經驗，不太了解敵人戰力，所以作戰比較謹慎，不敢大意輕敵。然而，幾戰下來，漢軍連戰連勝，覺得匈奴亦不過如此，漸生輕敵之意。

劉邦得知冒頓單于駐紮在距平城不遠的代谷（在今山西代縣西北）一帶，決定親自會會他。

開戰前，劉邦先派人去偵察敵情。

斥候們透過反覆偵查，發現匈奴士兵多老病，戰馬亦多羸弱，總體戰鬥力一般。

然而，劉邦還是不敢輕敵，特意派劉敬出使匈奴，探聽虛實。

劉敬走後不久，劉邦率軍越過句注山，向匈奴出發，在半路上，他碰上出使歸來的劉敬。

劉敬說，斥候們的情報和他看到的差不多，匈奴人看上去真的似乎不堪一擊，不過劉敬認為，這極有可能是匈奴為了迷惑和麻痺漢軍刻意製造的假象，背後肯定暗藏著巨大陰謀，劉敬建議劉邦，在敵情不明情況下，先不要貿然開戰。

事實正如劉敬判斷，匈奴長於野戰，短於城池攻防，匈奴攻打晉陽失敗後，冒頓主動放棄攻城，選擇戰術撤退，想誘敵深入，圍而殲之。

## 3. 自信、失敗和白登山的雪

冒頓是個善於偽裝的天才軍事家，他透過偽裝和欺騙，殺掉了父親頭曼，消滅了東胡王，與漢軍初戰受挫後，當機立斷，決定調整戰術，藏匿精兵強將，故意派孱弱士兵迎戰，戰則一觸即潰，以達到迷惑漢軍之目的。

而劉邦在接連取勝後，已有些輕敵了，非但不聽勸，反將劉敬大罵一頓後，下令囚禁起來，宣稱等打敗匈奴後，回來再收拾他。

晉北地區多山，道路崎嶇，漢軍雖有三十二萬之眾，但多以步兵為主，劉邦帶領少數前鋒騎兵抵達平城縣（治在今山西大同市東北八里古城村）時，二十多萬主力部隊還在馬邑、樓煩一帶。

至平城後，劉邦駐紮在平城以北三十里處的白登山（距今山西大同市東北二十里處馬鋪山）。

天氣越來越冷，北風捲著漫天大雪，下個不停，漢軍普遍衣衫單薄，不少人凍壞了手指，已無力拉弓，士氣普遍低落。

幾日後，一天天色剛發白，漢軍突然發現，匈奴人一夜之間，將白登山圍了個水洩不通，匈奴士兵所乘戰馬毛色，每個方向都齊一色，西面白馬，東面青馬，北面黑馬，南面黃馬，陣容甚是雄壯。

中原連綿戰火，家底基本都打光了。漢軍以步兵為主，也是被迫無奈的選擇，因為根本無馬可騎。劉邦稱帝之時，天子車駕都沒法湊齊七匹同色純種之馬。

親眼目睹匈奴浩大陣仗後，劉邦意識到自己低估了敵人的勢力，開始有點害怕了，後悔不該輕率冒進，但為時已晚，於事無補了。

冒頓得知誘敵深入成功，漢軍駐軍白登山後，就率三十萬大軍殺來，並以迅雷不及掩耳之勢，包圍了白登山。

## 第十章　皇帝的新煩惱

　　不過，冒頓並無意急著衝鋒，而是採取圍而不攻策略，想耗盡漢軍銳氣後，再戰不遲。

　　因為打山地戰匈奴騎兵優勢發揮不出來，冒頓已派人通知王黃及趙利趕來參戰，他想利用降軍步兵圍殲漢軍。

　　匈奴人穿皮裘，隨身攜帶肉乾起司，衣食無憂。但漢軍遠離後方，軍需有限，難以維繫長久。時間一長，不需匈奴動手，北國酷寒就會消磨掉漢軍的戰鬥力。

　　劉邦自起兵以來，大小戰役不知經歷了多少，九死一生、虎口逃命也是好幾遭，但像目前這種境況卻是頭一次。

　　君臣上下苦苦煎熬，現在唯有盼望援軍早日趕來。

　　然而，白登山與外界的聯繫已經被完全切斷，等後方漢軍得知消息，徒步冒風雪趕來時，估計劉邦君臣已被凍死了。

　　糧草一點點消耗殆盡，劉邦一籌莫展、束手無策。此時，陳平提出，他願去一趟匈奴大營，與匈奴人和談。

　　進入匈奴軍營後，陳平並未求見冒頓，而是去拜見冒頓閼氏，獻上金銀珠寶等厚禮，然後說也帶了一份厚禮給大單于，勞煩閼氏代為轉交，說完獻上一幅畫卷。

　　閼氏展開一看，是一位豔麗無比的中原女子。

　　告辭前，他又再次拜託閼氏，一定要代替大漢天子，向大單于獻上禮物。

　　陳平離開後，閼氏心中盤算著，漢使獻上的女子如此漂亮，假若匈奴打敗漢軍，還不知有多少美貌漢家女子會送到單于身邊，屆時自己必然會被冷落。

## 3. 自信、失敗和白登山的雪

　　閼氏越想越怕，為保住地位，絕不能讓單于擊敗漢軍，便挑了個時機對冒頓說：「匈奴奪取漢地，又不能在此久居，對我們也沒多大用處，況且大漢皇帝也有神靈保佑，不可以輕易欺侮，還望單于深思熟慮才好。」

　　聽完閼氏一席話，冒頓有些動搖了，經過一夜反覆思考後，決定開放對漢軍包圍圈的一角，剩下的就看天命了。

　　劉邦得知匈奴網開一面後，想趁大霧瀰漫之際，快馬加鞭逃離而去。

　　陳平馬上反對，越危險越要鎮定，切不可在強敵面前流露慌亂和怯意。匈奴人雖然自動給了活路，但真實用意尚不得而知，急忙往外衝，萬一被匈奴人趁機合圍，必然死無葬身之地！

　　劉邦恍然大悟，叮囑太僕夏侯嬰，駛出匈奴包圍圈時，駕車按轡緩緩而行，要顯得從容不迫，切不可讓敵人看出破綻，另外，為防匈奴人突襲，皇帝車駕四周護衛將士都手持勁弩，箭矢向外，隨時做好準備。

　　直到漢軍全部撤出，匈奴也沒有發起攻擊。劉邦總算有驚無險逃離了重圍，而後，立刻下令全軍快速撤退，與前來增援的大軍會師。

　　從被圍到脫困，劉邦君臣在白登山上，整整被包圍了七天。

　　霧氣散盡後，冒頓下令匈奴大軍撤退，只留下一片空曠原野。

　　漢匈之間數十萬大軍對峙數日後，沒有任何戰鬥就結束了。

　　冒頓率傾國之兵南下，又費盡心思設下圈套，好不容易引劉邦入甕，卻輕信婦人之言，放棄大好戰機，聽來實在不可思議。

　　冒頓為了權力，曾用自己的兩位女人作犧牲品，還殺了親生父親，豈會因為閼氏幾句枕邊風，就放過大好機遇？實在不合常理。

　　白登之圍能和平解決，絕非靠陳平行賄閼氏這麼簡單，在那七日之

## 第十章　皇帝的新煩惱

內，雙方必然經歷了一番折衝尊俎，只是真相究竟如何，已不得而知了。

估計陳平看準了冒頓的弱點，使他經過權衡利弊之後，不得不放棄對漢軍的絕地擊殺。

冒頓之所以放棄圍攻白登，極可能是他尚未下定決心與漢全面開戰，只是韓王信突然投降，讓他無意中捲入了漢朝中央與地方諸侯的爭鬥。

冒頓此次南侵，與以往匈奴劫掠邊境行動相比，並沒多大區別，就是想趁著隆冬季節，搶劫一把就走，而非全面入侵中原，消滅新興的大漢王朝，將劉邦困在白登山，只是一場意外試探的結局。

當完全包圍了漢軍後，冒頓才陷入真正兩難，一口氣消滅漢軍，他自知沒辦法做到，想打消耗戰，可對方能堅持多久，無法預知。他最擔心的是，萬一數十萬大漢援軍提前趕到，對匈奴裡外夾擊，他又將如何應對？

然而，冒頓最大的危險還不在戰場上，而是在大後方。

若匈奴與大漢僵持不下，難以短期內終結戰爭，難保草原上不會有人趁機作亂。匈奴尚未完全吸納消化東胡等新征服部族，要是他們被煽動起來，恐怕剛統一不久的草原，又將再度四分五裂。

除此之外，韓王信部將王黃、趙利等人在匈奴圍困白登山後，遲遲不見蹤影，他們是真投降，還是詐降之後，仍暗中與漢軍串通，冒頓心裡沒底。

白登之圍以雙方零接觸而結束，結局並不圓滿，但雙方都不算輸，但經此之後，匈奴人對漢形成了策略威懾，直到七十年後，到了漢武帝時，漢軍對匈奴的怯戰心理，才有所轉變，不過那時劉邦墳頭早已荒草離離了。

## 3. 自信、失敗和白登山的雪

劉邦毛病不少，但他不是那種死要面子之人，敢認錯，逃離白登回到廣武後，他立刻釋放劉敬，當場道歉後，封劉敬為建信侯，食兩千戶。隨後，就接下來如何應付匈奴，再次徵求劉敬的意見。

劉敬認為，想在短期內一勞永逸解決匈奴之患是不可能的，對匈奴人講仁義道德是沒有用的，想他們服你，就得徹底打敗它，可如今中原滿目瘡痍，將士們普遍厭戰，實在不能打下去了，所以只有寄希望於冒頓子孫，具體辦法就是和匈奴政治聯姻，將皇帝和皇后所生的嫡公主嫁給冒頓，將來公主生下王子，即位為單于，外孫肯定不會與外公作對，如此漢匈可以免遭戰火，和平共處，相安無事了。

為保住江山，劉邦沒有什麼捨不得的，他立即答應了劉敬的和親提議，可是他和呂后只有一個女兒魯元公主，呂后聽說要將女兒遠嫁匈奴，日夜不停哭鬧，死活不同意。

劉邦沒辦法，只好找了個宮女，冒充公主身分出嫁，派劉敬出使匈奴，與冒頓簽訂聯姻盟約，至此，漢朝透過和親政策暫時換得了北部邊境的安寧。

第十章　皇帝的新煩惱

# 第十一章

## 生前身後事

## 第十一章　生前身後事

### 1. 兄弟、父親和老部下的背叛

劉邦從北方返回長安時，丞相蕭何主持的未央宮工程也接近竣工了。未央宮是在秦章臺宮廢墟的基礎上改建而來，位於長安西北部的龍首原上，居高臨下，氣勢雄偉，亭臺樓閣，綿延數里，修建的非常奢華氣派。

劉邦看了之後非常生氣，覺得天下未定，蕭何大興土木實在不應該，將蕭何狠狠臭罵了一頓，但罵歸罵，沒過幾天，他還是高高興興地搬進了未央宮。

在北方邊境，匈奴人依然不消停，劉邦撤離不久，就派兵攻打代國。代王是劉邦二哥劉喜，他本是個莊稼漢，哪裡會行兵布陣，聽說匈奴人來了，就嚇得逃跑了，一口氣跑回洛陽才收住腳。

虧得劉邦事前安排樊噲留在代國，加上匈奴也不過是小部隊滋擾，總算穩住了局面。

劉邦小時候，父親劉太公常罵他不如二哥能幹持家。雖說時過境遷，劉邦也做了皇帝，但對當年之事，依舊耿耿於懷。劉喜被匈奴人嚇得半死，灰頭土臉跑回來，劉邦也算出了一口氣，畢竟是同胞兄弟，也沒再追究他，只將他貶為合陽侯。不過，劉邦也沒忘記嘲弄一下老父親。

劉邦稱帝後，尊劉太公為太上皇，然後在驪邑縣（今陝西臨潼縣東北十四里陰盤城）按照豐邑老家的樣貌修建了一座新城，取名為新豐，把老家街坊鄰居們全都搬遷過來。據說，新豐修的太逼真，各家雞犬放開後，都能找到自家家門。

新豐建成後，劉太公常去串門，跟街坊們在一起閒話家常敘舊，心情舒暢了許多。

## 1. 兄弟、父親和老部下的背叛

在生活上，劉邦對老父親體貼照顧，但心結依然在。

高帝九年（西元前 198 年）冬十月，時值歲首，淮南王英布、梁王彭越、趙王張敖、楚王劉交等諸侯王至長安朝賀。

劉邦在未央宮設宴款待諸侯及滿朝文武大臣，席間酒喝多了，就有點驕傲起來了，藉著酒興，舉杯對太公道：「當年父親總嫌棄兒子沒出息，不能置辦家業，不如二哥勤勞能吃苦，今天，請您看看，兒子我創下的家業，跟二哥比，到底誰的多？」

話音一落，逗得殿上諸侯及群臣哄堂大笑，齊聲山呼萬歲。

或許這次當眾羞辱，對年邁的劉太公留下心理創傷，九個月後，他就去世了。

劉邦為老父親舉行了盛大葬禮，葬於萬年邑。

葬禮期間，各地諸侯都來京弔唁，唯獨代國國相陳豨缺席，讓劉邦大為光火。

當時代國王位空缺，國相署理國政，但朕的父親去世，你陳豨不赴京出席葬禮，就是在蔑視朕這個皇帝！

劉邦沒想到的是，喪禮尚未結束，同年九月，陳豨造反了。

陳豨，宛朐（今山東曹縣西北）人，曾追隨劉邦入關，後參與平定燕王臧荼之亂，因功封陽夏侯。

陳豨是劉邦的老部下，劉邦對他一直很信任，為何造反了呢？

這還要從趙國國相周昌說起，正是他揭發了陳豨的反跡。

趙國本封給張耳，張耳死後，其子張敖繼位。劉邦與張耳交厚，將女兒魯元公主嫁給張敖。劉邦在白登之圍後，返回長安途中，路過趙國。

## 第十一章　生前身後事

趙王張敖知道老丈人脾氣不好，早晚在床邊小心翼翼伺候，可謂禮數周到，態度恭敬。

劉邦剛吃了敗仗，心情不好，就拿張敖出氣，對他吆三喝四，張口就罵，話很難聽，猶如使喚自家奴才一般。

張敖為人膽小謹慎，就算劉邦再兇，也忍氣吞聲，逆來順受，但趙國國相貫高卻看不下去了。

貫高跟張敖父親張耳關係不錯，親眼看著張敖長大，君臣二人感情很好，看著張敖受辱，他實在受不了。

一氣之下，貫高聯繫趙午等人，勸張敖一不做二不休，乾脆除掉皇帝。

張敖膽小，嚇得咬破了手指，死活不肯。

貫高、趙午便決定獨自行動，刺殺劉邦。為免牽連張敖，沒在邯鄲下手，而是另待時機。

一年後（高帝八年），劉邦前往東垣縣（屬恆山郡，今河北石家莊市東北，後改為真定縣）剿滅韓王信餘黨，途中經過趙國柏人縣（今河北隆堯縣西北）。

貫高暗中派人藏在廁所的夾牆中，準備行刺劉邦。

不料劉邦臨時改變主意，沒在柏人縣留宿，貫高刺殺行動未遂，反被仇家得知後被揭發了。劉邦很生氣，馬上下令捉拿趙王張敖及貫高等趙國君臣。

呂后害怕女兒守寡，出面求情，張敖總算保住了性命，降為宣平侯，貫高在獄中自殺身亡。

劉喜從代國逃回後，劉邦封戚夫人生的兒子劉如意為代王。

## 1. 兄弟、父親和老部下的背叛

現在趙王位空缺了，劉邦改封劉如意為趙王，因為趙國遠比代國強。

劉邦寵愛戚夫人，也特別疼愛劉如意，覺得這位小兒子非常像自己，對他的疼愛，遠勝其他諸子。

劉如意年方十歲，劉邦捨不得讓他赴趙就國，封為趙王後，劉如意仍然留在長安，陪伴在劉邦身邊。

戚夫人是劉邦兵敗彭城，在逃跑的路上，經過定陶時遇到的，她貌美動人，能歌善舞，很懂得男人心思，所以，劉邦自有了她，再也捨不得離開。

人都是會變的，數年下來，當初心思單純、楚楚可人的戚夫人變了，已有了政治野心。她知道，劉邦年紀大了，一身戰爭傷痛，遲早要先一步離她們母子而去，想要在險惡的宮廷中活下去，就必須趁著皇帝在世之際，把自己的兒子立為太子。

所以，她只要有機會就圍著劉邦哭鬧，希望皇帝早下決定，立劉如意為太子。只有兒子將來掌握了最高權力，母子二人才能確保安全無虞。

只是立太子，劉邦一人說了不算，須贏得群臣擁護才行。

劉邦多次試探群臣對廢劉盈改立劉如意的反應，結果群臣都反對，特別是御史大夫周昌態度非常堅決，跟劉邦槓上了。

周昌與劉邦是同鄉，為人耿直，又患有嚴重口吃，一激動，說話更不流暢，結結巴巴地說道：「臣口不能言，但臣期期知道不能這樣做，陛下要廢太子，臣期期不奉命！」

劉邦被他逗得哈哈大笑，但廢立之事，也只好作罷。

周昌和劉邦爭執時，呂后正躲在屏風後偷聽。暗中聽完周昌一番仗義執言後，感動的老淚縱橫。周昌退出來後，呂后在殿外東廊下特意候

## 第十一章　生前身後事

著，抹著眼淚向周昌致謝說，今天要不是有你，我兒子太子之位幾乎保不住了。

劉邦想廢太子，被周昌頂回去後，暫時不再提這件事，但也不想讓周昌留在身邊，為了耳根清淨，命他立刻出京，遠赴邯鄲擔任趙國國相。只是他沒想到，歪打正著，正是周昌揭發了陳豨謀反。

為抵抗匈奴，方便統一指揮軍隊，朝廷授權陳豨統領代、趙兩國邊防部隊，可陳豨仍然不滿足，大肆招攬門客，籠絡四方士人，頗有戰國孟嘗君的派頭。

有一次，陳豨帶領門客去趙國邯鄲，一路招搖過市，隨行車輛多達千輛，手下門客竟然住滿了邯鄲官舍，這引起了周昌的警覺，他感到茲事重大，立即上書朝廷，如實反映情況。

劉邦立刻下令調查，發現陳豨門客中有多人涉嫌違法亂紀，不少事還扯到陳豨頭上。

陳豨聽聞皇帝要調查他，不由得慌了，聯繫已經叛漢的韓王信舊部王黃、曼丘臣等，於高帝十年九月自稱代王，發起叛亂。

劉邦統領大將樊噲、灌嬰、夏侯嬰、酈商、靳歙等，親率三十萬大軍經邯鄲北上平叛，另外，命周勃率一路大軍經晉陽，趕赴馬邑與曼丘臣的叛軍作戰。

得知陳豨叛亂後，張良也抱病隨周勃北上。

韓信以生病為由，拒絕出征，梁王彭越也託病，只是派一支為數不多的人馬來敷衍一下。

在北上邯鄲途中，劉邦得知，陳豨營中有不少人是商人出身，商人好利，這就簡單多了，他不惜重金，對他們加以收買，這些人見錢眼開，紛

## 1. 兄弟、父親和老部下的背叛

紛改投漢營，有效地分化削弱了陳豨。

劉邦聽聞陳豨叛變後到處攻城，卻忽略了邯鄲這樣的重鎮，他由此斷定陳豨鼠目寸光，缺乏策略遠見，注定長久不了。

果不其然，第二年，在漢軍的猛攻之下，叛軍節節敗退，許多受陳豨蠱惑之人，本就首鼠兩端，眼看形勢不對，很快放棄追隨叛軍。陳豨本人雖然僥倖逃脫，不過幾年後，終被樊噲斬殺。

而周勃、張良一路攻克晉陽後，在馬邑大敗韓王信，漢軍將領柴武寫信勸韓王信投降，遭到拒絕後，被柴武斬殺。

劉邦征討陳豨之際，人在長安的韓信也是坐立不安。

陳豨與韓信有過交集，在上任代國國相前，他私下曾去韓信府上道別。

韓信被冷落已久，陳豨來訪，令他很感動，兩人說了許多貼心話，只是有些話不便說，遂挽手到庭院漫步，趁四下無人低聲道：「我心中有些知心話不吐不快，不知當講否。」

陳豨恭恭敬敬地回答：「將軍您對我還不了解嗎？一切全憑您吩咐就是！」

韓信聽後，便說：「您此去代國，兼領代、趙兩國之兵，肩負防禦匈奴重任，要好好利用這次機會，有所作為。」

陳豨點頭稱是，韓信又替他打氣說：「您儘管放心好了，就算鬧出點動靜，也沒什麼大不了，要是有人舉報您圖謀造反，以陛下對您的信任，估計多半會置之不理，但若被多次檢舉，皇帝大概會親自帶兵前來征討。屆時，我在京城做內應，我們裡應外合，何愁大事不成！」

陳豨知道韓信用兵如神，聽完韓信這番話，心中多了幾分底氣，後來，他果然造反了。

## 第十一章　生前身後事

　　劉邦離開京城後，韓信召集家臣，暗中做好布防準備，打算假傳詔書釋放罪犯和奴隸，進行武裝後，捉拿呂后和太子，一舉控制京城。

　　韓信不指望陳豨能夠擊敗劉邦，唯願他在戰場上拖得久一些，讓劉邦陷入戰爭，抽不出身來。

　　韓信相信彭越、英布這些人，都非甘於久居人下，一旦長安風向有變，他們必然會蠢蠢欲動，起來響應。

　　只是，韓信困於京城，與外界消息不通，無法及時了解代、趙叛軍戰爭進展，只有坐等陳豨送信來。

　　然而就在這時，發生了意外。

　　不知何故，一名家臣惹惱了韓信，韓信一怒之下，下令將他關起來，準備殺了。

　　家臣之弟情急之下，跑到宮中向呂后揭發韓信。

　　聽聞韓信謀反，呂后大吃一驚，不過，她很快冷靜下來，命相國蕭何設法騙韓信入宮，然後除掉他。

　　蕭何對韓信有知遇之恩，由他出馬，相信韓信不會起疑心。

　　蕭何為了自保，沒辦法推辭，只好趕到韓信府上，對韓信稱，使者帶來消息，皇帝已消滅叛軍，陳豨已被處死，京城列侯及文武官員，都入宮向皇后和太子祝賀，將軍您要是不去，恐怕說不過去吧！

　　韓信本還想託病不去，但經不住蕭何再三勸說，只得答應下來。

　　韓信一入宮，就被武士撲倒在地，捆綁起來，被呂后下令帶到長樂宮鐘室處死。

　　劉邦平叛結束返回長安時，才知韓信已死，他內心五味雜陳，很不是滋味。劉邦對韓信可謂又恨又愛，嫉恨他恃才傲物，又賞識他才華過人，

# 1. 兄弟、父親和老部下的背叛

正因如此，他一直猶豫不決，沒對韓信下手。

呂后知道劉邦心思，所以才搶在他返京之前，沒有任何審訊就處死了韓信。

後來劉邦又從陳豨部下口中得知，除韓信外，陳豨還曾與燕王盧綰有所往來。

盧綰是劉邦兒時玩伴，一起上學讀書，整日形影不離，劉邦年輕時候每次外出避禍，盧綰總陪伴左右。

沛縣起兵後，盧綰與劉邦從來沒分開過。就算劉邦做了皇帝，兩人之間從來不避諱，他可以自由進出劉邦內室，猶如家人一般。

與蕭何、曹參、陳平、張良等人相比，盧綰才能很一般，也沒有特別突出的功勞，不過，平定燕王臧荼之亂後，劉邦將燕國封給盧綰。盧綰能當燕王，完全是依靠與劉邦的私人交情。

就算整個天下人背叛了，但盧綰不應該啊，劉邦實在想不通，也有點不相信。就算他有誤解和不滿，當面說清楚不就得了，何必要謀反？於是，劉邦派使者去召盧綰，但是盧綰稱病不肯來長安。

劉邦不死心，又派闢陽侯審食其和御史大夫趙堯去燕國調查。

盧綰相信劉邦，但不信呂后。呂后參政意圖越來越明顯，趁皇帝不在京城，處死淮陰侯韓信，是幫助皇帝剷除政敵，還是為兒子的將來掃清障礙，怕只有她自己清楚。

審食其此人不簡單，他和呂后關係很特殊。

呂后在被項羽扣押為人質的幾年中，審食其一直陪伴在她身邊，在生活上和精神上給與照顧，成了呂后的祕密情人，呂后能撐到最後，與審食其的支持有很大關係。兩人在患難之際建立的這種感情，旁人是無法體會

## 第十一章　生前身後事

的，正因為如此，呂后封后以來，審食其是她身邊最重要的親信。

審食其的到來，讓盧綰很緊張，他搞不清到底是皇帝要整他，還是呂后要害他，左思右想，他乾脆躲起來，以為拖上些時日，審食其和趙堯見不到人，也就知難而退，自動走人了。

見燕王都躲起來了，燕國官員也有樣學樣，本著多一事不如少一事的原則，紛紛避而不見。

審食其不死心，另闢蹊徑，從民間調查，果然皇天不負苦心人，他調查出一個關鍵性人物——張勝，一樁密謀也隨即浮出水面了。

原來，劉邦討伐陳豨時，盧綰也派兵進入趙國，配合朝廷作戰，同時為防止匈奴攪局，派張勝出使匈奴，打探匈奴動向。

就在張勝出使匈奴途中，意外遇到了前燕王臧荼之子臧衍。臧衍向張勝出主意說，若陳豨被消滅，接下來恐怕就輪到燕國了，從長遠計，燕王應暫緩攻擊陳豨，並與匈奴交好，往後就算漢廷對燕國下手，也有個外援。

張勝被臧衍說服了，臨時改變主意，私下勸匈奴出兵，幫助陳豨反擊燕軍。

從匈奴回來後，張勝向盧綰如實彙報，盧綰聽後也深以為然。

此後，盧綰讓張勝為密使，來往於燕國與匈奴之間，負責聯繫燕國與匈奴之間事宜。陳豨被擊潰後，之所以還能苟延殘喘數年之久，與燕國暗中支持有莫大關係。

劉邦剛開始對審食其的彙報，還有些將信將疑，恰好此時，有些自匈奴過來之人稱，張勝身為燕王密使，現在正活躍在匈奴，這無疑證實了審食其的調查結果是可靠的。

被最信賴之人背叛，劉邦的憤怒可想而知，他於高帝十二年（西元前 195 年）三月，下令樊噲率軍征討燕國，後來，又改周勃為主將，替代樊噲出征。

周勃大軍一路長驅直入，勢如破竹，攻下薊（今北京東南），大破燕軍，盧綰率領家人和數千騎兵出逃，潛伏在漢匈邊境的長城一帶。

其實盧綰從未想過背叛劉邦，他的所作所為，只為求自保而已。他還想有朝一日親赴京城，向劉邦當面澄清。

可是直到劉邦病逝，兩人終究沒有機會見面。

盧綰無奈之下，投靠了匈奴，死於大漠草原，享年六十三。

## 2. 平叛、返鄉和毀譽自保

盧綰事件對劉邦刺激太大，好兄弟都背地裡扯自己後腿，還有什麼人可信，如今，他除了相信手中權力，不再相信任何人。

征討陳豨時，彭越生病沒辦法隨行，劉邦很惱火，派使者前往梁國申斥彭越，彭越害怕了，打算親自到京城請罪。

彭越屬下將領扈輒勸他：「大王剛開始接到皇帝命令時不去京城，如今，被皇帝責備了才去解釋，您不覺得有點晚了嗎？」

彭越說：「那你說該怎麼辦？」

扈輒回答道：「現在去京城，無疑自投落網，反正皇帝已對您起疑，不如索性豁出去反了！」

彭越雖有些心動，但猶豫不決，下不了決心，便繼續在家稱病。不料

## 第十一章　生前身後事

事跡敗露，二人的談話被彭越太僕聽到了，他恰好犯了事，自知難逃罪責，就跑到京城，揭發彭越謀反。

趁著彭越尚未行動，劉邦出其不意，奇襲梁國，活捉了彭越，押回洛陽。

不過，劉邦念及彭越戰功，不忍心殺他，遂特赦彭越死罪，貶為庶民，流放蜀郡青衣縣（今四川省名山縣北）。

彭越從洛陽出發，押往蜀地，向西走到鄭縣（今陝西華縣）時，恰好碰上從長安前往洛陽的呂后。彭越覺得自己太委屈，向呂后哭訴辯解，說現在他不敢奢求太多，只想放他回故鄉昌邑，以度殘年。

呂后當場很痛快地答應下來，說回到洛陽，一定會為彭越求情，彭越滿懷感激地跟著呂后一起返回洛陽。

哪知道，呂后一到洛陽，就立即翻臉，反而勸劉邦為防止遺禍後世，應立刻殺掉彭越。

劉邦此時還有些顧慮，身為皇帝說話不算話，出爾反爾，讓天下人怎麼看。

呂后說，這還不簡單，指使彭越門客告他再次陰謀造反，廷尉王恬開呈報請誅滅彭越三族。

劉邦沒有再反駁，批准誅殺彭越，滅其家族，下令將彭越頭顱掛在洛陽城門上方示眾，肢體被剁成肉醬，送到各個諸侯那裡，警告他們不要對皇帝有二心。

彭越肉泥傳到淮南國時，英布正在圍獵。

看著盤中一團肉泥，英布不免兔死狐悲，他預感到自己將會成為劉邦下一個下手的對象。

## 2. 平叛、返鄉和毀譽自保

於是，英布開始暗中謀劃造反，可還沒等做好完全準備，卻被人揭發了，事情的起因源於一樁捕風捉影的緋聞。

英布有個愛妾生病，常到宮外一家醫師家中治病，中大夫賁赫和醫師家住對門，為了巴結英布，賁赫趁著她去醫師家機會，送了許多厚禮，有時還逗留醫師家，陪她一起飲酒。

英布愛妾得了人家好處，免不了在英布枕邊說說賁赫好話。

次數多了，英布起了疑心，懷疑自己的女人和賁赫有曖昧關係，一怒之下，下令逮捕賁赫。

不料，賁赫提前得到風聲，跑到長安，告發英布要造反。

得知賁赫潛逃，英布便殺死賁赫全家，起兵造反，先出兵向東攻下荊國，荊王劉賈逃至富陵被殺。

英布收編了荊國部隊後，渡過淮河攻擊楚國。

楚兵分三路，在徐、僮之間（今安徽泗縣、宿縣一帶）迎擊英布。英布集中兵力攻其一路，然後各個擊破，擊潰了楚軍後，英布繼續一路向西挺進。

英布造反後，劉邦調集上郡、北地、隴西的騎兵和巴、蜀兩地的材官士，與京師中尉的軍隊三萬人，作為太子警衛部隊，一起集結駐紮霸上，拱衛京城，然後決定親征英布。

大臣們齊往霸上為皇帝踐行。張良不顧重病，也強撐著趕來送行，君臣二人握手唏噓良久，張良送至曲郵（今陝西臨潼縣東七里）停下腳步。

臨別之際，劉邦將太子託付給張良，希望他在自己出征期間輔佐好太子，保證關中無事。

劉邦率大軍行至蘄縣以西會甄（今安徽宿州市埇橋區大營鎮）時，與

## 第十一章　生前身後事

英布叛軍相遇。英布起兵後，一路凱歌，士氣正旺，劉邦見英布兵強馬壯，不敢貿然交戰，暫躲入庸城（在今安徽宿州市南蘄縣鎮西）壁壘，以避鋒芒。

劉邦從壁壘上遠遠望去，見英布軍容布陣與當年項羽一模一樣，彷彿項羽再生，楚軍重集一般，勾起了他對許多不堪回首往事的記憶，心中既嫉恨，又厭惡，可又忌憚和無奈，便遠遠地問英布：「你何苦要造反呢？」

反正都造反了，也沒必要隱瞞，英布很乾脆地回答道：「我也想過把皇帝癮！」

話說的很直白，完全沒把劉邦放在眼裡。

劉邦被激怒了，一時顧不了太多，當場下令開戰。戰爭異常慘烈，混戰中，劉邦被叛軍流矢射傷，血流不止。

就在千鈞一髮之際，齊王劉肥和國相曹參率十二萬大軍趕來蘄北參戰，漢軍一時氣勢大振。

車騎將軍灌嬰接連斬殺英布三員大將，與曹參兵合一處後，進擊英布北翼，英布上柱國和大司馬之軍被接連擊敗，漢軍漸漸占上風，乘勝又擊潰叛軍別將肥誅，俘虜一名左司馬，斬殺十餘名將校。

眼看大勢已去，英布再無心戀戰，率殘部南撤，等渡過淮水時，身邊只剩下一百餘人，只得倉皇往江南逃竄。他聯繫到大舅子長沙王吳臣（吳芮之子，吳芮之女嫁給英布），請他助自己一臂之力。

吳臣回信稱，願陪妹夫到南越避難，實際上騙了他，根本沒有行動。

英布逃到茲鄉（今江西潘陽地區），在一處民宅休息時行跡敗露，被當地百姓殺死，時在高帝十二年（西元前195年）冬十月。

吳臣用英布的人頭，向皇帝證明了自己的忠誠，劉邦也大度宣布長沙

## 2. 平叛、返鄉和毀譽自保

王完全不用擔心,韓信、彭越、英布被誅滅,是他們犯上作亂,自取滅亡,而非自己刻薄寡恩,不容功臣。

其實,長沙國實在弱小,根本無力對朝廷構成威脅,劉邦也樂於保留這樣一個政治點綴。

自燕王臧荼叛亂以來,劉邦歷時七年,至此,終於完全剪除了異姓王的威脅。

多年的征戰,嚴重損害了劉邦的健康,年紀漸長,加上多次負傷,他有一種預感,上天留給自己的時日不多了。打敗英布之後,劉邦決定順道回趟沛縣老家,想在人生最後時光,回到養育自己的土地去看看。

高帝十二年冬十月,劉邦闊別故鄉多年後,回到了沛縣。

元曲作家睢景臣以劉邦重返沛縣為題材寫了元雜劇《高祖還鄉》,透過一個熟悉劉邦身世的鄉鄰視角,對他極盡嘲諷之能事,刻劃了劉邦作威作福的醜態。

然而,劉邦此次回到故鄉,心情其實很沉重,甚至有些傷感,人離家久了,都會懷念故土,此乃人之常情,項羽渴望衣錦還鄉,劉邦何嘗不是,雖說已是九五之尊,但一身傷殘,故友舊屬紛紛背叛,人在高處不勝寒,內心的無奈和悽苦又能與誰去說?

算了,煩惱事暫拋一邊,還是和鄉鄰們說點貼心話吧!

劉邦在沛宮大擺宴席款待鄉鄰們,酒酣之際,劉邦親自擊築,高歌曰:

*大風起兮雲飛揚,*

*威加海內兮歸故鄉,*

*安得猛士兮守四方!*

## 第十一章　生前身後事

　　一曲唱罷，劉邦意猶未盡，遂趁著酒意起舞，感慨萬千之際，不覺潸然淚下，舉杯動情地對故鄉父老說：「遊子無論走多遠，但一顆心永遠牽掛著故鄉，我現在雖身處關中，但心無時無刻不和鄉親在一起，夢中皆是故鄉的山水。將來我去世後，魂魄一定會回到沛縣故地。當年，朕從沛縣出發，興義兵，誅滅暴秦，終得天下。在此，我宣布沛縣為朕的湯沐邑，免除父老徭役，世世代代不用向朝廷繳納賦稅。」

　　在老家的時日，是劉邦這些年來最為快意的日子。然而，他隨行人員太多，這麼多人吃喝是一筆龐大的開銷，多停留一天，就等於給鄉親們增加一日的負擔。

　　十天後，劉邦決定走了。

　　聽說劉邦要離開，沛縣鄉親們都明白，他再也回不來了，全城百姓傾城而出，聚於城西，獻上牛和酒，挽留劉邦，希望他再住幾日。

　　盛情難卻之下，劉邦又與鄉親們歡飲三天。

　　沛縣是劉邦起兵的地方，但真正論起來，豐邑才是他的出生地，只是當初豐邑之人幫助雍齒，背叛了劉邦，一度害得他差點無家可歸。

　　雖說時過境遷，但劉邦這個心結依舊難以解開。

　　鄉親們趁劉邦喝酒心情不錯時，請求他一併免除了豐邑的徭役。劉邦本來興致勃勃，但一聽鄉鄰們為豐邑求情，立刻就不高興了，冷冰冰地說：「豐邑是生我養我的地方，我是不會忘的，可豐邑背叛我，追隨雍齒，幫助魏國，此恨實在難以忘懷，實難同意。」

　　不過，在大家反覆哀求之下，最後，劉邦還是同意免除了豐邑的徭役。

　　劉邦辭別故鄉，經過一個月旅途，終於返回長安。

　　在長安郊區，一群人攔路狀告相國蕭何欺壓百姓，強買京郊周圍數千

戶百姓的田宅,希望皇上為大家做主。

眾人本以為劉邦聽後會很生氣,沒想到他卻哈哈一笑了之。

身為大漢相國,蕭何的治國才能是無人能比的,而身為朝廷百官首腦,他是除了皇帝外最有權力之人,可以說,他距離皇權只有一步之遙。

所以,對於蕭何,劉邦既離不開,又要時刻提防著。在出征陳豨期間,劉邦常派人慰問蕭何。看著似曾相識的一幕又出現了,蕭何馬上明白皇帝還是不放心他,所以,當大臣們前來道賀時,蕭何苦笑了一下,下令家人將府中凡是值錢的東西全都翻出來,通通送到前線充當軍費。

討伐陳豨結束之際,蕭何出賣了韓信。

劉邦回來後,為他增加食邑五百戶,算是一種獎勵,同時又派了一支五百人的護衛隊給他。

此事表面看,是為了保護蕭何的安危,畢竟韓信掌握大漢三分之二軍權多年,朝野肯定有不少支持者,為防止他們報復,加強蕭何的守衛是必須的。

但實際上,還有一種可能,劉邦鄙視蕭何出賣韓信,韓信是蕭何親自推薦的,而後又命喪他手裡,對於這種做法,他是看不起的。

你可以出賣韓信,也許有一天你也會出賣朕!

所以,替蕭何增加護衛,可以理解為保護他,也可以理解為監控他。

以往劉邦出征時,都將太子託付給蕭何,但陳豨之亂後,征討英布時,他將太子劉盈交給了張良,蕭何看在眼裡,可謂冷暖自知了。

多年來,劉邦在外征戰,蕭何勤勤懇懇,將關中治理得井然有序,為劉邦提供了穩定的大後方,民間對蕭何評價很高。

## 第十一章　生前身後事

　　一位門客提醒蕭何，當一個臣子聲望太大，足以超過皇帝時，就很麻煩了。您現在位居相國，位極人臣，皇帝已經賞無可賞了，但您還如此為國勤勉做事，民望一日高過一日，要是您是皇帝，又該如何辦？恐怕只有滅您全族，永絕後患！

　　如果您還想活命，就趕緊與民爭利，多買田產，把自己搞臭了，皇帝對您也就放心了。

　　為了保命，蕭何只能昧著良心做壞事了，設法搶奪百姓田產，幾番操作後，百姓心中那個老成謀國的蕭相國，變成人人唾棄的大貪官。

　　因此，面對民怨沸騰，劉邦不但不怒，反而竊喜。

　　當蕭何前來拜見時，劉邦將百姓的揭發信扔給他，調侃說：「沒想到啊，連相國都打百姓主意了，這可是稀罕事呐！」

　　蕭何連忙謝罪，劉邦揶揄道：「我才懶得理，你惹的禍，自己看著辦，要請罪，還是親自去向百姓們解釋吧！」

　　此事最終不了了之。

　　然而沒多久，蕭何又將劉邦惹火了。

　　長安附近地少人多，百姓耕地有限，而上林苑作為長安近郊的皇家禁苑，規模極大，方圓數百里。蕭何覺得為了供皇帝遊獵，將如此大面積土地荒蕪著實在可惜，提議劉邦是否開放部分土地，供民眾墾荒耕種。

　　劉邦勃然大怒：「相國你膽子好大，竟敢打朕上林苑的主意，定是私下拿了奸商好處。」劉邦命令將蕭何交付廷尉，嚴刑審訊。

　　如何處置蕭何，廷尉府為難了。

　　幾天後，有位姓王的衛尉，去探劉邦口風。

劉邦餘怒未消地說：「我聽說，始皇帝時期，李斯為丞相，有功歸皇帝，過錯攬到自己身上。他蕭何倒好，收取奸商錢財，為他們說話，分明拿了他人好處，為自己撈好名，讓我背惡名。」

王衛尉明白怎麼回事了，便說：「為百姓謀利，是宰相分內之事，陛下為何懷疑相國私收商人錢財呢！相國若真想謀利，陛下帶兵在外這些年，他只要動動手腳，函谷關以西，恐怕就不歸陛下所有了。

始皇帝要是知道自己的過錯，還會丟掉天下嗎？一對亡國君臣，有什麼值得效法！」

劉邦聽後，心中很不痛快，但還是派人放了蕭何。

從牢裡出來後，蕭何趕緊到宮中謝恩。

劉邦見蕭何光著腳，遠遠跪在地上，向他請罪，心中有些過意不去，便說了些寬慰的話，讓他趕緊起來。此事後，君臣二人總算相安無事了。

## 3. 爭儲、四個老頭和寂寞身後事

返回長安之後，劉邦病情日漸加重。

呂后到處尋醫問藥，覓得一位名醫，引薦給劉邦。

醫生為劉邦診斷完後，勸慰說：「陛下只需安心調養休息，相信會一天天好起來的。」

劉邦知道大限將至，醫生的話，不過是寬慰人罷了，便罵道：「我以一介布衣提三尺劍奪得天下，大丈夫在世，生死有命，現在就算扁鵲重生，對我的病情也會束手無策，何況像你這樣無名庸醫！」

## 第十一章　生前身後事

遂讓人賞賜醫生五十金,打發出宮,此後,他拒絕配合治療。

劉邦數次死裡逃生,早已看淡生死,相比死亡,他更擔心身後事,他走後,大漢王朝的命運如何,他有些放心不下。

劉邦親眼目睹了強大無比的大秦帝國之崩潰,可不想自己親手打下的漢家江山重蹈覆轍。他現在最大的憂慮是沒有一個優秀的繼承人。

太子劉盈太過文弱,將好不容易才打下的江山交到他手中,劉邦有些不放心。如今大漢表面風平浪靜,實則危機四伏,外有匈奴虎視眈眈,內有元老重臣手握大權,他能應付得過來嗎?

劉邦本來看好戚夫人所生之子趙王劉如意,覺得他雖年幼,但舉手投足之間,頗有自己風範,因此他曾數次想廢掉劉盈,改立劉如意為太子。

可是,此舉遭到了群臣們強烈反對。劉邦一氣之下,乾脆躲在宮中,拒絕見人。周勃、灌嬰等人想入宮覲見,都吃了閉門羹。

時間一天天過去了,轉眼間已是十幾日。

樊噲按捺不住了,逕自闖入宮去。群臣見狀,也跟了進去。

樊噲見劉邦一人獨臥,頭枕在一名宦官腿上假寐。

樊噲鼻子一酸,流淚道:「回想當年,陛下與臣等一起起事,縱橫天下,是何等英武雄壯!沒料到如今天下初定,陛下卻已如此頹唐,群臣得知陛下病重,無不心急如焚,朝堂上國事累積如山,陛下卻忍心拒見臣等,難道就讓這個宦官陪你到死嗎?趙高篡權的前車之鑑不遠,陛下這麼快就忘了嗎?」

劉邦苦笑一聲,只能強拖著病體,重新理政。

英布叛亂時,劉邦曾想讓太子劉盈代替自己去平叛,讓他去歷練一下,在戰爭中樹立威望。

## 3. 爭儲、四個老頭和寂寞身後事

呂后得知後大吃一驚，兒子性子文弱，從未有統兵打仗經驗，且不說英布這樣的悍將，哪是他能對付得了，就是朝中那些重臣宿將們，要是沒有劉邦親自坐鎮，豈能指揮得動？

因此，萬萬不能讓兒子出征，平叛英布還得要劉邦親自出馬才行。

可是，呂后知道，如今他們夫妻二人早已生疏，她的話，劉邦豈能聽的進去，環顧朝堂，如今能改變皇帝主意的恐怕也只有張良了。

她本人不方便出面拜訪朝臣，所以讓二哥建成侯呂釋之到張良府討主意。

張良閉門不出已有時日，但呂釋之到訪，他又不能不見，只能在病榻上接見了他。

「陛下想換太子，先生身為皇帝重要謀臣，發生如此大事，怎能裝聾作啞，躺在家裡睡大覺，不聞不問呢？」呂釋之語氣間略帶責備之意。

張良是個絕頂聰明之人，親眼目睹了劉邦誅殺韓信、打壓蕭何，功臣們無不戰戰兢兢，他現在只想在家避世養病，不想再摻和朝堂之事。

面對呂釋之的責難，他一臉為難地答道：「當年皇帝身處險境，才聽我的一些意見，如今天下已定，我的話皇帝未必聽，況且廢立太子，無論換哪個，都是皇帝親生骨肉，我只不過是個外人罷了，別說我勸諫，就是像我這樣百人集體上書反對，皇帝也未必聽得進去啊！」

呂家未來富貴和合族性命全都寄託在太子身上，呂釋之哪是三言兩語就能糊弄得了，他早已打定主意，非得逼著張良出個招才行。

張良沒法子，只好說：「先前秦朝時，有四位大賢，分別名叫東園公、綺里季、夏黃公、角里先生，皇帝也很仰慕他們，大漢建立之初，就曾派人相邀，希望他們出山為朝廷效力。只是這四人年事已高，加上皇帝傲慢

## 第十一章　生前身後事

待士，動輒謾罵儒生，所以他們效法伯夷叔齊，不肯向大漢稱臣，跑到商山隱居起來，世稱商山四皓。如果您能設法讓他們出來輔佐太子，必然會加重太子在陛下心中的分量，但去邀請時，一定要做到態度謙和，禮數周到。」

呂釋之回去後，就將張良主意轉述給呂后，呂后立刻派人帶上厚禮，以太子劉盈名義誠懇請商山四皓出山，不知是張良在背後運作，還是被太子誠意打動，商山四皓最終答應出山了。

迎商山四皓到長安後，呂釋之先接到自己府上，每日殷勤伺候，後引薦給劉盈，成為太子座上賓。

商山四皓說：「太子征討英布贏了，沒大用處，太子已是儲君，無法再升遷，但要敗了，肯定有損太子威望，成為他人攻訐的把柄，趕緊讓皇后到陛下面前哭訴，就說英布勇武名揚天下，我方將領多是跟隨陛下一起出生入死的悍將，讓太子指揮他們，無疑以羊驅狼，必然難以駕馭，陛下雖病重，但為了妻兒安危，姑且勉為其難了，只要陛下臨陣，哪怕躺在車上指揮，將士們焉能不用命！」

呂釋之連夜進宮，轉達了商山四皓的意見。為了兒子，呂后豁出去了，套用四位老先生的話，聲淚俱下的苦苦哀求劉邦。

劉邦疾病纏身，心情很差，又恨兒子不能成大事，但別無他法，只好無奈又賭氣地說：「我本就沒指望這臭小子，看來還得我親自去。」

經過此事後，劉邦更加覺得劉盈是個無用的窩囊廢，難以指望他挑起大梁，所以，這次他一回到長安，就下定決心廢掉太子。

朝中大臣們多是跟隨劉邦從沛縣出來的軍功階層，相比戚夫人劉如意母子，無論出於個人情感還是出於自身利益考量，他們當然更接受劉盈，

## 3. 爭儲、四個老頭和寂寞身後事

所以他們再次站出來，齊聲反對廢立太子。

就連久不露面的張良和叔孫通都罕見出面勸諫，叔孫通現在不過是個太子太傅閒差，沒有實權，但他一改以往圓滑，向劉邦歷數晉獻公廢黜太子造成晉國幾十年內亂、始皇帝遲遲不立扶蘇為太子導致大秦覆滅等歷史往事，勸他從歷史中汲取教訓，切不可重蹈覆轍。

叔孫通越說越激動：「皇后與陛下是貧賤夫妻，與您患難與共多年，太子仁孝，沒有大過失，怎可輕率背棄皇后，廢長立幼呢？如果陛下執意這樣做，請先殺了我，我願將一腔熱血灑在陛下面前！」

眼看叔孫通不惜擺出豁出老命的架勢，劉邦只好笑著敷衍說：「我就是開個玩笑罷了，看把你急的！」

叔孫通卻沒笑，嚴肅地說：「太子是國之根本，如此大事，豈能拿來開玩笑！」

劉邦拗不過，只好答應不再提廢長立幼了。

然而，劉邦嘴上答應了，內心並不死心。

從誅殺韓信和彭越，他已領教了呂后的心狠手辣，若不廢掉劉盈，自己一死，戚夫人母子二人斷無生路，要保住戚夫人母子，最好的辦法就是立劉如意為太子。

為母則剛，為了保住自己兒子，戚夫人和呂后之間的爭鬥，已是你死我活。戚夫人圍著劉邦，日夜哭泣不止，勸他早下決斷，救救她們母子，搞得劉邦心煩意亂。

呂后也沒閒著，加緊聯繫朝臣，壯大呂氏外戚力量。

樊噲娶了呂后妹妹呂嬃，當然屬於呂氏外戚力量。

## 第十一章　生前身後事

在征討盧綰時，劉邦之所以臨陣換將，用周勃換下樊噲，就是有人告發樊噲與呂后勾結，等皇帝一死，就要對趙王劉如意下手。

劉邦非常惱火，命令陳平與周勃同車快速追趕大軍，一到軍中，就立刻處死樊噲。

陳平比較聰明，覺得皇帝病重，駕崩是早晚之事，未來朝局怎麼樣，誰也說不清，在局勢尚未明朗之時站錯隊，是會付出沉重代價的，現在殺了樊噲，皇帝死後，若呂后掌權，怎麼跟她交代？

兩人商量一番後，決定將樊噲暫打入囚籠，押送回長安交給皇帝，是殺是剮讓劉邦自己看著辦，只要我們撇清了，呂后也賴不到我們頭上。於是，周勃去平叛，陳平押著樊噲回長安。

可是人還未到長安，就傳來劉邦駕崩消息。

劉邦至死，也沒有做到廢長立幼。

最終讓他徹底放棄廢太子的念頭，是源自於一場宴會。

那是劉邦生平最後的宴會，太子劉盈也出席了，陪他赴宴的就有商山四皓。

劉邦見兒子身後陪侍的四個老頭，鬚髮皓白，身穿白袍，個個精神矍鑠，宛如仙人臨凡一般。

劉邦一問，才知道他們就是傳說中的商山四皓，吃驚之餘，問道：

「我三番五次邀請，您們都不肯現身，為何和我兒子在一起？」

四人回答道：「陛下看不起士人，還愛罵人，我們這把年紀了，實在不想受人羞辱，只好避而不見。如今聽說太子仁孝，又敬重士人，天下人都願為太子效力，就算去死也在所不辭，因此，我們也願意出來輔助太子。」

## 3. 爭儲、四個老頭和寂寞身後事

劉邦聽後，訕訕一笑說：「那就有勞各位多多指教一下太子！」

四位老頭向劉邦敬酒後，便緩緩離去。

看著四人遠去的背影，劉邦瞬間似乎都懂了。

商山四皓冠冕堂皇的說辭背後之意是，太子根基已經牢固了，而其實際操控之人定是呂后，她贏得了朝中大臣支持，連這些遺民領袖都收買了，看來想廢黜劉盈太子之位，已不可能了。

那一刻，劉邦感到前所未有的沮喪。

等眾人散去後，他叫躲在屏後的戚夫人出來，無奈地說：「太子羽翼已豐滿，恐怕再也動不了。」

戚夫人絕望了，唯有嚎啕大哭。

劉邦說：「事已至此，哭也沒有用了，不如給我跳一段家鄉的楚舞吧，我為妳伴唱。」

戚夫人忍痛起舞，劉邦擊筑高歌：

鴻鵠高飛，

一舉千里。

羽翮已就，

橫絕四海。

橫絕四海，

當可奈何？

雖有矰繳，

尚安所施？

## 第十一章　生前身後事

舞尚未跳完，戚夫人已哭的收不住聲了。不過，劉邦卻漸漸冷靜下來，現在想要阻止呂氏勢力，已不可能了，那麼，只能另做打算，設法保住劉如意的性命，於是讓年僅十歲的小兒子趕緊赴趙國就國。

現在唯有期盼，劉如意遠離長安是非之地後，能夠做個普通諸侯王，平安度過一生吧！令劉邦感到稍微慰藉的是，趙國國相周昌為人耿直，相信他能扛得住壓力，保全住孩子的性命。

送走劉如意後，劉邦召集群臣，交代國事，現場殺死一匹白馬，君臣共同歃血為盟，約定「非劉氏而王，天下共擊之」。

劉邦最擔心的不是他人，而是呂氏外戚。呂氏權力日漸穩固，已無法扳倒了，只能希望用誓言震懾他們，不要危害自己子孫。

然而，歷史一再證明，誓言盟約從來是靠不住的。

或許，劉邦自己也不見得相信，但他現在能做的只有這麼多了。

向大臣們交代完後，呂后來了。

對劉邦，她曾愛恨交加，但現在無所謂了，看著眼前這個蒼老的男人，她心中沒有絲毫的溫情和不捨，二人對望，默然良久，不知說什麼好。

最終還是呂后打破了沉默，語氣冷冰冰的，向劉邦請教他身後的權力交替事宜。

「陛下百年之後，蕭何相國也時日不多了，陛下認為相國一職誰來接替比較合適？」

「曹參可以接任。」

「那麼曹參之後呢？」

## 3. 爭儲、四個老頭和寂寞身後事

「王陵可以接班,只是他性子太耿直,陳平可以在一旁輔助。至於陳平嘛,智謀有餘,果斷不足,難以獨自挑起重任。另外,周勃此人雖然話不多,但為人敦厚,將來國家有難,能夠安定劉氏天下的必然是他,太尉一職就讓他擔任。」

「那麼,以後呢?」呂后繼續問道。

曹參、陳平、王陵、周勃這些人都是跟劉邦一起打天下的老臣,差不多都已年事已高,而且多是久經征戰,身體不太好,呂后覺得他們大概都活不了多久。

劉邦淡淡說了一句:「以後之事,就不是妳能操心的了。」

高帝十二年(西元前 195 年)四月二十五日,劉邦駕崩於長樂宮,享年六十二歲。

三天後,朝廷宣布劉邦駕崩喪訊。

五月十七日,葬於長陵,尊廟號太祖,上諡號高皇帝,在歷史上習慣稱他為漢高祖。

第十一章　生前身後事

# 後記

　　劉邦去世當年，太子劉盈繼位，是為漢惠帝，大權盡落入呂后手中，她殘忍地殺害了戚夫人，趙王劉如意這個劉邦生前最疼愛的兒子終究也沒有逃脫呂后魔掌。

　　權欲熾烈的呂后，置白馬之盟不顧，大肆封呂氏子弟為王。

　　八年後，呂后病逝，周勃等老臣一舉粉碎了呂氏勢力，迎接劉邦四子代王劉恆繼承帝位，漢朝社稷重新回到劉邦子孫手中。

　　一切如劉邦生前所料，歷史再一次驚人地證明了劉邦的政治預見。

　　由於秦王朝短命，劉邦建立並在他子孫手中壯大的大漢王朝，成為中國歷史上第一個綿延四百年的統一大帝國，無論在政治制度還是思想文化，都對中國乃至世界產生了極其深遠的影響。

　　劉邦的王朝早已在歷史長河中煙消雲散，但它的影響力至今猶在，時至今日，中國這個文明古國多達十億人口的主體民族以他建立的王朝命名，全球使用最多的語言文字之一，仍然以他的王朝命名。

　　漢作為一個偉大的帝國，其最強盛時，疆域東起朝鮮半島，西至中亞費爾干納盆地，北方直達大漠草原，南部至今日中南半島，大致奠定了今天中國版圖的雛形。

　　從某種意義上來說，今天中國能夠擁有如此廣袤的國土，應該感謝大漢王朝為後世子孫開拓了廣闊的生存家園，雖然在以後的兩千年間歷盡滄桑，久經磨難，但從未退縮。

# 後記

漢朝的文明光輝在東亞大陸上已挺立千秋，對漢王朝的締造者劉邦，我們不應該遺忘，或者說也從來未曾遺忘。

與夏商周秦不同，這四大王朝的建立者無不出生於一個擁有數百年甚至長達千年的古老家族，他們樹大根深，在前人的基礎上順理成章的完成了朝代更替，而劉邦則不然，他是中國歷史上首位真正意義上的草根皇帝，來自於社會最底層，透過數年的奮鬥，消滅了強大的秦王朝，戰勝了不可一世的項羽，縱觀古今中外，能像他這樣實現巨大人生逆襲者，可謂鳳毛麟角，以至於漢朝當時之人都無法說得清，只能用天命眷顧來解釋。

說實在的，劉邦這個人在歷史上是不太討人喜歡的，他出身市井，染上一身無賴氣息，貪酒好色，毛病不少，看不起知識分子，動輒罵人，沒幾個人受得了。

然而，劉邦能得天下，看似偶然，實則與他的政治才幹密不可分。

他能夠審時度勢，抓住機會壯大勢力，能知人善任，張良、蕭何、韓信、陳平、曹參這些人，要麼曾經是他的上司，要麼來自於他的對手陣營，都是頂級聰明之人，但都心甘情願為劉邦所用，其人格魅力和領袖能力可見一斑。

劉邦起點很低，四十幾歲還混跡社會底層，被人瞧不起。他舉兵起事時已經四十七歲，年近半百了，在秦末群雄中，沒有人看好他，但他一步一個腳印逐漸壯大。

在劉邦的一生中，歷經無數次挫折，無論是鴻門宴歷險，還是封王巴蜀、兵敗彭城、鏖戰滎陽，他一次次敗北，但又一次次從逆境中站起來，反敗為勝。

其中因素頗多，但他勇於承認自己的不足，能夠改正，是他成功實現人生逆襲的重要原因，並不是每個人都能做到這樣，反觀項羽，無論個人素養還是團隊實力都遠超過劉邦，但因剛愎自用，最後名敗身裂，貽笑後世。

劉邦仰慕信陵君魏無忌，這一點終身未改，他稱帝後還派人祭祀和維護信陵君陵墓，他骨子裡頗有一股俠者風範，就算做了皇帝，依然我行我素，沒有絲毫做作之態，不改本性，喝酒、罵人、唱歌皆出乎本性。

一個人立於天地間，敢愛敢恨，敢作敢為，知錯能改，在逆境不言棄，不死要面子，能夠不墨守成規，勇於隨機變通，不斷從失敗走向成功，從挫折迎來勝利，這才是大丈夫，真英雄！

他並不完美，但嬉笑怒罵皆出性情，正因為如此，方顯得他是血肉之軀。

劉邦，他來人間大鬧一場，然後歡騰而去。

# 逆襲之王劉邦，輸在起點，贏在結局：
## 第一個從街頭混到皇位的人，他用膽識改寫帝國歷史

| | |
|---|---|
| 作　　　者： | 李金海 |
| 發 行 人： | 黃振庭 |
| 出　 版　 者： | 複刻文化事業有限公司 |
| 發　 行　 者： | 崧燁文化事業有限公司 |
| E - m a i l： | sonbookservice@gmail.com |
| 粉　 絲　 頁： | https://www.facebook.com/sonbookss/ |
| 網　 址： | https://sonbook.net/ |
| 地　 址： | 台北市中正區重慶南路一段 61 號 8 樓
8F., No.61, Sec. 1, Chongqing S. Rd., Zhongzheng Dist., Taipei City 100, Taiwan |
| 電　 話： | (02)2370-3310 |
| 傳　 真： | (02)2388-1990 |
| 印　 刷： | 京峯數位服務有限公司 |
| 律師顧問： | 廣華律師事務所 張珮琦律師 |

-版權聲明-

本書版權為淞博數字科技所有授權複刻文化事業有限公司獨家發行電子書及紙本書。若有其他相關權利及授權需求請與本公司聯繫。未經書面許可，不得複製、發行。

定　　價：375 元
發行日期：2025 年 09 月第一版
◎本書以 POD 印製

### 國家圖書館出版品預行編目資料

逆襲之王劉邦，輸在起點，贏在結局：第一個從街頭混到皇位的人，他用膽識改寫帝國歷史 / 李金海 著 . -- 第一版 . -- 臺北市：複刻文化事業有限公司 , 2025.09
面；　公分
POD 版
ISBN 978-626-428-226-0( 平裝 )
1.CST: 漢高祖 2.CST: 傳記
622.1　　　　　　114011892

電子書購買

爽讀 APP　　臉書